本书受到中国政法大学第五批青年教师学术创新团队（18CXTD09）；
教育部人文社会科学规划基金项目（18YJAZH131）资助

法律

FORENSIC LINGUISTICS

语言学

——证据的语言学解读

[美] 约翰·奥尔森、琼·卢克因布鲁尔思 / 著

JOHN OLSSON   JUNE LUCHJENBROERS

张鲁平 / 译

中国政法大学出版社

2019·北京

谨以此书献给我们所爱的人以及所有关注法律语言学并希图有所作为的人。

目　录
CONTENTS

第一部分　作为司法证据的语言

第二部分　处理语言学证据

第三部分 法律程序：语言与法律

作为司法证据的语言

第一部分序言

本书第一部分主要关注文本作者身份的确定，这个部分中的几个章节介绍了作者关系的历史背景以及在近代的法律案件中作者关系确定的时间应用。

从第一章"通往作者身份之路"开始，前五章主要注重作者身份这一概念的理论阐述。第一章指出许多古代作品并不是（由）写出的文本流传下来的（例如：荷马），从而引导读者思考到底"什么是作者"这个问题。从口述到文字的转变的重要性有一定的法律相关性。因此，语言学家在区分语言使用形式时发挥着作用。

第二章"作者的建造"主要介绍"作者身份"这一概念发展成了可以拥有的东西这一现象。运用从古至今尝试阐明"作者身份"这一概念的许多文学作品和人物的观点，本章做了一个历史性的讨论。之后，由于作者风格可能和法律语境相关，本章对它进行了详细的分析。

第三章"时间、变化和体裁"从体裁开始，详细介绍了区分不同作者作品的作者身份测试。这一章中研究了32个著名的文学作品，揭示了在一些情况下，不同作者的风格也许比同一作者不同作品的风格更为相似这一现象。同时指出，随着时间变化，作者风格很可能发生变化。这些观点在第四章"变化范围"中被进一步验证。

第四章"变化的范围"强调了信息文本变化。在分析中还关注了例如年纪与性别等其他因素。

第五章"文本变化"强调了一些语域因素和非语域因素，以及复调因素（的影响）。在论证心理语言学、语言习得发展在社会语言学现象中能有助于更加综合地理解互文这一现象之前，第五章对系统功能语法中（See Halliday 1994；Stockwell 2002）所划分的不同类别，例如语场，语旨的语式加以描述。

在对作者身份分析的章节后，我们专门加了由哈利·霍利恩（Harry Hollien）教授所写的一章，即第六章"法律语音学：概述"。这一章为读者介绍了一系列在调查中重要的方面。

第一部分的最后一章是第七章"网络犯罪"。本章中提供的许多文本例子是电子的，但是网络犯罪领域中包含了许多其他的可能需要法律语言学家分析的材料。根据法律语言学家在这一领域中所能做的贡献，这一章为读者提供了一个宽阔的视野，解释什么类型的案件能够包含在这一领域之中。不可避免的是，书中所讨论的不仅仅是法律相关的作者身份，还包含了对不同方面的作者身份的概述。除了是一个理论性的部分之外，第一部分还给出了许多例子和练习来帮助读者建立一定的基本知识。这些练习的答案将在练习注释部分给出。

本书的这部分和书中其他部分中运用了许多法律文本。读者可以在个人练习、实践和个人技巧的提高过程中使用。和之前的版本相比，本版本中所提供的法律文本高度注重本书的内容。本书的网站上也提供了许多法律文本例子，以供读者参考。

第一章
通往作者身份之路

识字之初

法律上的作者身份并不是流行的作者概念，但是，为了了解我们在法律背景下如何确定作者身份，我们需要首先理解"作者"这个概念。同时，我们需要回顾一下书面语言的历史框架。

作者这个词会使人想到一些原型图片，最引人注目的可能是一个小说家的原型。即使在具有中央供暖和电脑的当下，我们对作家的印象也仍然是在寒冷的阁楼上饿着肚子在纸上不停涂写。事实上，虽然我们可能以为作家一直存在，但其实许多我们概念中的作家均源于浪漫主义时期。

许多读者将在学校学到，诗人荷马是一位古代的伟大作者。但是，学者们一直认为荷马可能不识字。他是一个背诵者，而不是一个作家。他生活在一个能读能写的人非常少的时代，那个时候，有知识的人并不像后来那样被尊敬。他伟大的成就是他能够记得大量的诗歌。为了能够记得这些诗歌，他使用了很多将在后文中提到的记忆技术。

记忆在语言使用中的角色

在谈及写作时，记忆是至关重要的。在我们所处的现代时代，我们能够把东西写下来：我们有充足的钢笔、墨水、计算机键盘或手机键盘——我们需要记得的细节并不像之前语言的口头语阶段那么多。事实上，我们的记忆力可能在不停地退化。例如，在不到二十年前，我们中的大多数人还可能需要记住至少十几个电话号码，但是现在，我们最常使用的号码都以电子方式存储在我们使用的设备中，因此，我们甚至不用试图记住它们。

早期书面文本中的口语化

我们祖先的记忆形式有许多种。事实上，他们的语言使用是以最基本的需求为中心构建的。

根据沃尔特·奥格的报道，荷马史诗最初是通过口头转述的。弗里德里希·奥古斯特·沃尔夫（Friedrich August Wolf）的作品（1759 年至 1824 年）使得这一观点在 18 世纪开始深入人心并得到广泛传播。[1]米尔曼·帕里（Milman Parry）曾经写过关于荷马史诗的诗歌韵格。奥格在描述米尔曼·帕里（Milman Parry）的这一类作品时，注意到由于人类的记忆受到限制，书写版本的语言和口述版本的语言的构建是不一样的（Ong 2002：20）。同时，奥格还观察到，我们能够在古代的文本中（例如《圣经》中）发现很多关于口语化的例子。当你读到后文中关于口语化的主要特征的研究的时候，值得思考的是，这些特殊的方法是如何帮助荷马来记忆较长诗歌的。（Ong 2002：21，37~45）

附加：这种手法是通过简单连词把连接结构给连接起来。例如，"和"（"and"）。如："地是空虚混沌，渊面黑暗，神的

灵运行在水面上。"(《创世记》1.1-2；Ong 2002：37)

聚合：对个人特性或地方突出特征使用多个描述符来强调的过程。例如，在传统的欧洲童话故事中，公主们拥有牛奶一样的白皮肤或柔顺的长发是非常常见的；而士兵通常是勇猛、高大、英俊的；橡树一般是坚固的。(Ong 2002：39)叠句的重复也被认为是聚合的一种形式，和附加双重体现。

冗余：在书面语中，如果我们思想不集中，可以用语言来更新我们的记忆。但是口语是稍纵即逝的。因此，奥格认为，冗余很有用：它通过重复之前的话使交流者能够在对话的时候集中注意力。相比之下："稀疏的线性的或分析性的思想和言语是人为的创造，由写作技术构建起来。"(Ong，下文同是)从这个角度来讲，奥格指出，它们是和通常会有重复和多余累赘的话语相反的。在公开演讲中，在话语者不停说话的时候，他的脑海中需要不断地提醒自己下面要说什么。因此，"最好是重复说一些什么，如果可能的话，可以以一种艺术性的方式来重复，而不是在思考下一个观点的时候简单地停下来"。(Ong 2002：40~41)

直到18世纪，诗歌大都是口头艺术，我们在诗歌中发现了很多冗余的例子。因此，在托马斯·盖伊(Thomas Gray)的作品《墓畔哀歌》(*Elegy Written in a Country Churchyard*)中，昏暗的黄昏("dusk")曾被暗示过很多次：首先用"傍晚"("parting day")来指代，然后用"这个世界慢慢消失在黑暗之中"来指代("'the world' descending into 'darkness'")，之后使用"闪耀微光的风景慢慢在视线中退去"("glimmering landscape" which "fades... on the sight")来指代。之后，在对夜晚的描述中，作者使用了"向月亮抱怨的忧郁的猫头鹰"("moping owl" which "complain [s]" to "the moon")。虽然诗的前几个诗节充满冗余，但是作者通过巧妙的设计，将一天中的不同部分结合在了一起，在读者的脑海中，描绘出了一个动态的画面。因此，当听者或读者没有可以回头重读的文本时，冗余是一个非常必要的手段。公众演讲者（如演员和政治家）了解冗余对扩大口头语的影响是有巨大帮助的。

辩论性：口语的一个重要组成部分是使用论证的或狂热的比喻。那些生活在早期的人往往比现代人更容易经历冲突，也更容易遭受到偶然的灾难，包括突然的、无法解释的疾病，物质匮乏，身体侵犯，暴政，自然灾害，等等。他们常常使用生动且暴力的语言来表达这些元素。而语言的交流内容——正如奥格提到的——多是对著名的杰出人物（比如，统治者或者军事英雄）的赞美和崇拜。虽然在高素质文化中，残留下来的原始口头修辞传统中，过分恭维的赞美被称为不诚实、浮夸、可笑的自命不凡，但从另一方面来看，这种赞美也存在于高度分化的、激进的、口头的好与坏、善与恶、坏人和英雄的世界之中。（Ong 2002：45）

口语语言的其他特点也能够有助于读者或听众记忆，诸如头韵、尾韵和韵律。

即使是普通的日常口头话语也常常会表现出一个或多个上述特征。因此，我们能够推测出，一个所谓的起源于书面形式的文本，是否更有可能源于口语或听写。这可能是法律工作中的重要问题。

米尔曼·帕里（Milman Parry）对口语化的深刻见解是如何被影响的？他能够意识到，在很多情况下，作者在一首诗中对一个词作出选择，并不是考虑它的精准意义，而是它符合诗格。比如，荷马（Homer）的作品运用的是我们所知道的六部扬抑抑格。

"Dactyl"这个词来自希腊语的手指。在诗歌中，它包括一个长格和两个短格，六部格的意思是说有六个扬抑抑格。两个短格相当于一个长格。有时这两个短格会被一个长格所替代，这种情况叫作扬扬格。因此，尽管理论上说六部扬抑抑格比较死板，但它其实也很灵活。正是这种组合使得背诵者能够用一个图像或表示特征的词语来替代另一个，故事的每一个元素都可以用大量的替代词语来替换。正如奥格所举的以葡萄酒为主题的例子："用来表示酒的荷马式词语韵律都不相同。同时，一个词语是否被使用并不是由它的准确意义决定的，而是由这个词出现的段落的押韵需要决定的。"

鉴于这些发现，《荷马史诗》是起源于口头语言，而不是书面语。人们为何会认为荷马是《荷马史诗》的作者这一问题仍然需要探讨。据安德鲁·本内特（Andrew Bennett）所引用，这个问题是由格雷戈里·纳吉（Gregory Nagy）（提出并）考虑的。根据纳吉所述，荷马只是在一系列狂想诗人之后，碰巧将这部史诗发展成了它的完整形式。后来的讲解者只是模仿者：我们可以想象得到，一首诗由一个演员到下一个演员不断改进的口头转述，从 A 到 B 到 C 等等。每个演出都建立在前一场演出的基础之上。在这个过程中的某一个时刻（比如说表演者 M），这种发展结束了。这时，表演者尝试去将其稳定化，把它保持成现在看来似乎完整的文本，而不是继续发展或阐述这首歌。在这一时刻，表演者 L 开始被作为作者而进行神话化。不管是这首诗或歌的创始人，还是未来的表演者，都会被简单地认为是表演者 L 的创作的背诵者（rhapsodes）（Bennett 2005：34，引用在 Nagy 1989，1996a，1996b，2003）。

这个过程不仅给我们介绍了从口语到书面语的过渡（因为最终复述的作品将被写下来），同时也向我们展示了和作者身份密切相关的语言的另一方面，也就是体裁。我们将在讨论同一

小说类型中的作品归因作者身份的问题时，（详细）探究这个
问题。

📖 **练习 1-1**

读下面两个例子，描述他们如何体现书面文本中的"orality"，并
对感兴趣的特征加以评论。

节录 1-1 总统奥巴马的就职演讲（2009 年）

We will restore science to its rightful place and / wield technology's won-
ders to raise health care's quality / and lower its cost. / We will harness the
sun and the winds and the soil / to fuel our cars and run our factories. And we
will transform our schools and colleges/ and universities to meet the demands
of a new age. / All this we can do. All this we will do.

Our challenges may be new, the instruments with which we meet them may
be new, but those values upon which our success depends, honesty and hard
work, courage and fair play, tolerance and curiosity, loyalty and patriotism—
these things are old. These things are true.

我们将重新将科学恢复到它应该所在的位置，并且使用科技的奇
迹，来提高医疗保健的质量，并降低它的成本。我们将利用太阳、风和
土壤来为我们的汽车提供动力，经营我们的工厂。同时，我们将转变我
们的中学、学院和大学，以满足新时代的要求。所有这一切，我们都可
以实现。所有这一切，我们都会做。

我们可能会面临新的挑战，我们可能会遇到新的工具，但是那些我
们的成功所依赖的价值观——诚实和勤奋、勇气和公平比赛、宽容和好
奇心、忠诚和爱国主义——都是已有的。这些都是事实。

节录 1-2 苏珊·史密斯（Susan Smith）的个人声明

When I left my home on Tuesday, October 25, I was very emotionally
distraught. I didn't want to live anymore! I felt like things could never get any

worse. When I left home, I was going to ride around a little while and then go to my mom's. As I rode and rode and rode, I felt even more anxiety coming upon me about not wanting to live. I felt I couldn't be a good mom anymore, but I didn't want my children to grow up without a mom. I felt I had to end our lives to protect us from any grief or harm. I had never felt so lonely and so sad in my entire life.

10月25日周二，当我离开家的时候，我感到非常情绪化，几近发狂。我不想再活下去了。我感觉事情再也不会变得更糟了。当我离开家的时候，我准备骑一会儿就去我妈妈的地方。骑着骑着，我不想活下去的感觉越来越强烈，这使我更加焦虑了。我感觉我再也不能成为一个好母亲，但是我不想让我的孩子在成长中没有妈妈。我感觉我需要把我们的生命都结束掉，以防止以后可能的任何伤害或悲伤。在我整个人生中，我从来没有感觉到如此孤独和悲伤。

从口头语到书面语

在（历史上的）某个时间点，游牧群体采取了更加安定的生存方式，（从那时起）开始形成更大的、更有组织性的社会。早期城市是由小（规模的）、初步（发展）的居民居住聚集区（慢慢形成的）。不久之后，管理和控制的结构就慢慢开始出现了。食品店、民兵的成员资格和土地使用都需要记录和保存。发展到我们现在的这个阶段，已经不可能再依靠官方工作人员的记忆来管理大量人民的生命和财产了。

精通文学的学者大卫·巴顿（David Barton）指出，大约在公元前2300年，美索不达米亚地区开始出现几种不同的文本类型。（这些文本类型）包括商业和土地交易的收据、管理性质的关于食品和其他日用品的库存清单（Barton 1984：115）。赛特勒（Zettler）指出，这些书面材料的来源仅限于"经济（行政和法律）"性质。（Zettler 1996：17）

在这些文件中，正如许多现代法律文件一样，有许多个人作者身份迹象的可能性不大。（其）目标可能是生产标准化的记录数据的方法。这种方法相对容易教授，（从而保持）一致，（因此）是可预测的。在社会进化的这一点上，人类知道他们不能再依赖记忆了。为了（稳定）社会秩序，可能在交易结束的几个月甚至许多年以后，交易细节的准确重现也是非常重要的。

因此，关于米尔曼·帕里（Milman Parry）对"史诗"中发现的格律形式的研究，沃尔特·奥格（Walter Ong）认为，我们开始书写（文字）主要是因为我们记忆的局限性。个人沟通的需要并不那么重要：我们需要沟通的大多数人都住在附近。（Ong 2002：36）

第一个作者？

在巴比伦尼亚，也就是现在的伊拉克，国王吉尔伽美什（Gilgamesh）于公元前 2700 年建立了乌鲁克。他的传奇一生被记录下来。其中最出名的是"Shin-eqi-unninni"用楔形文字记录在石片上。在出于官方目的的实践中，一个作者的名字被记录下来，这不仅是唯一的例外，也是非常不寻常的。当然，有人怀疑"Shin"并不是这些石片的实际作者，因为所记录的事件发生在他们记录之前很久。毫无疑问，这位国王的"英雄"故事早在几个世纪前就已在营火周围流传，并以这种方式一代代地流传开来。一些材料也使用了古苏美尔语和阿卡得人语（石片上使用的语言）来记录。因此，虽然"Shin-eqi-unninni"经常被称为"第一作者"，但很有可能是不准确的。将如此之长的故事转抄成楔形文字的任务量太大了，这些楔形文字很有可能是当时乌鲁克当局权力机关撰写用来作为历史性的记录或者纪念的。权力当局很可能考虑到，他们的子孙后代有可能会面临丢失乌鲁克历史的危险。

吉尔伽美什国王语言的奇特表现在它的直接性。在类似于"我晚上做梦的时候做了一个美梦"或"描述我晚上睡觉的时候所做的梦"（"I dreamed a dream in my nightly vision" or describes "a dream I dreamed in my night's sleep."）这样的句子中，我们能看到明显的口语化的迹象。通常，诗中的人物没"有"梦（have dreams），他们通常梦到梦（dream dreams）或者看到梦（see dreams）。通常来讲，当他们对别人叙述他们的梦时，别人是听到梦（hear dreams）。因此，这首诗中的梦的参照物包含了聚合和冗余的元素。

结　语

正如我们所看到的，由于人类记忆的限制，口头语和书面语的结构在几个重要方面都不相同。正因为如此，口语化的标志在最终以纸张记录的史诗这种类型的作品中，也是可以发现的。因此，正是自口语化到文字化转变开始，才有了确定作者身份的这一概念。

与其他技术发展一样，人类（需要）适应他们社会环境的变化需求。书面语的产生，并不是作为表达思想和观点的论坛，而是一种保存记录的方法。即使是类似于吉尔伽美什的史诗品，也是一种记录的形式，（只不过）在这种情况下是历史性的（目的）。

非常早期的作品通常不是个人通信，而是城市国家为管理越来越多的人而做的记录。它们是非个人文件，例如，库存清单，普查、食品和服装日用品清单以及土地分配登记。因此，这些文件不包含个人作者的明确痕迹。我们甚至不确定"Shin-eqi-unninni"是否是一个"实际"作者：他可能是一个抄写员，或者只是简单地收集其他来源的故事。几个世纪之后，作者的社会建构才出现。

本章中提到的几个观点对当代社会的作者关系有一定的意义。商业和军事交易记录侧重于实际发生的事件，是机构和官方书面语言的开始。这种官方语言与苏美尔国王吉尔伽美什的传说所需要转录的语言类型形成了鲜明的对比。相应地，荷马史诗这种逐渐形成的、口语化为主的演变所产生的是一种完全不同的语言使用类型：一种在话语事件的语境下对诗歌的口头背诵，作为语言的一种（特殊）形式，（它最初）被设计成为表演这种消遣形式（中使用的语言）。

所有这些都与法律语言学的理论和实践有关。需要法律语言学家所考虑的，是机构性话语和刑事民事案件中原被告的话语（类型）的不同、起源于话语的语言和起源于书面语的语言之间的不同以及与（一个）事件同时发生的语言与稍后记录该事件的语言之间的不同。法律语言学家还需要考虑的是区分单一作者身份和多个作者身份的文件，并考虑作者身份影响的问题。由于这些原因，研究作者身份的起源，甚至写作本身的起源是很有价值的。（同时）理解口头语言的本质，以及它如何与书面语言区分也是很重要的。

随着社会进一步进入数字文档生产的时代，对于作者的性质将出现更多的问题：我们从历史中学到的是，作者身份不是一个静态属性，而是不断变化的。其随着身份的本质随着社会及其传播交流方法的变化而变化。

Note

1. Any student of literacy questions, which is a key aspect of authorship studies, should consider reading Walter Ong's book, referenced in the Bibliography and

at the end of this chapter. See also references to David Barton.

注　释

1. 对于任何一个有文字问题的学生，深思本章最后参考文献中列出的沃尔特·奥格（Walter Ong）的作品，对于作者身份研究是非常重要的一个方面。也可参阅大卫·巴顿（David Barton）的文献。

延伸阅读

Further reading

D. Barton, *Literacy: An Introduction to the Ecology of Written Language*, Oxford: Black Well, 1984.

W. J. Ong, *Orality and Literacy*, London: Routledge, 2002.

第二章
作者的建造

作者之原则

如前一章所述，写作的发展主要是作为一种记录保存的技术而产生的。书面语言被用作个人、艺术和科学表达的一种形式，并作为一种长距离的人与人之间的交流方法，是在后期逐渐形成的。

在这一章中，我们将看到，作者关系的原则理论已经出现了几个世纪。与此同时，作家在社会中有了一定的特殊社会地位。这一地位的形成，主要是基于一系列的社会构建元素。例如，天才、书面语言的所有权以及个人特性的表达。相反，作品所有权的身份问题却与所有权或父子关系无关，而是一种有效的对所发布的内容的控制手段。

语言学家的关键问题是：社会构建了作者的这一信念系统是否能够被解构，以此来确定它的哪些元素（如果有的话）是科学的、可持续的。

作者关系作为个人行为

对这一成分成为西方思维的标志性的时间段存在不同的认定。巴尔泰斯（Barthes）将"个人（作者）的威望"与中世纪末（Barthes 1977）联系起来。也有人引用一些哲学概念，比如笛卡尔的"我思故我在"（Descartes）[1]便是个人主义价值的起源。(e. g. Govier 1997：84)

从另外一个方面来讲，伍德曼瑟和贾西（Woodmansee and Jaszi 1994：13）提出，工业革命的开始是"个人创造力意识形态"的源泉。后来，柯勒律治（Coleridge）主张"每个人的语言都有它的个性"。(Bibliographia Literaria 1817：17) 很久以后，在20世纪，"个人言语方式"一词被引入（Bloch 1948），用来指个人对语言的使用。虽然它被认为是语言的特性之一，语言学家现在广泛地将它与文本语言的作者关系相互联系使用。(Chaski 1997；Coulthard 2004；McMenamin 2002)

文本财产

在16世纪，从国家决定加强法律责任开始，作者对他们所写的东西具有所有权这一观点便开始浮出水面：一个作家出版有煽动性的材料就是违反法律，他被宣布有罪只是因为他的名字在一本书的标题页上。[2]这个特殊的观点源于关于物主身份的法律概念，这个法律概念源于16世纪末的政治气氛。在16世纪末，英国议会通过了一项法案，根据这项法案，如果一篇著作没有作者姓名的话是被禁止出版的。正如他们所表明的，在这场反对发布煽动性材料的战争中，伍德曼瑟和贾西（Woodmansee and Jaszi）的意图不是保护作者的权利，而是给予权力机关一个认定刑事责任的工具，用来认定书籍是否是诽谤、煽动或亵渎。

考虑到一个不道德的印刷商有可能出版违背作者意愿的书籍，下议院还附加了一条要求同意授权的条款。（Woodmansee and Jaszi 1994：214）

有趣的是，在法国也出现了"transgressive"这一作者关系的概念，傅科（Foucault）指出，作者有资格惩罚侵犯他们作品的人，这是现代作者关系的开端。（Foucault 1984）

直到后来，劳动报酬这一概念才得到了官方的认可。作家抱怨说，他们的工作不仅被复制，而且被拙劣地复制。此外，他们没有得到任何赔偿。如果作者会受到惩罚，那么他们也应该得到奖励。在18世纪早期的一本小册子中，笛福（Defoe）抱怨说："如果没有人买，那么就没有人会写。"（*The True Born English-man*，1703）

因此，由于现在被称为盗版的现象盛行，法律采取了一定的措施来确保善意的所有权，而不仅仅将其视为是惩罚性的权利。其最终的结果是《安妮法》的制定，"鼓励知识渊博的人编纂和撰写有用的书籍"。（1710年的《鼓励学习法》）

这些事件，以及其他在管理方面的努力，最终造就了一批专业作家，这些作家包括理查森和菲尔丁（Richardson and Fielding）。这个过程可能由雷利拿（Hernázeere Lerena）所描述的社会现象——"公众渴望寻找个人经历"——所促成。文学形式也发生了改变。小说成了最适用于描述"平凡生活的普通方面"的载体。（Hernáez Lerena 1990：84）1710年的《安妮法》是世界上第一部版权法案，它成了美国13个州以及后来其他英语国家的知识产权保护法的模型。它在法律上庄严地阐明了语言的主权所有权这个概念。普通法的版权概念与民事管辖权不同（例如法国和德国），其中提交人的权利分为知识产权和出版的道德权利。第一个是关于财产的所有权，第二个是对他人的出版限制。

作者的才能

根据个人独特性和语言所有权的观点，形成作者思想的另一个组成部分是"才能"。伍德曼瑟和贾西（Woodmansee and Jaszi 1994：16）引用华兹华斯对这个概念的理解，认为才能是"将一种新元素引入于知识宇宙中"，并将诸如此类的声明，作为作者才能这个流行概念的来源 。爱德华·杨（Edward Young）于1759年提出的"对原始构成的猜想"为最初思想的构成奠定了基调。其指出"天才人类的思想智慧是一个肥沃且愉快的领域"。

正是在这个时期，作家开始被视为为文学体系贡献了一些新的和独特的东西。（Ross 2000：102）从天才和独创性的概念来看，这只是"浪漫，创造性的英雄"诞生的一小步，特别是在"传统的单一作家模式"中。（Woodmansee and Jaszi 1994：418；see also Vaver 2006：50）作为一个创造性的英雄，在隐蔽的孤立状态下工作的这个关于作者的概念，至今仍然在我们的流行文化中。例如，巴尔泰斯（Barthes 1972/2000：29~31）观察到，作家具有一种作为社会的"精神代表"的"辉煌地位"。

在他于1972年创作的文章"The writer on holiday"（L'écrivain en vacances）中，巴尔泰斯（Barthes）评论他所认为的一个作家休假的这个概念中固有的矛盾。根据巴尔泰斯（Barthes）所说，虽然新闻中将作家描绘为一个普通的人，从事"普通"的活动，例如去度假、住在一所老房子里、穿短裤等（Barthes 1972：30）。但这并没有揭去作家的神秘感，反而使得他们更加有"魅力"和"仙气"（"charismatic"，"celestial"）。因此，将作家描述成普通人，使得他们的作品更加不可思议并且拥有更为神圣的本质（"the products of his art"，"even more miraculous"，"of a more divine essence"）。

语料库信息表明，"隐藏"（"reclusive"）一词通常与表示财富，电影演员和作者身份的词语相关。在英国国家语料库（BNC）中，"隐藏"（"reclusive"）这个词出现了43次；小说家和诗人出现了4次（例如托马斯·哈迪、菲利浦·拉金）；超级富豪（例如 J. Paul Getty）出现了3次；电影明星被提到2次。"隐藏"（"reclusive"）这个词最常见的词汇搭配有"小说家""著名的"和"生活方式"（"novelist""famous"和"lifestyle"）。另一方面，"作者"（"author"）词汇搭配有"迷人""名人"和"精神"（"fascinating""celebrity/ies"和"spiritual"）。

这些观察结果表明，从巴尔泰斯写文章的时代到现在，作者的这种民粹主义概念似乎变化不大。

练习2-1

评论以下围绕作者虚构事实的例子：

In 2006 Dan Brown, the writer of the Da Vinci Code, was being sued in the London High Court for allegedly plagiarising his novel from a work entitled The Holy Blood and the Holy Grail . In the news reporting which covered the court case the media, almost without exception, focused on the persona of Dan Brown the writer, virtually to the exclusion of the issues of the case. The ABC network said that Dan Brown "usually shuns the spotlight"（ABC, 28 February 2006）, while the BBC saw him as "……the reclusive writer Dan Brown……"（BBC Radio 4 Profi le 4 March 2006）, a theme echoed by two British newspapers, viz "……as the reclusive writer prepares to testify in the high court……"（Observer , March 12 2006, on Dan Brown）and "the reclusive Dan Brown"（Guardian 17 May 2006）. The Guardian, in one of a number of full length features on the author, also told the story of how Brown had come to write one of his novels during a visit to his parents' home (inter-

estingly–in the light of Barthes' comments–during the holidays）：When his a-
gent asked for it［the book］he was on a Christmas holiday with his parents in
Florida. He duly hammered it out in the only private space in the house：the
laundry room，using clothes hamper as a chair and an ironing board as his
desk. ［Guardian March 14, 2006］

2006 年，《达·芬奇密码》（*Da Vinci Code*）的作者丹·布朗（Dan
Brown）在伦敦高等法院被起诉，他的小说涉嫌剽窃名为 *The Holy Blood*
以及 *The Holy Grail* 的两部作品。在涉及法庭案件的新闻报道中，媒体
几乎无一例外地集中在作家丹·布朗（Dan Brown）的个人角色上，无
形中忽略了案件本身。美国广播公司的网络提到，丹·布朗（Dan
Brown）通常回避关注（ABC，2006 年 2 月 28 日），英国广播公司形容
他为"隐居的作家 Dan Brown"（BBC 四频道人物简介 2006 年 3 月 4
日），两个英文报纸共同回应的主题是"当隐居作家准备在高等法院作
证时"（《观察家报》2006 年 3 月 12 日，"关于 Dan Brown"）和"隐
居的 Dan Brown"（《卫报》2006 年 5 月 17 日）。在对作者进行的一系列
详尽的特点描述中，《卫报》还讲述了布朗如何在拜访父母家时突然构
思了他的一部小说（有趣的是：根据巴尔泰斯的评论，是在假期期
间）：当他的代理人问这本书时，他正和父母在佛罗里达州度过圣诞假
期。他在房子的唯一私人空间里，正式地敲出（了这部小说）：在洗衣
间，（他）以衣架作为椅子并以熨衣板作为他的书桌。（《卫报》2006 年
3 月 14 日）

风　格

在当代的学术界，人们认识到，风格是一种流动的财产，
往往受到传播目的的限制，并与其相对应的文本类型和语域密
切相关。其实，自古典时代以来，风格一直是学者所关注的问
题，它被作为一种批评手段和文本归因的方法。

在公元的第一个世纪，希腊哲学家普鲁塔克（Plutarch）曾

深刻解读过风格问题，并将它与美德联系起来。他倡导一种朴实的写作方式，把斯巴达式的风格作为一种理想的文学风格。"他们的风格是平凡的，没有感情。"同样，他也赞扬法比尤斯（Fabius）没有太多的流行修饰，也不装腔作势地辩论（Plutarch, Lives）。

在他之后，利乌斯（Gellius）在他的《阿提卡之夜》（*Noctes Atticae*）中批评作家们对古诗词的不恰当使用，不清晰并缺乏提炼。与此同时，他还赞扬了语言具有"活力和意义"的作家。（Holford-Strevens and Vardi 2004：43）同样对"浮华表达"有批评态度的是阿忒那奥斯，在他的《进餐哲学》（*Deipnosophists*）之中，他将对哲学和美食的双重喜爱结合起来。

第一个尝试归因的学者可能是哲罗姆（St Jerome），在他的作品《名人传》（*De Viris Illustribus*）中，他试图列出一个"系统的基督作家的记述"。哲罗姆将圣经从希伯来语和希腊语翻译成拉丁语，并且在决定把一个作者归为或者不归为某个特定的典范中时，评估了各种风格元素。

在接下来的几个世纪中，风格都是学者们研究的主题。但丁（Dante）提倡使用意大利语而不是拉丁语，在他的《俗语论》（*De Vulgari Eloquentia*）的第二卷中要求作家在他们的文本中只能使用"高贵的话语"。相比之下，坚定的清教徒诗人约翰·米尔顿（John Milton），虽请求议会不要审查文学作品，但也要求语言是"不加修饰的平凡"。（Areopagitica, 1644）在这个阶段，这些观察表明，风格被认为是一种阐述思想的手段。例如，切斯特菲尔德伯爵称，风格是"思想的礼服"（这是 18 世纪欧洲的一种常见表述）。[3]

塞缪尔·约翰逊博士认为，风格不仅是一种写作方式，还可以用来识别作者。他在《诗人生活》中，提到了德莱顿的作品，认为个人风格是"可以容易认出的对于某种特定模式的重复"。

因此，虽然风格的概念最开始是一种描述书面语言艺术价值的方式，但它也慢慢地有了其他方面的用途，包括作为归因的一种工具。约翰逊博士可能是第一个强调风格作为习惯性的一面的，也就是说，一个作家会展现出"某种特定模式的重复"。

在司法语境下，习惯和特征的不断重复是作者识别的一个重要方面。在下面的小节中，我们将更仔细地讲述这个过程。在我们这样做的时候，避免过于仓促地给作者身份下结论是非常重要的。因为虽然一个作者经常会表现出明显的规律性特征，但是个人的变化和模仿也是非常容易的。一个作者的写作中看似独有的特征并不是他的个人财产，所有人都可以使用。作者如何转变风格并被其他作者的特点所影响对于司法作者身份的鉴定很重要。

如前所述，对作者的讲述和编写也和司法作者关系有关：当一个有特定风格的文本和有问题的文本相匹配时，法庭太容易认定这个文本的作者是有嫌疑的。即使并没有语言学的实质证据，也会出现这样的情况。这无疑源于在过去两个世纪中，早已嵌入社会意识的这种独特的和个别的作者关系的概念。

社会因素和语言风格

在前面的小节中，我们回顾了风格感知的历史发展。在本小节中，我们将更仔细地审查风格这一特征，特别是它如何与司法语境相关的这个方面。法医语言证据通常旨在确定犯罪行为人的身份。在一些学科中，身份识别的数据具有生物特征，司法证据是建立在与生物学数据相匹配的基础上的。然而，在语言学中，我们需要处理的概念是语言使用的个人风格。它不是一种生物属性，而是从社会中获得的。

我们在这一节中将看到，个人的风格不是一个固定属性，而是易于变化的。这种变化具有社会动机，而不是个人动机。因此，对于司法语言学家而言，了解个人的风格是如何以及在什么情况下改变和能够改变是重要的。20世纪70年代，社会语言学家在这一领域开展了开创性的工作，其中最著名的是威廉·拉波夫（William Labov）。

风格是一种具有多面性、差别高度细微并处于动态的属性。在关于黑人英语方言（BEV）的开创性研究中，[4]拉波夫（Labov 1972）在参与者中观察到了许多不同的风格类型，分为非正式风格和正式风格。其中，非正式风格又包括了"同伴群体互动的风格""中产阶级的语言风格""最接近日常生活本土的风格"以及"口语化风格"。

拉波夫的这项研究进行时，主流教育对黑人英语方言的使用还比较抵触。当时主要的教育家的一项研究声称，黑人儿童的智商低于白人儿童。根据这项研究，黑人孩子说话的方式是显示黑人孩子不能像白人小孩一样学好英语的"证据"。这种种族劣势主义假说的主要支持者之一是教育家亚瑟·延森（Arthur Jensen）。他认为："问题一定出现在儿童中"，真正的问题是"黑人儿童的遗传劣势"。（Labov 1972：234，235）同时，延森对黑人学生群体智商测试的结果表明：黑人儿童智力低下、缺乏野心，而且大多来自没有职业或教育抱负的家庭。（Labov 1972：4）

在研究黑人英语方言时，拉波夫能够撇开只有一种黑人白话英语的偏见，认为和其他的话语团体一样，说黑人英语方言的人也能够对不同的语境使用不同的语域来予以回应。拉波夫进而得出结论:"标准英语"和黑人英语方言之间存在重要的结构差异,但这种差异并不是由任何缺陷、黑人英语方言的使用者或者黑人英语方言本身所造成的。拉波夫发现,黑人英语方言和标准英语具有不同的子系统(句法、词汇、形态和语音)。他慢慢明白:学校的教师们,作为一类主要的批判黑人英语方言有限制的批评家,不接受关于黑人英语方言的这些事实,并坚持认为黑人孩子所使用的英语是有缺陷的,而这一缺陷是由这些孩子们的懒惰或者任性所造成的。

教师和一些教育家认为造成这个问题的是种族因素。拉波夫意识到,除非保守当权派开始接受黑人英语方言作为一种方言本身,否则这种情况很难有进展。老师需要意识到的,不是孩子们无法遵循这种规则系统,而是他们作为老师,事实上是在一个已经存在的系统上强加他们所认为的"秩序",而这种已经存在的系统早已成为他们的学生自然而然地接受的东西。这两个系统,是有冲突的,(Labov 1972:6)特别是教师不是否认黑人英语方言本身是一个系统,就是否认它的正确性。如前所述,拉波夫表明,白话中变化的原因和其他方言群体发生变化的原因是一样的。比如,一个人使用标准英语,只是因为其有社会动机而已。

需要特别指出的是,拉波夫发现,黑人英语方言的使用者表现出了语言学上的交际"能力"。读者可能还记得,为了回应他所认为的乔姆斯基(Chomsky)的"生成语法能力–性能范式"的局限性,海姆斯(Hymes)提出了交际能力的概念。海姆斯之后,许多语言学家都对这个理论进行了改进。其中最著名的是卡纳勒和斯温。他们认为交际能力应该包括四个要素:(1)语法能力。(2)社会语言能力。(3)话语能力。(4)策略能力(即适当使用交际策略)。(Canale & Sween 1980:1~47)虽然没有海姆斯的范式范围下的研究，但拉波夫发现除了以上四类能力，黑人英语方言的演讲者有很高的的叙事能力，即"讲故事"的能力。

在拉波夫写作的时候，伯恩斯坦刚刚发表了他的语言代码理论（Bernstein 1971）。他认为，工人阶级的孩子缺乏那种相对抽象的中产阶级同辈的概念的原因是他们受到了其所生活的环境的限定代码的影响。然而，拉波夫发现伯恩斯坦的关于中产阶级代码的交流能力被夸大了。拉波夫问道："伯恩斯坦所阐述的代码真的像一些心理学家所相信的那样灵活、详细和微妙吗？是不是也有些激烈、冗余、夸张和空洞？它是不是更像是一个优秀的代码或系统，而不只是精心设计的风格？"

并不意外地，拉波夫发现黑人工人阶级的孩子并不像伯恩斯坦所声称的那样缺乏表达抽象概念的能力。（Labov 1972：213）拉波夫没有侧重许多人所认为的种族上的确定性问题，而是注重"社会互动的模式"。他发现，这种模式可以以一种微妙的、不可预测的方式影响语法。（Labov 1972：255）其他语言水平，包括形态学和语音学，也可能会受到影响。（Labov 1972：380）拉波夫的研究强调了检验语言变化的社会动机的重要性。这在法律工作中具有巨大的意义。到目前为止，这一点并没有受到这一领域的工作者的太多注意。

风格的不同方面

正如其他语言学家所指出的，风格的定义并没有简单的方法。哈利迪将社会方言和其他话语者身份不持久的方面［他称之为"语域"（register），语域包括了"风格"（style）。］区分开来。（Halliday，1994）帕特里克认为，大多数社会语言学家心里都有两种使用时的不同。他们将风格（"style"）和语域

（"register"）区分开来。后者的范围更窄，特征是人们身份的不持久性。例如，他们的职业（例如法律英语中的律师或者在空降灭火员中的消防员）或临时角色（比如在婴儿谈话中，一个成年人与孩子的互动）。（Patrick ms.）

关于风格的描述以下几点非常重要：(1) 变化的顺序。(2) 风格和变量。(3) 风格和上下文。(4) 风格和身份以及风格作为个人社会文化的特点。下文将对这几点进行阐述。

变化的顺序

变异主义社会语言学家的关键发现是：语言的变化实际上是有序的，而从来不是随机的。（参阅拉波夫的著名短语"有序异质性""orderly heterogeneity"，Weinreich et al.，1968：100）例如，蒙哥马利的研究表明：早期现代英语的半文盲作者的拼写错误（除了作者内部的不一致性和不同作者的显著区别之外）实际上是有序的、可以推断出当代区域性发音的表现。（Montgomery，2007：110）

风格和变化（Style and variation）

一开始，社会语言学家并不认为"风格"是"固定的"，而是一种会变化的能力。贝尔（Bell）认为，拉波夫学派关于风格的量变方法过于机械化，并将其与海姆斯的民族志概念进行了对比。后者更注重"实际发生的数据混乱"，在这种混乱中语境对说话人语言选择的影响更为丰富地融合在一起。（Bell 2007：91）贝尔提出，风格可以被定义为"个体说话者在他们自己的话语中产生的变化范围"。（Bell 2007：90）另见第10章"实践中的作者身份认定"对最近谋杀案中涉及家庭质疑作者身份变化的讨论。

风格和语境

风格的一个重要组成部分是语境。我们使用帕特里克的例子（Patrick，ms.），律师的语言不适用于空降灭火这件事情。同样，法律语言也不适用于和一个小孩子对话。正如沃洛希诺夫所指出的，风格必须被视为是语境的一部分，是"语言交互的社会事件"。（Bell 2007：97）贝尔在他的观众或者是读者的设计研究中也强调了这一点。（Bell 1984）

风格和个体身份

个体身份如何界定的问题也需要社会语言学家和人类学家的参与。（Hazen 2007：80）重叠的个人身份是其他类型的身份，例如文化、群体和家庭身份。（Vaughn-Cooke 2007：271）社会语言学家需要回答的一个根本问题是：语言在多大程度上可以构建和维护个体身份。（See Eckert 2000）从作者身份的角度来看，需要意识到：一个人的不同身份如何引起风格的变化。也就是说，根据他们如何选择所显示的不同社会群体的功能性，作者风格在多大程度上可能有所变化？

风格：社会文化与语言

社会语言学家也关注社会文化与语言对变异性的相对影响。例如，法索尔德和普勒斯顿（Fasold and Preston）认为：虽然一些社会语言学家将所有变化都归因于社会，但这主要是一个研究重点的问题，因为变化的一些方面不能用这种原因来解释。因此，他们从三个方面总结了社会语言学家对变化的研究：（1）社会力量和语言形式的相互作用。（2）一个语言因素对另一个的影响。（3）语言变化引起的变化。（Fasold and Preston 2007：45~69）

结　语

在这一章中，我们可以看到，对于作者这一民粹主义概念从基本上来说是有瑕疵的。风格并不是一个个人属性，而是对复杂的语言学因素和社会因素的混合的个人反应。哈森认为，是一系列作用于个人的约束构成了语言。"语言因素产生可能的语言形式，社会地位因素通过身份群体构成了这些语言可能性，个体风格范围源自对有差别的状态形式的社会知识。"（Hazen 2007：79）

在下一章中，我们将讨论社会因素和个人限制这两种限制，特别是与时间有关的限制对作者身份的的作用。

Note

1. "I think therefore I am."

2. Authors of the day were likely male.

3. Variations on this theme have also been attributed to Samuel Richardson and Henry Fielding.

4. Varieties of black English have also been called AAVE（African American Vernacular English）, Black English and, more recently, Ebonics（Vaughn-Cooke　2007：254）.

注释

1. "我思故我在。"

2. 当天的作者很可能是男性。

3. 这个主题的变化对于塞缪尔·理查德森和亨利·菲尔丁也适用。

4. 黑人英语的变体也曾被称为 AAVE（非裔美国白话英语），黑英语（black English），近期也被称为黑人英语（Ebonics）。（Vaughn-Cooke 2007：254）

第三章

时间、变化和体裁

　　许多作者身份的测试似乎足以区分一个小说家与另一个小说家的作品。本章给出了一个高频词汇测试的例子。然而，表面上看似对同一作者匹配的成功掩盖了一些作者身份测试中的瑕疵。作者空间是开放的，很容易受到其他体裁作者的影响。同时，作者本身也很容易不一致，这种不一致比我们通常了解的更加系统。此外，体裁并不是固定的实体，而是一种易变的社会制度。因此，任何声称根据体裁文本来确定作者身份的测试都需要考虑到体裁的归一性影响和个人显著的个性化特点都会受到社会和个人衰减和生长的必然力量的影响。因此，不管是在语言学方面还是在法律作者身份方面，学者们所谓的作者有一个个人言语方式或者语言学印记的声明掩盖了体裁以及相关因素的影响，因此需要被谨慎评判。

概　述

　　许多研究人员已经研究了"作者-体裁"关系的各个方面，比如采用机器学习方法的哈格蒙等人（Argamon et al. 2003）和在功能词的基础上测试文本体裁的约翰·布鲁斯（John Burrows

1987，1992）。许多计算机研究是遵循了著名的莫斯特勒和华莱士（Mosteller and Wallace 1964）对联邦主义议文集作者身份的研究。虽然在这些和其他的研究中并没有对体裁的明确探讨，但是"作者－体裁"的关系需要被全面地讨论。我们应该强调的是，这里的体裁（genre）并不是指传统的"对主要的文学文本的世界的构建和分类"，而是"基于和塑造这些文本体裁的语言学、社会学和心理学假设"。(See Bawarshi 2000：335)

虽然这一章节不讨论巴尔泰斯（Barthes）所提到的"可变型作者身份"（这里也称为非体裁型作者身份），但是回顾一下在过去的十年中出现的不同的识别作者身份的方法是有指导性的，特别是将作者身份问题应用于法律调查的方法。马尔科姆·库尔撒德（Malcolm Coulthard）的作品经常需要提供证明作者身份的证据，他比较喜欢使用个人方言的方法分析。卡罗尔·卡斯科伏（Carole Chaski）是一个美国法律职业医生，他使用的是句法分析。库尔撒德的同事蒂姆·格兰特（Tim Grant），分析了超过 70 种风格标记语对于归因作者身份的作用。格兰特还提出：由于"不管是实践中还是方法论中，作者身份的分析都取决于检测语言使用模式一致性的设备"，所以法律作者关系的检测分析不需要建立在个人言语模式的概念上。(Time Grant 2010：509)

与文体学方法不同，格兰特的理论并不预先假设通用风格标记的存在［例如参考麦克梅纳明（McMenamin 1993）］。然而，格兰特的假设中也暗示着，作者至少有一些特征是一致的。同时，他们的确有一定的模式-体裁型和非体裁型的研究者的共同断言。但是作者关系是否保持一致呢？如果一致的话，是什么决定了这一点？一致性是作者身份的特征还是体裁的特征，还是作品中的其他因素？

体裁域中的预期内和预期外关系

什么因素会影响到体裁文本归属作者的成功？通常情况下，我们认为，相同作者同一体裁的两个文本可能比不同作者相同体裁的不同作品有更多的共同点。我们的这种假设可以通过图3-1看到。

作者 A 和作者 B 都写了体裁 1 的作品。目前，我们可以将它们称为"genre authors"，即具有同样体裁的作品的作者。在（我们的）预期中，作者 A 的两个作品，A_1 和 A_2 两者之间相比，比任何一个作品和 B 相比，都更相似。然而并不是总是这样（参见图 3-2）。

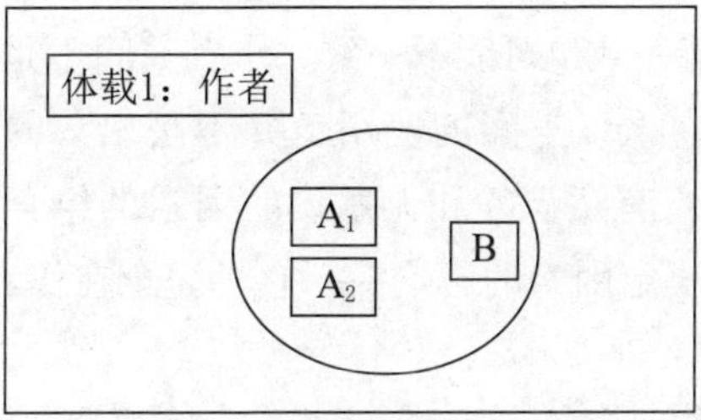

图 3-1 预期体裁内作者关系

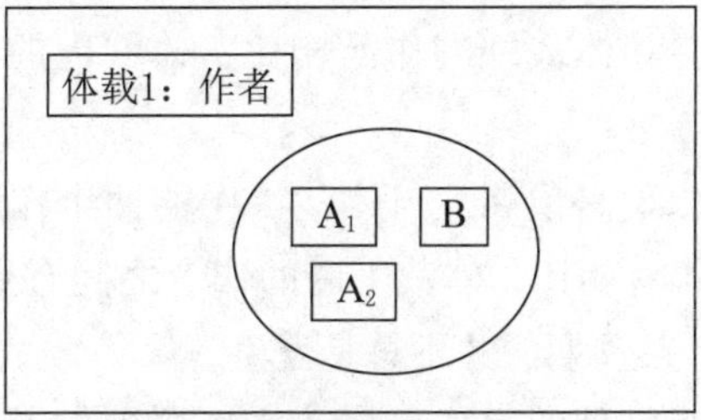

图 3-2 非预期体裁内作者关系

在这种特殊情况下，我们看到作者 A 的第二个标题和作者

B 的作品相比，比作者 A 的其他作品都更为相像。（出现这种情况）可能的原因包括对 A 或者对 B 的剽窃，或者是作者 B 和 A_2 之间相隔的年份比 A_1 和 A_2 更近。

体裁机构和作者空间

体裁是社会框架内的一个机构。随着社会变化的发生，体裁本身也将发生改变，只是因为创作这种体裁的作者是社会成员，受到社会（变化的）影响。在一个体裁框架中，通过把自己的作品和同样体裁作者的作品归为同类，或者可能通过把自己的作品归为与特殊的体裁群体成员作品相反（类别），作者们将自己固定在特殊的一个点上。以这样的方式，每个作者都创建了一个作者空间，（在这个空间里）作者和其他在同样体裁内的作者的标准可能一致也可能不一致。作者空间不是固有的：没有作者可以独占它，该空间的使用也并不是永久的。作者空间的创造是（各种）有意识的和无意识的因素的组合，并受"真实世界"的社会决定因素的影响——它不完全在作者的控制之内。

体裁之间的比较

正如我们期望的那种体裁内部的作者相似性，我们也不可避免地会认为，和体裁外的作品相比，体裁内的作品彼此之间更为相似（图 3-3）。

如图所示，我们预期，与体裁 1 中的两个作者中的任何一个与体裁 2 的作者相比，体裁 1 内的作者之间有更大的相似性。同样，（我们所）预期的并不总是发生。

作者 B 似乎把他的写作风格改为更接近作者 C 的风格，即使 B 的作品表面上位于体裁 1 中。然而，也可能并不是 B（的风格）正在移近 C。相反，B 可能接受了体裁 2 的风格或者正在慢慢接近体裁2。这可能是一个临时的，并非是偶然性的结果。或者也有可能是两个体裁之间的边界本身在慢慢相融或者变得不固定。另一种可能性是B是这两种体裁中的一个新作者。此外，应该记住的是，正如一个作者没有固定的或专属的空间一样，体裁本身也并不是不可变的。例如，塞尔维·霍尼希曼（Sylvie Honigman）认为"Deipnosophistae"是一个"体裁的混合体"。概念混合理论的著名支持者迈克尔·信丁（Michael Sinding）认为：文学体裁合并是一种概念重组的形式，其中一种体裁被视为认知图式。(See Sinding 2005)

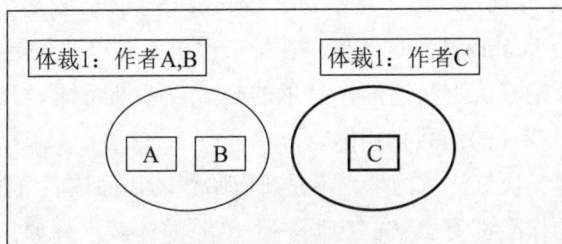

图3-3 预期体裁内关系

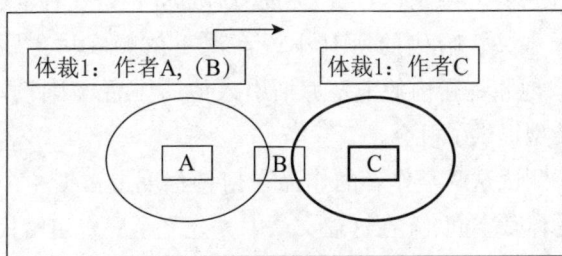

图3-4 非预期转换体裁关系

测试作者-体裁的关系

托马斯·哈代（Thomas Hardy）和乔治·艾略特（George

Eliot）的小说被广泛认为彼此在被称为地区主义的文学流派中，在某些方面，有诸多相似之处，以至于当代评论家有时将哈代的作品都归于艾略特，或者认为在哈代的早期作品中，其只不过是艾略特的模仿者。

在 19 世纪，以匿名连载的形式出版小说并不罕见。因此，杰弗里·哈维（Geoffrey Harvey）在报告中说，当 1874 年 1 月《无离尘嚣》（*Far from the Madding Crowd*）出现在当时著名的期刊 *Cornhill* 上时，"一些评论家认为作者是乔治·艾略特"。（Harvey 2003：23）同样，塞缪尔·丘（Samuel Chew）写道，哈代的《计出无奈》（*Desperate Remedies*）也是匿名发表的。（Samuel Chew 1871）这部作品在第一次出版时也没有受到好评，有一位评论家认为（这部作品里的）威克塞斯特征"几乎与乔治·艾略特（的作品）相称"。

同时，应该注意的是，不是所有哈代的作品或者（所有的）艾略特的作品都可以被归为同一个单一的体裁。例如，艾略特的《撩起的面纱》（*Lifted Veil*）更具有恐怖小说的传统。同样，他的《丹尼尔·德龙达》（*Daniel Deronda*）是一种混合体裁，包括地区主义。哈代的所有小说都严重依赖农村主题，直到 1874 年，他才将虚构的韦塞克斯引入他的作品。因此，他为分析体裁转型提供了机会。

为了测试这两个作者的作品在何种程度上占据一个或多个理论上的体裁空间，（在这篇文章中）建立了一个由哈代和艾略特的小说组成的语料库。这个语料库当中也包含了许多其他小说，这些小说中，有一些属于哈代和艾略特小说的相关体裁，也有一些小说并不属于（相关的体裁）。

应该强调的是，这个练习的主要目的并不是了解哈代和艾略特的作品和他们在体裁领土的位置之间的关系。[1]相反，（这个研究的）目的是要了解是什么因素影响着对所谓的体裁文本的作者身份的认定。这些因素中的一部分可能与体裁问题直接相关或源自体裁问题，但这不能成为推理的前提。虽然我们可以认为一种体裁是一种社会构建，但文学或其他书面作品，如小说，主要是个人认知的产物。因此，需要考虑，（甚至）可能需要消除认知和社会参数的融合造成的歧义。

这就是为什么这个语料库中包括其他体裁的作品，而不仅仅包含两个主角主要作品：我们需要探索的，（具体来说），在这种情况下，不仅是哈代和艾略特这两个作者（是否）可能相互关联，更是他们是如何根据其他社会空间和认知过程来定位（自己）的。

由 32 个小说所组成的语料库

语料库列表（在表 3-1 中列出）表明，哈代和艾略特早期、中期和晚期的作品都包括在内。因为哈代在更长的时间里比艾略特创作了更多的作品，所以（这个语料库中）包含哈代的 8 部作品和艾略特的 6 部作品。如前所述，这两位作者中的一些作品并不是地区主义风格。因此，我们对体裁进行了四种比较：同一作者、相同体裁的比较；同一作者、体裁转型的比较；不同的作者、相同体裁的比较和不同作者的体裁转型比较。

其他被认为与哈代和艾略特的作品有体裁关系的小说家包括（以远近的接近度顺序）：夏洛蒂·勃朗特（Charlotte Brontë）、艾米莉·勃朗特（Emtly Brontë），查尔斯·狄更斯（Charles Dickens），以及和他们有较远体裁关系的简·奥斯汀（Jane Austen）。与奥斯汀的风格联系紧密的是弗朗西丝·伯尼（Frances Burney）的作品。与上述作者体裁关系较远的是以两部作品《哈克贝利·费恩历险记》（*Huckleberry Finn*）和《汤姆历险记》(*Tom Sawyer*) 为代表的作家马克·吐温 (Mark Twain)。最后,(这个语料库中还包含了) 一些 20 世纪的小说,因为它们的体裁风格与 (我们所研究的) 核心体裁差别较大。

除了伯尼和艾米莉·勃朗特 (Emily Brontë) 以外,语料库中所有的小说家都至少有 2 部代表作品。(在语料库中包含) 单一作品作者代表的原因,是想尝试进行一种"纯粹的"体裁比较,不受作者身份的限制。艾米莉·勃朗特 (Emily Brontë) 的作品只有一部 (的原因),显然是因为她只写了一本小说。伯尼的情况并不是因为这样,(而是) 因为她的相对而言较少的小说之间创作时间间隔较长,(而) 这 (相对较长的时间间隔) 可能对作品的成功归因有一定的影响。因此,(我们认为) 与在一个相对较小、包含相隔时间较长的作品的语料库中尝试归因相比,研究她的作品在与体裁相关的问题中的位置更为重要。一般来说,这个语料库中的小说被选择的原因是它们没有版权问题,并可以直接获取。

在抄袭案例中 (处理) 长文本的经验表明,对高频词的测量是在这种我们假设的情况下进行对比的最有效方式。 (See Johnson 1997) 该方法具有双重优点,(它不仅) 易于理解,而且在软件中的实施更为直截了当。

该软件可以轻松复制,并具有以下功能:

1. 删除标点符号、格式以及章标题。

2. 删除专有名词和文本中独有的词语。

3. 从文本中删除功能词。为此,一个功能词单会被首先编辑,然后程序搜索并移除文本中发现的所有功能词。英语中约有 350 个常用功能词。所有形式的双重属性的词,如 "have" "be" "like" 等也被删除。这些词的频率通常很高,以至于保留它们会降低测试的有效性。

4. 计算文本中最常见的 30 个词。因为前一点,这些将是实意词。这 30 个词是文本的高频词汇。

5. 将每个文本的高频词汇与其他文本的高频词汇进行比较。注意每对文本中的公共词条（忽略所有的大写）。

6. 根据他们共同的高频词汇的百分比，将每个小说与其他小说进行对比排序。

实现上述具体要求的软件不需要太多的编程知识，同时，这些语料库文本较为容易获得。因此，这里所描述的实验较易实现。

数据示例

在所产生的数据中，我们以简·奥斯汀（Jane Austen）的《理智与情感》（*Sense and Sensibility*）和《傲慢与偏见》（*Pride and Prejudice*）为例。（在这两部作品中）相同的高频词汇有以下 25 个："day""first""give""good""great""know""lady""little""made""make""man""miss""mother""mr""mrs""one""room""said""say""see""sister""soon""think""time" and "two"。《理智与情感》中，还有以下五个不是（两部小说中的）共同的高频词汇："heart""house""sir""sure""thing"。《傲慢与偏见》中不是（两部小说中）共同的高频词汇的词有以下五个："dear""family""father""hope""young"。伯尼的作品《塞西莉亚》（*Cecilia*）（被有争议性地）认为与奥斯汀的小说是相似体裁。（我们）将伯尼的这部作品和简·奥斯汀的《理智与情感》进行对比，（发现两部作品中）有 21 个共同的高频词汇。但是，我们把另一部体裁非常不同的马克·吐温的作品《哈克贝利·费恩历险记》（*Huckleberry Finn*）和理智与情感进行对比，（发现两部作品中）仅有 12 个共同的高频词汇。

如上所述，每个文本的高频词汇都被用来检测对比的文本之间共同的高频词有哪些。如果两个文本之间一共有 30 个共同的高频词，那么他们之间的变化差异为零（没有不同）。在实际操作中，这种情况没有发生。如果两个文本没有共同的高频词的话，那么它们的变化是 100% 或 1 这种情况也没有发生，至少在这里测试的小说体裁中没有。

应该强调的是，高频词汇测试不是在任何意义上（任何条件下都）被认为是一种"理想"的测试作者身份和体裁的方式。许多其他测试，一些被设计成具有统计学的高度复杂的（测试），将得出同等或更有效的（测试）结果。这里使用这种方法是因为它操作的简单性，并且因为它并不需要读者事先具备技术知识。

同样作者的匹配

研究的主要目的是理解"作者-体裁"之间的关系，而不是进行作者测试。然而，一部分的体裁测试不可避免地涉及某种类型的文本匹配。在目前的测试中，由于我们根据体裁来定位作者，最简单的测试作者身份的测试是将相同的作者进行匹配。正如我们所看到的，上面给出的简·奥斯汀的例子显示，和《傲慢与偏见》（*Pride and Prejudice*）的高频词最匹配的是《理智与情感》（*Sense and Sensibility*），第二接近的是《曼斯菲尔德庄园》（*Mansfield Park*）。这些是简·奥斯汀在语料库中仅有的三部小说。由于没有其他小说具有比《理智与情感》（*Sense and Sensibility*）和《傲慢与偏见》（*Pride and Prejudice*）相比较所得到的更多的高频词汇，我们匹配到了同一个作者。

虽然我们必须在以后（进一步）验定，但这至少表明这样的测试有一定的有效性。下面是同一作者（的作品）在整个语料库匹配的结果。（图中）名为作者测试文本的第一列中呈现了 32 本小说，之后的第二列是作者姓名。包含最多测试文本中的高频词汇的文本被列在第三列，后面第四列是这个文本的作者姓名。如果第二列中的作者姓名与第四列中的作者姓名相匹配，

则被认为是同一个作者。（我们用）布尔值 1 代表真的（true），
0 代表错误的（false）。在 32 部小说中，两部不能匹配，分别是
弗朗西丝·伯尼和艾米莉·勃朗特，因为他们（在语料库中的作
品）只有一部。因此，我们只能测试 30 部小说。在这 30 个小说
中，表格显示只有 1 个小说未能提供相同的作者匹配（表 3-1）。

表 3-1　32 部小说中的相同作者匹配度

研究文本	作者测试文本	最高高频词汇检测文本	作者最高高频词汇文本	相同作者匹配值（0=错误值，1=真实值）
弗洛斯河上的磨坊	艾略特	亚当·比德	艾略特	1
曼斯菲尔德庄园	奥斯汀	理智与情感	奥斯汀	1
哈克贝利·费恩历险记	吐温	汤姆历险记	吐温	1
汤姆历险记	吐温	哈克贝利·费恩历险记	吐温	1
爱国者游戏	克兰西	彩虹六号	克兰西	1
彩虹六号	克兰西	爱国者游戏	克兰西	1
盲点	库克	绑架	库克	1
号长	哈代	还乡	哈代	1
还乡	哈代	号长	哈代	1
织工马南传	艾略特	弗洛斯河上的磨坊	艾略特	1
无名的裘德	哈代	还乡	哈代	1
忧郁的双眸	哈代	远离尘嚣	哈代	1
亚当·比德	艾略特	弗洛斯河上的磨坊	艾略特	1
卡斯特桥市长	哈代	远离尘嚣	哈代	1

续表

研究文本	作者测试文本	最高高频词汇检测文本	作者最高高频词汇文本	相同作者匹配值(0=错误值,1=真实值)
林居人	哈代	卡斯特桥市长	哈代	1
绿荫下	哈代	林居人	哈代	1
撩起的面纱	艾略特	丹尼尔·德龙达	艾略特	1
远离尘嚣	哈代	卡斯特桥市长	哈代	1
理智与情感	奥斯汀	傲慢与偏见	奥斯汀	1
傲慢与偏见	奥斯汀	理智与情感	奥斯汀	1
塞西莉亚	伯尼	理智与情感	奥斯汀	n/a
简爱	夏洛蒂·勃朗特	教师	夏洛蒂·勃朗特	1
教师	夏洛蒂·勃朗特	简爱	夏洛蒂·勃朗特	1
呼啸山庄	艾米莉·勃朗特	简爱	夏洛蒂·勃朗特	n/a
荒凉山庄	狄更斯	大卫·科波菲尔	狄更斯	1
巴纳比·拉奇	狄更斯	远离尘嚣	哈代	0
大卫·科波菲尔	狄更斯	荒凉山庄	狄更斯	1
雾都孤儿	狄更斯	荒凉山庄	狄更斯	1
圣诞颂歌	狄更斯	巴纳比·拉奇	狄更斯	1
丹尼尔·德龙达	艾略特	米德尔马契	艾略特	1
米德尔马契	艾略特	丹尼尔·德龙达	艾略特	1

　　因此,我们选取的30部小说中有29部都获得了相同的作者匹配,概率为96.7%。然而,这只是测试的一部分,虽然它在提

供最初的布尔数据方面相当有效，但是这绝不意味着（就是）"成功的作者归属测试"，虽然它在提供原始布尔数据时有效。更重要的是，（我们）需要发现这些结果是否揭示了作者与体裁的关系。

作为此任务的第一步，需参考表 3-2 列出的《弗洛斯河上的磨坊》（*Mill on the Floss*）的研究结果的一部分。表 3-2 从测试文本结果表中截取了一段测试文本《弗洛斯河上的磨坊》（*Mill on the Floss*）的摘录，在表格的左上方列出。我们看到，比如说，它与《亚当·比德》（*Adam Bede*）相比，有 25 个共同的高频词，这两本小说都是由乔治·艾略特写的。两个小说高频词汇之间的相关性为 0.7，显著性（t）为 4.75。然而，艾略特的另一本语料库中包含的小说《撩起的面纱》（*Lifted Veil*）几乎在表格底部，低于大多数其他作者的共同高频词汇（量）。鉴于《撩起的面纱》（*Lifted Veil*）不是艾略特的主流体裁，这并不奇怪——事实上，这完全是预期内的。

表 3-2　弗洛斯河上的磨坊引文（作者艾略特）

	共同高频词	关联性	关联突显值	对比文本	作者	发布日期
弗洛斯河上的磨坊					艾略特	1860
	25	0.7036	4.7486	亚当·比德	艾略特	1859
	24	0.6519	4.0323	织工马南传	艾略特	1861
	24	0.4572	2.4112	丹尼尔·德龙达	艾略特	1876
	23	0.8809	8.529	丹尼尔·德龙达	艾略特	1871
	22	0.3112	1.4697	林居人	哈代	1877
	21	0.4068	1.9411	绿荫下	哈代	1872
	12	0.6617	2.7908	撩起的面纱	艾略特	1859

表 3-3　摘自揭开面纱的数据（作者艾略特）

	共同高频词	关联性	关联突显值	对比文本	作者	发布日期
撩起的面纱	15	0.691	3.4467	丹尼尔·德龙达	艾略特	1876
	15	0.2864	1.0778	忧郁的双眸	哈代	1873
	15	0.217	0.8015	林荫下	哈代	1887

　　当我们来考虑《撩起的面纱》（*Lifted Veil*）如何与语料库中的其他小说相关时，表 3-3 中的数据显示：我们看到有相同作者匹配。虽然在后者中没有数据表明两者的高频词汇有显著相关性，但是它和哈代的《忧郁的双眸》（*Pair of Blue Eyes*）以及《林居人》（*Woodlanders*）相匹配。（需要）注意的是，《丹尼尔·德龙达》（*Daniel Deronda*）被认为包含了哥特式元素（Wolstenholme 1993：106），它不是艾略特的主流体裁，就像《撩起的面纱》（*Lifted Veil*）。然而，在（这个）语料库中（$n = 32$，$\mu = 22.81$，$\sigma = 2.13$，范围：$15 \sim 25$），30 个高频词中有 15 个（或以下）共同高频词属于匹配值低。表 3-2 表明：《撩起的面纱》（*Lifted Veil*）不在这个作者的主流体裁之内。表 3-3 虽然仍显示出了相同作者匹配，即使（匹配关系）较弱，最接近非体裁文本的文本也不在艾略特的主流体裁之内。

　　平均高频词汇分值

　　表 3-4 中列出来的语料库中，包含有三个或以上作品的那些作者的平均高频词汇得分。

表 3-4 从高到低的平均高频词数值

作者	平均高频词数值	变化性（%）
奥斯汀	24.67	17
哈代	23.75	21
艾略特	22.83	24
狄更斯	20.8	31

描述上述数据的另一种方式是，奥斯汀的作品表现出了最少的变化（24.67＝17%），哈代有较大的变化（21%），艾略特具有较大的变化（24%），狄更斯有更大的变化（31%）。

相近作者的匹配

我们在变化性的数据中得到的序列也适用于作者匹配。换句话说，作者作品的高频词汇从少到多的变化顺序，与他们的任何一部作品和该作者的其他作品成功匹配的顺序相同。

在以上的例子中，我们注意到，虽然艾略特的《撩起的面纱》(Lifted Veil) 和他的另外一部作品《丹尼尔·德龙达》(Daniel Deronda)，以及哈代的《忧郁的双眸》(Pair of Blue Eyes) 有同样数量的高频词汇（这里称为联合匹配，Co-match），狄更斯是语料库中唯一一个有不同作者匹配的作者。在这个标准下，与狄更斯差别最大的是奥斯汀，在其所有作品都得到了最高的分数。因此，在这四个作家中，最容易预测的是奥斯汀，然后是哈代，接着是艾略特，最后是狄更斯。如表格 3-5 所示。

表 3-5　相同作者的匹配程度

作者	相同作者的匹配程度
奥斯汀	All
哈代	All
艾略特	1 co-match
狄更斯	1 different author match

　　词汇可能会被认为是个人方言（"Idiolect"）或言语表征（"linguistic fingerprint"）存在的一种强有力的体现。但是，词汇取决于体裁。如果作家在两部小说对同一个主题进行创作，那么（他在两部小说中）所使用的词汇很有可能是非常接近的。若两位作家的作品属于同一类型的体裁，且具有相似的人物类型、主题和发生的时间，那么他们很可能选择类似的词汇。我们几乎可以肯定的是：体裁和文本类型决定了（其作者所）选择的词汇，正如作者自己选择自己所使用的词汇一样。一位痴迷于或希望创作一种类型的体裁的作家，毫无疑问地已经遇到过，甚至可能研究过该体裁的其他文本。高频词汇是语言中高度可见的部分。

　　正如巴尔泰斯所指出的，单一体裁中的文本是墨守成规的。（Barthes 1973）他使用"剽窃"（"plagiarism"）一词来描述一种体裁写作的"边缘"。也许很多作者根本不打算这样做，但是他在遇到同样体裁的过程中复制了词汇的不同含义。或者说，在作者多次遇到这种体裁的时候，这些词汇成了他脑海中的印记。因此，这个作者在之后同样体裁的创作过程中所创作出的作品是这种体裁的一个理想化变体的例子，这种变体通过高频词汇可见。更广泛地说，体裁是一个社会机构。该机构中的每个文本都是一个实例，对于大多数这个社会机构的读者来说，这个实例必然是可识别的。距离一些概念原型的距离太远将使该体裁的特定实例不可识别，并且使它将不再成为该体裁的成员。词汇是使得体裁可被读者识别的关键要素之一。

系统或系统故障？

正如我们所看到的，尽管很少，但是有时两个作者的高频词汇之间的相似性比一个作者的两个作品之间的相似性更多。如果这是一个随机事件，那么根据定义，我们将无法预测它——我们只知道它会不时发生。另一方面，鉴于高频词汇测试所显示出的可靠性，假设相同作者匹配的失败仅是偶然的可能为时过早。

在对简·奥斯汀作品的研究中，布洛斯使用了许多功能词，包括体裁写作中最常见的功能词"the"。（Burrows 1987）在我们的研究中，我们在之前的测试所使用到的文本中，计算了功能词"the"的频率。我们得到了以下结果。在这次计算中，我们感兴趣的是作者作品中使用"the"的平均频率的标准偏差。

首先，应当注意，尽管上述偏差的结果足够清楚，但是不同作者之间的差异不具有统计学意义。这同样适用于前两个测试（表3-2至表3-5中列出）。指出这一点之后，我们看到，每个作者的平均值偏差程度的顺序与表3-4中给出的变化测试中的顺序相同。换句话说，高频词汇使用中所表现出最小变化的与"the"的使用平均频率偏差最小的是同一作者。其在两种测试下的顺序是：奥斯汀、哈代、艾略特和狄更斯。这与先前给出的相同作者匹配程度的顺序相同。结果似乎表明，作品有一个潜在的共同原因，并提出了试验中单一的无法实现相同作者匹配可能不是随机的这种可能性。相反，在这种情况下发现的分布与统计概率无关，可能是有原因的。

表 3-6　作者对单词 "the" 使用的平均频率及使用偏差

作者	对单词 "the" 使用的平均频	Devlation
奥斯汀	0.036	0.002
哈代	0.057	0.004
艾略特	0.045	0.005
狄更斯	0.049	0.009

时间的向性（The tropics of time）

分析发现，三个被测试的简·奥斯汀（Jane Austen）小说都是在一个相对较短的时间内写出的。而狄更斯的被测试的小说则是在相对较长的时间段内写的。因此，需要衡量两位作者作品的平均时间迟延。表格 3-7 中列出了这些数据。

从表格 3-7 中可以看到，顺序和之前的三个测试相同。因此，每个作者（不同作品间）的变化程度的原因可能有些普通：它似乎与他们的作品之间的平均年数有关。因此，作者两部作品之间的平均间隔时间可能是决定作者的作品与另一作者的作品之间的区别的一个重要因素。

但时间本身不能引起变化。我们需要考虑语言系统的可延展性，因此它对向性具有敏感性，拥有用于再创作的先天认知能力，以及相应的蜕变倾向。

表 3-7　各作者作品之间的平均时间间隔（年）

作者	平均时间间隔
奥斯汀	0.5
哈代	3.3
艾略特	3.4
狄更斯	3.6

语言系统中的熵损失和熵增加

语言系统可以通过损失和再生而改变。当一个词汇不再被使用时（词汇标记、功能、结构），特别是如果它们在很长的时间内没有被使用（的情况下），会发生语言丢失。当先前不再被使用的语言被重新使用时（这很可能是罕见的），或者当新的词汇被加入到词汇系统时，语言就会再生。较不常用的词汇可能会被引入（语言）系统的新词汇代替或降级。与之相对应的是语言系统上的熵损失和熵增加。系统在不断变化，任何两个事件（文本）之间的时间间隔越大，变化的可能性越大——通过语言的熵损失和熵增加组合。这并不是说系统正在因为时间而改变，时间在任何意义上都不存在因果关系。只是长的时间段比更短的时间段更有可能引起改变。我们发现，在简·奥斯汀（Jane Austen）的作品中，所研究的变化尺度非常少——相应地，她的两部作品之间的时间段很短。

结　语

这些体裁中，这些作者的作品扮演着互文的通道的角色。而互文，是一种同质化的过程。在体裁体制中，没有作者有"私人空间"。体裁是一个公共空间——参阅海姆斯的《运用转向》（*Performative Turn*）（Hymes 1971）。可能会有作者暂时性地在一种文体中独自占据一个特殊的领域而排除其他的作者，但是认为这种占据不是临时性的想法是冒险的。总结巴尔泰斯的说法，体裁作品是在它们互相影响的情况下不断变化的写作的剽窃边缘。体裁空间像作者空间一样容易改变。

由于社会变化和向性因素的双重作用，作者身份的体裁和个性都不能说是永恒不变的。因此，似乎不可避免的是，体裁文本（或许是非体裁，过渡文本也一样）最初所显现的独特性和个人言语方式都是虚幻的。正如时间的流逝会耗尽作者在他所有的作品中一致性的印记，与之相应，短期内会产生明显稳定的效果，给予一个作者（作品）一致性的假象。虽然体裁似乎是作者之间的凝聚力，但是个人差异显示了明显的独特性。在现实中，体裁和作者都不是一致的、排他的或最终可预测的。

有趣的是，时间虽然可能是变化的因素，但它并不引起变化。相反，如下一章所示，变化是人类如何存储和使用语言单元（包括词汇）的固有功能。

注　释

1. "Territoire" 这个词指的是被一个或者多个作者占据的空间。这是互文领域的一个方面。这个概念由于克里斯蒂娃（Kristeva 1970, 2002）、巴尔泰斯（Barthes 1972）、傅科（Foucault 1984）以及许多其他学者讨论研究过。他们认为，两个作者并不是（有先后顺序）彼此联系的，而是（可能）共同占有同一空间。

第四章

变化的范围

变化的个人范围

作者之间的个体差异很重要，但有时一个作者作品中的变化可能比不同作者作品之间的差异更能表明问题。因此，我们需要观察个人的变化范围这种现象。

根据词汇网络理论，词汇是有序的，而不仅仅是一个项目列表，它是在一个语义框架内。这个语义框架由一系列的词汇关系所连接并处理这些词汇关系，包括同义词和多义词。（Norvig 1989：2）在这个框架中，在个人层面上的变化是由在整个框架中的语意和功能关系所造成的。

在某些情况下，一个作者所展现出的变化范围自身就是独特的。虽然并不是所有的作者关系类型都是如此，但是它一定会在电子语式的构成中发生（例如移动电话短信、电子邮件和即时消息）。在这些文本中不难发现非正规的拼写形式，例如，用字母"u"和"ya"来替代较为正规的"you"（你或你们）。

在最近的一起案件中，一组非正式电子邮件的作者有问题。调查发现：这些有问题的文本和一个嫌疑人的文本有一系列相似的共同象征（见表4-1）。

从表4-1中可以看出，候选1（C1）和有问题的文本作者（Q）有以下几个共通的可识别变量：（1）使用"you"和"u"来表示"you"。（2）用"to"和"2"来表示"to"。（3）使用"are"和"r"来表示"are"。（4）使用"wh"或"w"来表示"wh"。（5）使用"I"的时候，使用撇号和助动词。（6）用"I have"（我有）的时候，用"I have"和"I've"两种形式。而在此案件中的第二个嫌疑人（C2），却只显示了上文中所提到的两点二元性。即：使用"you"和"u"来表示"you"，以及使用"to"和"2"来表示"to"。因此，C1有很大的可能性是这些电子邮件的作者。

根据这种观念，对于作者关系问题而言，重要的并不是一个作者的语言使用保持一致，而是它的不一致，也就是变量范围。问题是，如何来测试这个看似奇怪的概念。

表4-1 已知文本和问题文邮件本中的变量范围-样本

变量匹对	嫌疑人1文本	问题文本	嫌疑人2文本
"you" as "you"	yes	yes	yes
"you" as "u"	yes	yes	yes
"to" as "2"	yes	yes	No
"to" as "to"	yes	yes	yes
"are" as "r"	yes	yes	yes
"are" as "are"	yes	yes	yes
"wh" as "w"（wot/wen）	yes	yes	no
"wh" as "wh"	yes	yes	yes
T with apostrophe & aux	yes	yes	no

续表

变量匹对	嫌疑人 1 文本	问题文本	嫌疑人 2 文本
T without apostrophe & aux	yes	yes	no
"T have" as "T have"	yes	yes	yes
"T have" as "ive"	yes	yes	no

本节中将使用一个由电话短信所组成的语料库来测试变量范围这个概念。我们需要了解的是，虽然我们之前所讨论的案例文本是不同的类型，即电子邮件。但是，本书中所描述的特点是电子邮件和移动电话短信以及其他各种非正式的电子文本所共有的。例如，聊天室用语和即时消息。在所有这些电子文本类型中，我们可以按照常规找到一定程度的正交纬度，这些文本使用一些通用指示物的不同形式。

在手机语料库中，三个最常见的指示象征词是"you""to"和"are"。就像之前的 C1 和嫌疑作者一样，我们需要找到的是这 53 个手机语料库的文本制造者有多少人在提到这三个指示象征词时使用了同样的变量。具体来说，我们需要找到的是这 53 个文本制造者是否都在他们的文本中显示了这三个指示象征词的二元性。

我们很快发现，当我们把变量范围这一特征考虑进去时，虽然很多发短信者显示了大部分的变量特征，但是同时显示多种特征的发短信者人数剧减。在 53 个发短信者中，22 个人使用"you"、27 个人使用"u"，但是只有 11 个人同时使用"you"和"u"。我们发现，当"you"的不同形式和"to"的不同形式相结合时，只有 5 个发短信者同时使用"you""u""o"和"2"。最后，在 53 个人中，只有一个人同时使用这 6 种形式，即"you""u""to""2""are"和"r"。图 4-1 直观地显示了这些数据。

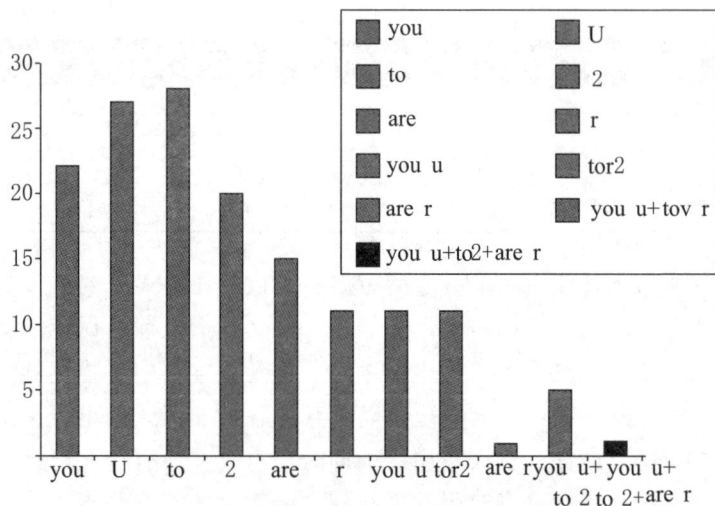

图 4-1 有同样特征的发短信者数量

因此，从图 4-1 中的数据我们可以看出：虽然所有的这些特征在电子文本中都非常常见，但是同时使用不用变量范围的人数随着变化形式的增多而减少。

此外，如果我们在研究已知作者和嫌疑作者时参考表 4-1 中所列出的电子文本中常见的变量范围，我们可以看到：在第一个人和嫌疑作者之间，有 6 个变量特征都相同，是我们所测试的特征数量的 2 倍。

在此基础上，C1 文本和 Q 文本有很大可能来自于相同的作者。然而，需要指出的是：变化的范围并不一定意味着作者固定的或永久的风格。虽然在已知和未知文本中可以看到变化范围内的相同变量，但也有一些变量是不相匹配的。一个人在给特定时刻具有一定的变化范围这件事并不能区别他和其他的说话人（即它必须是这个人独有的、区别于他人的个人属性）。它可能不是永久性的，因为变化是不稳定的。事实上，根据魏因赖希等人的研究，异质性是语言能力的内在方面。说话人，经过某种内部心理选择过程，在特定的时间或特定的上下文中选择特定的变量的变体。

虽然现在没有太多讨论，但是有人认为这种心理过程的关键是一种类似于"可变规则"的东西。在这个规则下，个人有一定的概率选择一个特定的变体。但是，正如阿蒙等人所提到的："'可变规则'[1]等规则不是对个体说话者的个人话语的预测……它不是个人言语方式的语法规则，而是话语社群的一种语法规则。"他们还指出："大量的小效应造成了基础层面的波动，这种波动，使得这种预测（例如个人层面）没有可能。"

还有一种解释是，说话人根据他的观众而选择一个变量的特定变体。这种观点由贝尔首先提出。（Bell 1984）在他引用的一项研究中，报告者会根据一些听众参加或者缺席的情况（包括旁听者和偷听者），来改变他的讲话风格。这种现象同样适用于通常是一对一的非正式书面文本。作者会根据形式轴和背景轴而变化。

尽管在确定作者归属时显然需要谨慎，但是需要清楚的是：在调查中，一个已知的有问题的文本中的相同变量越多，所共享作者身份的可能性就越大。尽管如此，不假定一个作者在其变化范围（人际适应因素等）内保持一致是非常重要的，他们可能会超越既定的习惯和倾向。（我们）还不知道的是，无论变化范围本身如何易于变化，我们也不应该期望变量在它们的分化中是相同的。

变化和人际关系

为了演示变化范围如何被社会互动所影响，我们将使用一个前面提到的移动电话文本的语料库中的例子。这种互动关系的参与者是两个还没到青春期的女孩。这两个短信者（我们用

"S"和"K"来代替）是同一组的短信者，一组中有 5 个人。这一组成员都在同一所学校上学，在发短信时都是 12 岁。这 5 个孩子在他们的短信中使用了代词"你"（"YOU"）的四种不同形式。在这个儿童组中，代词"你"（"YOU"）的主要形式是"yhoo"，这是在语料库中其他任何短信者的文本中都找不到的形式。

我们在读 S 的文本中可以明显发现她和这个小组的其他人之间相处有一定困难。比如，她给 K 在 2：00 的时候发信息，收到了 K 这样的回复：

K 的短信：快滚开，我跟你讲过晚上不要给我发短信，但是你从来没停过，别他妈像个白痴！（Fucking Piss off ii tell yhoo not to text me late and yhoo keep doing it dont tb idiot）

之后，K 屏蔽了 S 以阻止她继续发信息，但是之后又心软了。S 给她发了下面的信息：

S 的短信：你为什么屏蔽我呢？我不该给你发信息，我跟你道歉！我不想惹你生气，我只是给你发信息问你我能不能去找你，可是你一直没有回复。我能去你家找你吗？求你了，我真的很无聊！求你了！让我去你家找你吧！（Why did u block me? I apoligized 4 txting u! I no i pissed u off but i txted u asking u if we can be matees and u neva. Can i pop up 2 see u! Plz i'm bored! Plz can i cum and c ya!）

为了研究这个小组中的代词"你"（"YOU"）的不同变量，表 4-2 列出了不同变量的使用情况：

第一列列出了此组成员所使用的不同形式的代词"你"（"YOU"），例如"yhoo""u"等。第二列出了除去"S"之外的每个成员使用代词"你"（"YOU"）的不同形式的频率百分比。最后一栏单独列出了"S"使用代词"你"（"YOU"）的不同形式的频率百分比。可以看出，这一组成员所使用的代词"你"（"YOU"）的主要形式是"yhoo"，但却是"S"所使用的最不频繁的形式之一。她最常用的形式是"u"。"S"和"K"之间的矛盾并没有出现在其他群体成员之间。同时，只有"S"坚持想成为"伙伴"（"mates"），想去"K"家拜访访问她，并总是在不合适的时间给"K"发信息。下面有三个显示她表示希望成为"伙伴"（"mates"）的文本例子：

短信：你难道不是我的朋友吗？

Text：ren't u my m8？

短信：我们为什么不能成为朋友呢？天哪，求你了，我想我们成为朋友。

Text：Why can't we be m8s？Tb -plz i want us to be matees.

短信：我的成绩有进步了！为什么我们不能成为朋友啊？

Text：I got more credit！Why can't we be matees.

在语库中，"无聊"（"bored"）这次词语出现了8次，其中5词都是S使用的，并且她习惯于使用"我很无聊"（"being bored"）作为她的对话的开场词。

短信：我可以去找你吗？求你了，我好无聊。

Text：Can i come 2 urs plz me bored.

短信：能去你家找你吗？求你了，我真的很无聊！

Text：Can i pop up 2 see u！Plz i'm bored！

短信：在吗？我很无聊，你呢？

Text：Hi im bored wuu2？[2]

表 4-2　5 个青春期前年龄的女性使用代词"YOU"的不同格式

变量匹 YOU 的不同例子	群组比（%）	's'
yhoo	0.48	0.06
U	0.12	0.74
you	0.40	0.14
ya	0.00	0.06

　　这个小组的其他成员很少使用无聊的呼求作为对话的开场话步，同时，也没有请求成为"伙伴"（"mates"）的例子。因此，虽然"S"频繁地表达着她想融入团体的愿望，但是她无聊的请求（这是一种通常会被其他短信者忽略的请求）、在不适当的时间发的短信以及她所表现出的对成为"伙伴"（"mates"）的渴望，都显示出，她似乎并不了解她的短信对其他人的影响。即使在被"K"屏蔽又解除屏蔽之后，她仍然给"K"发信息，并问道：

　　"S"的短信：为什么我给你发信息的时候，你让我滚开呢？
　　Text "S"：Why did u tell me 2 fuk off wen i txted u?

　　"S"的文本的一个有趣的特征是代词"你"（"YOU"）的不同形式的变化。她开始使用"you"，但很快变为"u"。在以"u"开头之后不久，她尝试了几次"ya"——一个这组成员中别人没有使用过的形式。最后，她似乎意识到该组其他成员较多使用"yhoo"这种形式，于是她又开始使用这种形式，并且再也不使用其他形式了。这个短信者对代词"你"（"YOU"）的不同形式的使用细节可以从图 4-2 中看到。
　　从图 4-2 可以看出，"yhoo"的分布（图中左上角）与其他代词"你"（"YOU"）的形式的分布是相分离的。组内的其他成员几乎从交流的最开始就使用了这种形式，而"S"只是在晚些时候才采用它。

　　虽然小组的所有成员（包括"S"在内），从小学起就互相认识，但是"S"得了很长时间的重病，并且需要长期住院。住院的结果就是她几乎没有什么社会化的机会。她的身体也有残疾，她在一定的程度上似乎有些不自在。"S"的组外状态的一个迹象是她是唯一一个使用"请"（"please"）这个词的不同形式的女孩子。虽然所有的组员在发短信给他们的父母时都使用"请"（"please"）这个词的不同形式，但他们之间却不使用"请"（"please"）这个词（或它的其他任何形式）。这极可能表明"S"认为自己不被群体所接受［参见关于"消极礼貌"的讨论，例如，布朗和莱文森（Brown and Levinson 1987：67）］。"S"的努力所表现出的群体语言趋向性并没有得到其他成员的回报：他们之中没有人趋向她使用的"YOU"这个形式，他们之间也不会使用任何形式的"请"。参见雅格尔-德罗尔（Yaeger-Dror）的"人际动力"假设。（Yaeger-Dror 2001：179）

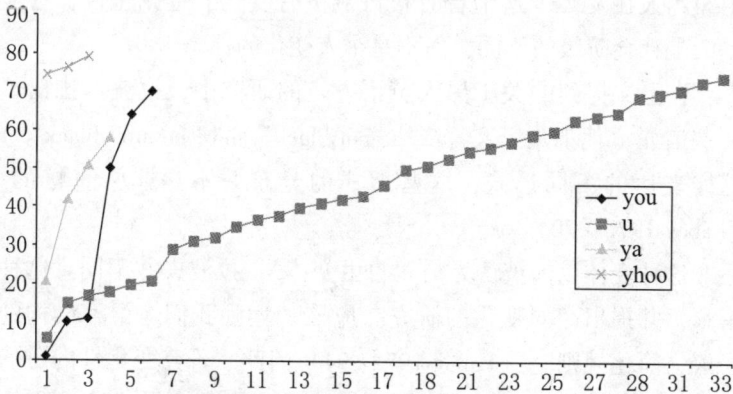

图4-2　一组学生的信息文本中不同的代词"YOU"的使用分布

　　虽然动态的人际关系无疑能造成一些变化，但是在语言使用中，更多的情况是宏观因素对语言使用有强烈影响。在下一节中，我们会研究社会因素而不是个人动机对变化变量的影响程度。

变化是随机的吗？

钱伯斯和特鲁吉尔将语言变量定义为"一个随着语言学变量和/或者社会变量变化的具有两个或多个变体的语言单元"。（Chambers and Trudgill 1998）或者，更简单地说，语言变量通常被认为是虽然在社交方面不同，但是却是做或说同样事情的语言学同等方式。（Chambers and Trudgill 1998：50）

一个变量在每个方言中不一定有多个变体。例如，在一些美国方言中，一些词中，如"商店"或"农场"（"store"或"farm"），／r／这个发音与年龄和社会阶层相关。（Labov 1972）但是，在其他的方言中，／r／却不发生改变。诸如／r／之类的变量，在上述情况下，将不会显示具有个人特性的变化。比如，一个纽约人在发／r／这个音时很可能没有变化。也就是说，它显示的是社会阶级的不同，而不是个人变化的标志。

在上文提到的关于黑人英语方言的研究中，拉波夫挑出了一些诸如"他不是黑人"（"he not black" and "he ain't black"）这样表达的不同形式，这些形式的分布并不是非常直接的。（Labov 1972：70）

这种变体以前被认为是"自由变体"。拉波夫并不同意这种解释，并提出"对变化的研究"应该"增强我们对语言结构的了解、简化规则"。（Labov 1972：94）因此，研究变化性的目的应该是"实现更高的可说明性，而不是不受约束的由自由变体所能达到的"。

他认为这是一个原则，为了避免"引用个人所听到的个体说法"所可能导致的在理论上先入为主的危险，一个变量的所有形式，都应该被考虑进来。他还指出，"寻找一种不变的，归一的方言，比别人理解更直接的语言学家"是很危险的。（Labov 1972：94）这在法律工作中是非常危险的。在法律工作中，一个实践者很有可能为嫌疑人建立一个个人言语方式的模式，同时声称这种有变量存在的模式是前后一致的。因此，一个发短信者使用字母"u"来表示代词"你"可能被认定是一个人的个人言语方式。直到我们注意到，这个人也使用"u"和"ya"来表示代词"你"。在这种情况下，一致性是没有意义的：显然，（因为）个体使用的是一个指示象征词的多个变形，而不是只使用一种形式。如下一小节所示，我们可以在手机语料库中看到这种实际操作中的分布。

象征指示词你（"YOU"）作为手机短信语料库的变量

在手机语料库中能够发现代词"你"（"YOU"）的几种不同形式，包括"u""you""ya"和"yer"。这个象征指示词在语料库中的两个主要变体是"you"和"u"。表4-3和表4-4列出了这两种主要变体在语料库的使用。

从表4-3和表4-4中我们可以看出，尽管有些人还使用其他形式，其中的每一个都显示出对"you"或"u"的使用偏好。根据他们对"you"和"u"的使用的数量，他们可以被归类为"you"主用的使用者或"u"主用的使用者。

表4-3 主要使用"YOU"这种形式的用户数据

用户编号	文本数量	性别	年龄	非标准密度	平均文本长度
AN9	3	M	25	0.007	241.0

用户编号	文本数量	性别	年龄	非标准密度	平均文本长度
F113	35	F	12	0.024	46.0
F322	41	F	32	0.010	106.6
F401	4	F	40	0.005	48.0
M241	48	M	24	0.020	85.5
M261	19	M	26	0.011	114.3
M321	9	M	32	0.018	116.9
M401	32	M	39	0.009	62.9
M471	93	M	47	0.007	88.7
M501	11	M	50	0.002	132.2
M561	27	M	56	0.011	67.2
M9	3	M	22	0.020	84.5
NL1	103	F	38	0.008	91.4
SS4	86	F	39	0.017	53.1
平均值	34.5		33.8	0.011	95.6

前两列给出了语料库中的短信者代码和每个短信者（在语料库中）所呈现的文本数量。第三列和第四列分别列出了短信者的性别和年龄，之后列出的是短信者的非标准密度。非标准密度通过将所有非标准符号添加在一起（例如，"u"是非标准符号）并除以文本的长度来计算的，然后计算出每一个短信者的非标准密度的平均值。这个值被"you"主用的使用者或"u"主用的使用者使用。

表 4-4 主要使用 "U" 这种形式的用户数据

用户编号	文本数量	性别	年龄	非标准密度	平均文本长度
AN6	32	F	39	0.030	111
F111	27	F	12	0.071	32
F112	80	F	12	0.042	68
F114	47	F	12	0.026	39
F115	47	F	12	0.035	36
F161	94	F	16	0.079	118
F201	22	F	20	0.061	60
F241	5	F	24	0.025	87
F242	8	F	24	0.025	64
F451	17	F	45	0.027	87
F461	104	F	46	0.032	107
F462	85	F	46	0.039	54
F162	21	M	16	0.059	101
F171	30	M	17	0.054	57
M231	7	M	23	0.071	50
M322	7	M	32	0.057	68
MB3	60	F	26	0.019	109
MBM10	31	F	45	0.038	30
MS11	9	F	45	0.038	36
NS14	24	M	30	0.037	44
SK5	28	M	35	0.022	48
平均值	37.4		26.2	0.043	69.9

📖 **练习 4-1**

Exercise 4-1

Using Tables 4.3 and 4.3, extrapolate the following information: What is the age distribution of the predominantly "you" and "u" users? Is either gender predominant in either category? Do "you" users produce longer or shorter texts, and is the difference significant? Do "u" users have a higher non-standard density than "you" users? What conclusions can you draw from these observations? Note: The age difference between male and female texters in the corpus is 1.97 years. This is not a significant age difference given the age distribution in the corpus.

"–ing" 变形

在分析电话短信语料库中的 "–ing" 变形的分布时，（我们）得到了一个从 20 世纪 70 年代以来就对语言学家和社会语言学家来说很重要的有趣的结果。亚当森描述了这种变形的历史。（Adamson 2009）在中世纪晚期，现在的分词以 "–nde" 结尾，例如 "singende"（"sing" 的现代分词）。另一方面，口语名词以 "ing" 结尾，例如，"lufiung"（"love" 的口语名词），具体名词也是如此，例如 "farthing"。然而，正如亚当森所说：

名词和动词之间的功能差异逐渐模糊，动名词占据两个类别之间的模糊区域。语言名词和动词的部分合并导致两个类别之间的语音区分的模糊，这种模糊已经非常相似。因此，[ind] 这个音开始发 [in] 音。到 14 世纪末，这种声音变化已经发展到在拼字法中所反映的程度，所以（许多）形式被拼写为 "–ing"。尽管拼写上有一定的相似性，名词和动词的 "–ing" 形式的发音直到今天仍然不同：名词中的 "–ing" 倾向于发[–ing]

音，动词中的"-ing"形式倾向于发［-in］音。（Adamson 2009：26）

虽然研究发现了在"-ing"和"-in"的分布中有阶级和性别的差异，但这个变量不仅由社会因素驱动，也由语言学因素驱动。在移动电话语料库中，由性别差异造成的影响很有趣：女性比男性更频繁地使用标准的"-ing"形式，同时她们也比男性更频繁地使用非标准形式"-in"。起初，这些发现似乎是相互矛盾的。然而，这种看似的矛盾是有原因的。读者可能知道拉波夫的"性别悖论"假说。他的理论指出，虽然女性比男性更频繁地使用（标准的）的语言形式，她们也比男性更容易采用创新和非标准形式。（Labov 1990：213~215）

作为这个理论的一个例子，涅瓦莱恩和拉莫林·布林贝格列出了第三人称单数一般现在时态的历史形式。（Nevalainen and Raumolin-Brunberg 2003：111）例如，在英语的早期阶段的形式是"-eth"［如"他/她说"（"he/she speaketh"）］。这是一个标准形式，带有"-s"的变体，例如，"他/她说话"（"he/she speaks"）这种形式只出现在早期的现代阶段，据说来自较低阶层，主要来自女性，而不是男性。他们的研究似乎更证实了拉波夫的性别悖论理论，即非标准形式通常来自女性而不是来自男性。

如上所述，"-ing"的形式也是一种体现。例如，在"散步"（"walking"）中，（"-ing"）作为名词的结尾，在"事情"（"thing"）中，"-ing"的形式作为代词的结尾，例如，所有事（"everything"）。正如读者意识到的，在演讲中，这些可以采取标准的"-ing"形式，例如"nothing"或"-in"的形式，例如"nothin"。

研究发现"-ing"的分布在年龄方面有显著特点；使用

"–in"这种形式的人平均年龄女性为 23.4 岁，男性为 21.5 岁，两者的平均值都明显低于每个性别的平均年龄（女性为 30.13 岁，男性为 32.11 岁）。

早些时候，有人指出，以前的研究曾发现，在名词和动词之间的"–ing"模式的不同是有语言学原因的。在手机文本语料库中，也发现了这种情况：语料库显示使用"–in"形式的名词比使用"–ing"形式的名词少。

所有上述结果似乎表明符号形式的分布在手机短信中并不是随机的。在这些测试中使用的语料库是一个相对较小的语料库，测试这些结果在不同的情况下会在何种程度上与这个语料库中的结果一致将会非常有趣。尽管样品规模相对较小，但是由代词"YOU"和"–ing"的不同形式的使用所显示出来的信息与拉波夫、涅瓦莱恩和拉莫林–布林贝格以及亚当森的研究结果保持一致。

关于"自由变化"的观点，上述数据支持这些是真正的语言变量这一观点。他们所展示的变化不是随机的：它们不是所谓的自由变化，它们的分布不遵循一种模式，而是证实这个领域的与性别和年龄分布相关的其他研究。

总　结

本章从查看个体差异范围的这个概念开始（介绍），指出有时候，一个话语者使用高频词变体形式比不同话语者差异对作者身份的识别更有用。本书通过列出了最近一起刑事案件的数据（来）证实了这一观点。

然而，在着急作出这可能是一个有用的归因方法的结论之前，我们需要知道，作者并不总是在使用变量时保持一致。例如，研究发现，人际因素可以导致说话者采用或放弃特定的变体形式。这一点我们在涵盖了一群电话短信者的例子中已经展示出来：其中一个短信作者急于被组内成员所接纳，故而不停探索、选择语言资源。

最后，我们观察到，将变量的特殊形式的使用放在例如年龄和性别这样的宏观限制的语境中是有必要的。在这方面，我们注意到常见符号的变化形式，比如代词你"YOU"的变形（例如"YOU""U"）不仅仅是拼写错误。正如我们所看到的，事实证明，这方面的变化既不是随机的，也不是无目的的。拉波夫的"有序异质性"论点在这里得到了支持。一些形式的出现，诸如"-ing"形式，也证实了关于男女性别和年纪群组分布与变量有一定关系的著名研究。

总而言之，有许多可以使用的技术来辨别作者身份，其中了解社会人际因素是非常重要的，（因为它们）可能影响一个说话人的说话方式。在一个已知时间内，不是所有的变化形式都是以个人形式表现出来的。由于受到社会因素的影响，比如互动影响或群体情感，说话人可能会采取或放弃变体形式。从上面的讨论来看，毫无疑问，社会和个人都能决定作者身份。

Notes

1. The variable rule has recently resurfaced in other forms, such as Optimality Theory（Ammon et al. 2006：40）.

2. wuu2："what are you up to?"

第五章
文本变化

语域因素

语域包含几个元素，每一个都会反过来对文本变化有潜在的影响。它们被认为发生在语场（field）、语旨（tenor）和语式（mode）这三个维度之间：

语场（field）关注的是"交流时的社会环境和目的"，包括"文章的主题和出版的目的"。

语旨（Tenor）关注的是"活动参与者之间的关系"。

语式（mode）关注的是"交流媒介"（口头、书面、口述、发短信、电子邮件等）。（Stockwell 2002：7）

从广义上来说，文体差异很难衡量往往是由文本的双重性所造成的，如文本类型。（Kilgarriff and Rose 1998：6）史莱伯格雷尔将语域（"register"）定义为在特定社会环境中所使用或有特定目的的语言种类。（Schleppergrell 2004：18）它也被认为是通过语言所实现的一种社会语境。一个文本的词汇和语法特征可以把它的语域表达得最清楚。

语场：文本类型

在语场的维度内，文本内或两个文本之间的潜在重要的二元性是文本类型的二元性。如果一个作者写了两种不同文本类型的文本，那么他们的风格将会有很大的不同。以下是同一警察局警官的两个不同文本的摘录。

📖 **练习 5-1**

下文是两个来自同一警察局警官的不同书面文件的摘录。请讨论这两段摘录的相似和差异。任务提示：请参照本书最后的"法律文本"章节中警察陈述部分。

摘录 5-1

I am 38 years of age and I have completed 14 years Police service with XYZ Police. I am stationed at X Police Office. About 0225 hours on day 10th September 200_, I was on uniformed mobile patrol in the X area accompanied by Z. At that time, I was directed via means of my personal radio to attend at No. 00 Drive, X in relation to an assault where it was alleged that a male person had been struck on the head with a bottle. Z and I attended immediately along with Police Constables A and B.

我已经 38 岁了，在 XYZ 警局工作了 14 年。我驻扎在 X 警局。200_ 年 9 月 10 日凌晨 2：25 左右，我正在 X 区和 Z 一起进行制服移动巡逻。那时，我被我的个人无线电指挥去参加 00 号驾驶事件，X。那是一个殴打事件，据说一名男性被瓶子打到了脑袋。我和 Z，以及巡警 A 和 B 一起即时参加了事件调查。

摘录 5-2

My Role：I am a uniformed patrol constable working in X Local Command Unit. My role and duties include tutoring of a probationary Constable, foot and mobile patrol, attending to calls timeously and generating my own enquiries.

My Priorities：Attend incidents timeously and deal with them effectively. Keep myself informed of local crime trends, patterns and make regular criminal intelligence submissions. When possible maintain a high visibility presence in areas where regular complaints are received regarding youth problems.

我的角色：我是一个制服巡逻警官，在 X 当地的指挥单位工作。我的任务和职责包括辅导试用警员、步行和机动车巡逻，随时参加呼叫以及制定我自己的询问。

我的优先考虑事件：随时参加小事故并对其进行高效处理。时刻更新当地的犯罪倾向，总结（犯罪）模式并定期提交犯罪情报。如果可以的话，在经常收到关于青少年问题的地区保持高度的可见度。

下面是一个 16 岁男性的两个文本摘录。第一个是自杀的笔记，第二个是从这个青年学校的练习册中找到的，类似于以诗歌形式表述的自杀的想法。

摘录 5-3

well, I don't really know what to write, except for I'm either going to kill myself tonight or have final day at school, and a final chance to see [name], tomorrow, having a fag at the moment, thinking about Friday morning, Police, when they phoned me up I really did shit myself, I was just glad though that [name] was sat there with me, I'm not telling ma, well you'll find out anyway, but at least I'll be dead, well at least [name] can spit on my grave like she said she wanted to! I've fucked up too much in life to live anymore, and I don't want to fuck up even more! only good things going for me is family and [name]!

好吧，我真的不知道该写什么，除了写下我就在今晚杀死我自己，或明天是我在学校的最后一天，是最后一次看到【人名】的机会。想着周五的早晨，此时我有一个想法，当警察给我打电话的时候，我真的给自己惹了麻烦，虽然那个【人名】跟我一起坐在那里，我真的很开心。我不会告诉我的妈妈，反正你最终会发现的，但是至少那时我已经死去了。至少【人名】会在我的坟墓上吐口水，就像她说她想做的那样。我在生活中弄糟了太多的事情，我已不能再活下去了，且我不想再弄糟糕更多的事情。对我而言，美好的事情只有家人和【人名】。

摘录 5-4

I tried to stay positive,

But I lost to negativity,

hanging from the apple tree,

dead, cold, wet, blowing around in the

wind, as it is pretty windy tonight

I could carry on, eventually be happy,

take too long tho, and myt never

happen. the end.

我尝试着保持乐观，

但却被消极打败，

（我那）死去的、冰冷的、潮湿的（尸体）

吊挂在那颗苹果树上，

随风舞动。

今夜，风很大，

我终将能够快乐地向前，

时间虽久，但终将发生。

（那是），尽头。

在摘录5-3中，作者似乎描述了一个自杀计划，似乎正在与自己辩论该在何时做这件事情。根据一个关于遗忘案件自杀笔记的语料库和其他材料来看，这似乎是一个相当连贯的笔记。在摘录5-4（写在笔记之前）中，作家似乎把诗歌比喻和他的心情描述相结合。连每一行的长度都更像诗歌的一个诗节，而不像散文。这两个摘录之间的差异是性质上的不同而不是数量上的不同。文本类型的不同造成了这种差异：每个文本都显示了一种不同类型的交流。

即使两个文本是同一个作者所作，我们也不应该预先判断它们可能具有共同特征的程度。我们在练习评论段中已经指出，前文中警察文本的摘录显示了几个关键的差异。即使自杀笔记的摘录可以算是同一种文本类型，也是同一个作者，两个摘录也非常不同。

语域混合

法律语言学家对于语域特别感兴趣的一个方面是出现在文本中的语域混合现象。语域的混合所造成的变化强调了对于双重作者身份，抄袭或模仿的可能性。下面的文章摘自一个匿名作家的信件，他声称于几年前在美国杀了一个联邦调查局的特工。大体来说，这封信使用的是非常不正式的，甚至是休闲型的语言。

📖 练习 5-2

评论下文中的语域混合。

> **摘录 5-5**
>
> Go to Seattle, heck I lived there once, no big deal. Hang out in this guy's backyard, she even gave me the address. Stop off at a place, pick up our gun, and drop it off at a specific location when you are done.
>
> 去西雅图，见鬼！我曾在那里住过，并没有什么了不起。在这家伙候选闲逛的时候，她甚至给了我这个地址。在某个地方停下来，拿起我们的枪，完成之后，把枪丢到特定的地点。

语域混合的概念似乎与目前语域的理论相违背。例如，我们来看哈利迪和哈桑在这方面的立场："文本是语篇的一个段落，在这两个方面它是连贯的；它与情景的语境是一致的，因此在语域上相一致；同时与自身相一致，因此结合紧密。"（Halliday and Hasan 1976：23）

语旨：作者和收件人间的关系

许多具有不同重要性的关系因素，可以导致微小的风格变化。我们来看一下下文中同一个人写给两个人的两封自杀笔记的节选。

📖 **练习 5-3**

评论下述两个摘录之间的差异。他们该如何解释？

摘录 5-6

Thank you for all your care & concern for me. I have been on this medication for a long time now and still do not seem to be any better. Therefore, I have decided to end my life.

谢谢你所有对我的关照和关心。我现在服用这种药物已经有一段时间，但是仍不见任何好转。因此，我决定要结束我的生命。

摘录 5-7

After almost a year I don't seem to be getting any better on the medication. I am still afraid to go out & can't drive the car. Therefore I have decided to take these matters into my own

---

> hands.
>
> 　　服用这种药物将近一年以后，我并没有好转。我仍然害怕外出，不能够开车。因此，我决定用自己的双手解决这些事情。

　　下文中两个电子邮件的节选也是由同一个作者所写。但是，和上面的例子一样，它们是写给不同的人的。它们的主题相似，但是有着非常重要的风格差异。

摘录 5-8

　　It is with great regret that I have decided to step down from the XYZ Executive. There are a number of issues and concerns I have with some of the current Committee, one of the main ones being the cancellation of the ABC event which I believe is not in the interest of our members. I have enjoyed most of my time on the committee and would like to thank everyone I have worked with past and present and despite differences with some of the current committee will always remain a strong supporter of the XYZ.

　　非常遗憾的是，我已经决定从 XYZ 总经理的位置上退下来。我与现任的委员会发生了一些事情，使我忧心。其中的一个主要问题是对 ABC 活动的取消。而对这一事件，我相信并不是我们的成员感兴趣的事情。我在委员会中度过了一段非常美好的时光。除去和现任委员会成员的一些分歧之外，我想在这里感谢每一个曾经或现在和我一起工作过的委员会成员，我将永远都是 XYZ 的强有力的支持者。

> **摘录 5-9**
>
> Hello Mary I am distraught to hear how you have been trea-ted. This is getting out of hand now and the only thing I think may be able to happen is to see if all the members are willing to ask for a whole new committee. I offer you my full support in any matter you wish to proceed in and I am willing to re-nominate myself on the executive and email them. What do you think?
>
> 玛莉你好，听到你受到了怎样的待遇之后我心急如焚。现在这已经失控了；我想现在唯一可能发生的是看是否所有的成员都愿意要求建立一个全新的委员会。无论你想做何事，我都对你绝对支持；我愿意为自己重新提名总经理，并给他们发邮件。你觉得呢？

在摘录 5-9 中，作者写信给一个委员会，告诉他们他正在辞去俱乐部的行政职务。在摘录 5-9 中，他写信给一个朋友，他这个朋友正在给他之前辞职的委员会提建议，是他俱乐部的同事。摘要 5-8 中所使用的是常规的、正式的语言，具有正规的大写、标点和拼写方法。而在摘录 5-9 中，作者看起来像是给一个他非常熟悉的人用非正式的风格写信。只是偶尔使用整句和正确的名词大写，还有许多打字错误。第二个文本中的分句连接总体上比第一段更简单。

在这两个摘录中，也有一些词汇的差异。第一段中的"问题""关注""当前""取消"和"执行"（"issues""concerns""current""cancellation"和"executive"）等词语显示了这是一种技术或专业性的交流。在第二段中，我们也有类似的术语，例如："新提名"和"执行"（"re-nominate"和"executive"）。

然而，"烦恼"（"distraught"）这个词并不属于这一类，是写信人与收件人之间团结的一种信号。第二段引文的非正式性主要表现在非正规的拼写方式上，同时，作者留下了一些印刷版式而并没有纠正它们。这些现象显示了作者与收件人之间的亲密关系。特别是在电子邮件这种语境下，非正规的大小写、分段以及标点，都能显示两位熟人之间的亲密程度。事实上，给一位熟人或者朋友在电子邮件中使用较为正规的拼写方式和印刷样式会被认为怀有不友好的态度。因此，在上个例子中，风格的变化是由作者与俱乐部的委员会的关系和他与他朋友的关系非常不同所造成的。

语　境

在下文第一个例子中，作者所写的文本和工作申请相关。第一个文本是工作申请书，但是我们可以从第二个例子中看到，他并没有成功。所有的因素，除了语境之外，都是相统一的：同一作者、相同的收件人、相同的主题但语境却不同。

摘录 5-10

I wish to apply for the post of development worker with the XYZ Centre. I have been frequenting the Centre for over three years and in the last nine months I have been actively involved in the day-to-day running of the Centre, i. e. manning the reception area, organising the forthcoming fund-raising events, developing the cultural aspects of the Centre, such as exhibiting local artist's work and displaying local historical facts. Also I have made the odd cup of tea! I should state here that the artistic and historical projects are in motion. Regarding the post of Development

Worker, I am well aware (through my involvement with the XYZ Centre) of the provision already in place, of which I am fully supportive.

我希望申请 XYZ 中心的开发人员。我在过去的 3 年中曾频繁参与中心活动。在过去的 9 个月里，我一直积极参与中心的日常运作。例如，在接待中心工作，组织即将举办的筹款活动，发展中心的文化，举行当地艺术家的展览，展示当地历史事件等。同时，我还临时泡茶。我应该在这里指出，这些艺术性和历时性的项目仍在运行中。在我积极参与 XYZ 中心的活动的过程中，我明确知道，我已经得到了开发员的这个职位，我会受到充分的支持。

摘录 5-11

[H] ow could I as one of the original applicants be granted, amidst the political turmoil in the face of transparency, a fair and just interview when two members of the interviewing panel had prior knowledge of me personally and thus should have removed themselves, eliminating further prejudice and discrimination which occured. Consider the consequences, Management Committee, should further action be taken by any applicant who has performed satisfactorily the duties of the post advertised within the voluntary sector and then degraded and humiliated as I have been by such a process. I leave the matter in your hands. May you act with wisdom and compassion and never allow this to happen again.

当面试成员中有两名私底下认识我的面试官时，我作为最初的申请人之一，面对有政治混乱的透明度，如何相信这次面试是公平公正的呢？因此，他们应该被请出面试组，消除进一步已经发生的偏见和歧视。请管理委员会考虑后果，志愿者部门中，任何一个像我一样通过这个过程完全展示出广告中所描述的职责，但是却被降级或者侮辱的申请者应该采取进一步的行动。我将事情交到你们的手中。愿你们用智慧和同情行事，愿这样的事情再也不会发生。

我们从第二段摘录中得知，作者在第一段摘录中提到的工作申请并没有成功。

虽然是一份工作申请，但是似乎是非正式的。作者的书写方式好像是他的收件人会了解他所做的事情一样，包括他曾临时性地泡过茶。在第二段摘录中，他抱怨说，面试他的一些人对他之前有所了解。

在申请信中，和工作和申请人的经验有关的关键词有："应用""岗位""运行""管理""咨询""方面"和"参与"（"apply""post""running""management""advice""aspects"和"involvement"）。作者所使用的词汇似乎是商业世界通常所使用的特别是与人员挑选相关的词汇。然而，作者在第二个文本（尽管这个文本也是在商业或贸易环境中）中所使用的词汇，却是我们所使用的通常与愤怒和抱怨等主题相关的词语，诸如："混乱""偏见""歧视""退化"和"侮辱"（"turmoil""prejudice""discrimination""degraded"和"humiliated"）。因此，导致这两个同一作者的文本的文本差异的因素，可能是语境的变化。

语式和其他因素（Mode and other factors）

在德里克·宾利（Derek Bentley）的声明中（见附录），在两个部分之间，有一个可衡量的风格二元性。

摘录 5-12

I have known Craig since I went to school. We were stopped by our parents going out together, but we still continued going out with each other–I mean we have not gone out together until tonight. I was watching television tonight (2nd November 1952) and between 8pm and 9pm Craig called for me. My Mother answered the door and I heard her say I was out. I had been out earlier to the pictures and got home just after 7pm. A little later Norman Parsley and Frank Fazey called. I did not answer the door or speak to them.

自我上学起我就认识克雷格。我们被我们的父母禁止一起出去玩，但是我们仍然和彼此一起去玩——我是说我们今晚并没有一起出去。我今晚在看电视（1952 年 11 月 2 日）。在 8 点到 9 点之间，克雷格来找我。我的妈妈去开的门，我听到她说我不在家。我之前去了画展，7 点之后没多久就到家了。晚一些的时候诺曼·帕斯利和弗兰克来找我，我并没有去开门，也没有跟他们讲话。

摘录 5-13

When we came to the place where you found me, Chris looked in the window. There was a little iron gate at the side. Chris

---

then jumped over and I followed. Up to then Chris had not said anything. We both got out on to the fl at roof at the top. Then someone in a garden on the opposite side shone a torch up towards us. Chris said："It's a copper, hide behind here. " We hid behind a shelter arrangement on the roof. We were there waiting for about ten minutes.

在当我们到了你们发现我们的地方的时候，克里斯透过窗户往里看了看。边上有一扇小铁门。于是克里斯跳了过去，我也跟着进去了。直到那个时候，克里斯都没有说什么。我们两个到了顶楼的平屋顶。正在那时，另一边的一个花园里映出一个人正在拿着火炬走向我们。克里斯说："是个警察，藏在这后面。"我们在屋顶上的一个防护栏后面藏了起来。我们在那里等了大约 10 分钟。

上面的第一选段中，每个句子的平均长度为每句 14.3 个字以上，但是第二段只有 10.1 个字。同时，第一段中每个词平均长度是 4.1 个字母，而第二段是 3.9 个字母。和其他文本中的不一致一样，语言学家所关注的问题一直是这种风格差异是否反映了作者关系的双重性或语式的二元性（口语与书面语），还是这种差异意味着文本可能已被编辑过。（Coulthard 1994；Olsson 1997）在声明的开始，克里斯多夫·克雷格（Christopher Craig）被称为"Craig"，然后被称为"Chris Craig"，但在第二个摘录中，他总是被称为"Chris"。这意味着，第一次使用"Craig"可能是对"你知道克雷格有多长时间"这个问题的一种表现形式。之后，可能只是对晚上的事件的简单陈述，没有被问题所干涉。因此，克里斯多夫·克雷格在后面被宾利以其他方式来称呼（即作为"克里斯"）。

因此，上文中所列出的文本中的二元性，正如由不同的称呼方式所表明的（克雷格、克里斯·克雷格、克里斯），以及测量差异可以是交互风格、作者身份的二元性以及语式二元性的混合体。语式的二元性应该被考虑为变量的可能性来源。因为在给出的第二个节选中，我们发现了不是很常见的短语"shelter arrangement"。说话者是一个 19 岁的学习有困难的青年，不太可能想出这个短语。对短语和短句的组合使用也是不常见的：与对不是很常见的短语"shelter arrangement"的使用一样，这些用法意味着说话人的语言来自于书面语。而第一个节选的结构显示了这个文本对问题的回应，例如，"你认识克雷格多久了"这样的问题。

非语域因素

在本节中，我们讲述了一些可能影响个体变化的因素。个体的神经发育开始于经历（Richards 1990），在一生中不同阶段，都会出现与语言相关的神经上的变化。（Gleason 2000：1）另一方面，异音性因素也会对个人语言的使用产生影响。最后，每个人在语言方面的能力和运用各不相同。

神经变化和社会变化

个体的神经变化（有可能会影响个体语言的使用或其语言使用的同质化）从本质上来讲，可以是临时的也可以是永久的。临时性改变包括脑状态的改变（如醉酒、麻醉物质的影响或某些类型的药物影响）。（Chin and Pisoni 1997）精神疾病也可以导致个人语言使用的变化（Caplan 1987），因为它能够造成类似于脑中风类的神经损伤。（Crystal and Varley 1993）由神经损伤引起的变化并不总是不可逆转的：例如，中风者有时几乎可以完全恢复他们的语言使用能力。（Heilman and Valenstein 2003：625）

众声喧哗理论

巴赫金（Bakhtin）设想了在个人使用语言时两种力量的影响。他关注众声喧哗的概念，（这个概念）广泛地将社会现象视为独立于向心力和离心力的结果。正如霍奎斯特所说，巴赫金认为，激发语言的两种倾向力量为：在寻求保持分离的离心力以及使事情凝聚的"向心力"之间的"摩尼对抗"。在另一个层面上，它处于语言的代码层次。例如，描述意义的层次（单词"tree"表示任意一棵树）和语篇层次之间（单词"tree"表示此时此刻的一棵树）。（Holquist 2002：69）

巴赫金认为，说话者和书写人一直参与日常语言和"语言规范系统"中的语言之间的冲突。日常沟通的重要语言因此反对着由文化构建的"官方认可的稳定语言核心的语言"，同时也被其反对。（Bakhtin 1934~1935，Cited in Burke et al. 2000：270）众声喧哗现象因此是个人语言变化的来源之一。因为除了语言意识形态的集中和统一，持续的被分散和被分化的过程向前发展。（这些）过程在话语中相交汇。（Burke et al. 2000：271）它也是变化的根源，因为"任何话语都是一种在语言生活中充满矛盾和充满张力的两种处于交战趋势的统一体"。（Burke et al. 2000：271）

能力和运用

变化也可能与作家的能力或运用有关。如果一个错误重复出现并且有一定的系统性，它可能是由能力造成的：显然无法应用特定的结构或形式。另一方面，错误可能由运用因素引起，例如疲劳或健康状况不佳。然而，变化到底是由能力还是由运用受限造成的并不总是很清楚。

拼写，不管是标准还是非标准，都可以表现出特别有趣的变化的例子。常见的错误包括将两个重复的相同的字母写为单个字母（例如将"accommodate"写为"accomodate"），一个单词中的单个字母写为两个（例如"memmory"），将最后一个字母写重（例如"beautifull"），省略了一个不发音的字母（将"whether"写为"wether"）和在同音音节中的字母的写反（"received"写为"recieved"）。

然而，在一些情况下，作者的拼写系统偶尔似乎也是不稳定的，并且错误也有变化。大多数时候作者都会产生错误，但在一些单独的情况下却会运用标准的形式。在一个案例中，被告人多次将"friend"写成"freind"，除非在偶尔的例子中，该词被正确地拼写为"friend"。

借用生成语法中的一个术语，我们可以说，作者已经将这个词的参数固定到产生"freind"的设置，但是在那一次，参数被暂时重置为"friend"，（而这种形式）恰好是正确形式。在另一个例子中，一个作者的拼写和正字法一般是没有错误的，但是却在一个正式文本中，将他自己的名字的首字母写成了小写。

上述两种情况似乎都是在（语言）运用时的不同的能力表现：在朋友"freinds/friends"的例子中，作家似乎缺乏拼写单词的能力——但是，他偶尔会形成正确的拼写方式。这并不意味着他能"正确地"运用，而可能只是他的不同运用（形成的）。而这种（不同运用）在这种情况下发生，（恰巧）是正确的拼写方式。这种单一标准的"朋友"的例子可能是由于受到一个正常地拼写单词的交互者的趋同因素所影响。

在第二个例子中，作者通常以正确形式拼写"Harry"，偶

082

尔会拼写成"harry"。这种错误也似乎是一个运用性的错误，（这）可能是由某些条件，如疲劳、醉酒、焦虑或匆忙引起的。作者通常很有能力，但会在运用时出现错误。另一方面，作者可能会受到一些文化影响，例如（受到）用初始小写字母写一个专有名词并不罕见的手机短信（的影响）。

有时候一个非常有能力的作家也会有弱点。例如，一个具有标准的拼写和语法水平的作家，不知为何会使用"decieved"和"recieved"，而不是常规的形式。另一个作家出了一个小的拼字困难，似乎是寻常的：他虽然能够正确地使用缩写形式的撇号，但却经常不能适当地使用所有格的撇号。

在近期的一起案件中，一名雇员被指控，据她同事所说，她为了以骚扰为由从雇主那里获得医疗服务，撰写仇恨邮件诽谤她自己。研究文本似乎以比她的已知文本更容易出现错误的拼写方式。研究文本的一个奇怪的特征是一些词的不寻常的拼写方式，包括"ritten""lightss"和"yourselfes"。已知的文本也包含拼写不当的情况，包括"recentley""recieved"和"detatched"。然而，研究文本中的异常拼写似乎表明写邮件的是一个文化水平非常低的人。另一方面，问题文本中的数百个正确拼写的词语却不表明（邮件撰写人文化程度比较低）这一点，包括"considering""worthless""employed""permanent""eventually""ceases"和"continue"。但是，已知文本中包含相当普遍的拼写错误——至少没有一个像"lightss"和"yourselfes"一样罕见。

已知文本中的"recieved"这种拼写方式是可以被我们称为系统错误的拼写：在文本的其他地方，作者也将"received"这个词的第二个音节中的元音写错。许多作家，甚至一些受过良好教育的人都会犯这种错误。（但是）这种情况较少适用于类似于"recentley""differentley"等这些词语。（英语中）有些单词以"-ely"结尾是正确的，虽然"e"通常是词根的一部分，例如"purely"和"excessively"。以这种方式看，例如"lightss"等词，似乎并不是系统性错误。我们目前为止并不知道有任何单数名词通过添加"ss"而形成复数形式，即使该名词以字母"s"结尾。类似地，虽然数千个字中的第一个字母都是"r"，且"wr"在这个位置是罕见的，然而将"written"写成"ritten"的例子却是非常不寻常的。其像"lightss"一样，似乎都不是系统性错误。因此，似乎很可能是文本的作者正在假装一个不熟练的第三者或她自己不懂得。在这个案件中，这并不是确定作者身份的决定因素，虽然它似乎表明仇恨邮件文本的作者假装为极其不熟练。这种明显伪装的其他例子包括一些文本正字法的变化。

复调因素

复调现象（Polyphony）这个词在本书中是采取了巴赫金（Farrell 1995）和克里斯蒂娃（McAfee 2003）的理论，意思是个人对语言的使用是被其他的话语者和作家所影响的方式。这种复调因素会造成作者之间的同质化，或者造成一个作家的作品中内部的变化增加。因此，复调现象是变化中的一个重要方面。

复调现象有许多形式。一种形式注重文本构成中的不同的观众和目的。（"different audiences and purposes for which texts were composed." Farrell 1995：12）另一种复调和作者身份相关，认为作者身份多样且模糊。（"multiple"and"indeterminate"Farrell 1995：123）因此，复调和互文、语言适应性，以及众声喧哗理论紧密相关。复调在抄袭和翻译中都有出现，同时它也可以由双作者、作者伪装和模仿以及文化挪用造成。

习得过程

我们最早的语言来源是我们在婴儿和儿童时期遇到的事物。后来我们继续从教育系统、媒体、我们的同行和我们接触的其他人那里学到语言。

在习得的早期阶段，一个人从成年人、他的看护者和其他儿童的语言中学到复音。学习的最开始的阶段被克里斯蒂娃（Kristeva）称为符号学阶段。这个阶段与非言语沟通相关。与之相对的叫作象征学阶段，一个将语言视为象征和符号系统的术语。在儿童模仿言语方面，儿童所重复听到的东西是语言习得的正常部分。这个过程并不是悦耳和谐的，它的来源具有"多重性和难懂的"特点，而个体对各种声音的重复只不过是对这些来源的表达。（Kristeva 1970/1973：111）

认知神经心理学家认为大多数信息和语言处理都是无意识（的情况下）发生的。（Frith 1979，Heinrichs 2001：34 cite）因此，通常情况下，我们并不知道我们说的话的来源是什么，且我们语言中的一些短语和概念可追溯到（我们的）童年时期。（Heinrichs 2001：34）在某些情况下，受到我们生活中的创伤事件或其他心理困难的影响，这些短语会被释放出来。费尼切尔发现了"缺陷过滤"理论，认为威胁个人的记忆通常会被意识过滤掉。然而，在创伤或其他心理侵犯的情况下，这种过滤过程会停止正常运行，从而使得儿童经历重现。（Fenichel 1945，Heinrichs 2001：34 cite）这种缺乏过滤经验的能力也适用于精神分裂症中的听觉幻觉形式中的语言。（Heinrichs 2001：41）模仿言语被一些评论家认为是诗歌创作过程的一部分，很可能是确定身份的一部分。"诗的语言通过其在精神上的秩序边界。"（Kristeva cite in Barzilai 1991：296）

但是，这种复调合并的过程和表达不局限于语言前阶段诗人的创造力或是心理的状态。例如精神分裂症，"话语的两大支柱即符号和象征，是同时工作的"。(McAfee 2003：105)

互文性

互文性的出现有许多种原因。它可以是故意的，比如在剽窃的情况下；在将一个作者的写作风格纳入一种文本体裁或者语篇种类的时候，它也可以产生。在非类型语境中，曝光他人的语言也可以造成互文的出现。

在近期（发生）的一个司法语言学案件中，一名司机因涉嫌酗酒被捕。在警察局，警官尝试对她进行醉酒呼吸测试，但是他们并没有成功，而司机被控拒绝提供样本。这项指控比酒驾更严重。在她的辩护当中，司机声称她被恐吓。

在最初的法庭听证会中，被告的辩护律师质疑两个警官，为什么他们两个的证词看起来如此相似。（我们可以）从下面的摘录中看到（其中）一个相似的例子。

摘录 5-14

Officer 1：[The defendant] did not have any form of panic attack or hyperventilation…

Officer 2：[The defendant] did not have any kind of panic attack or hyperventilation…[1]

第一个警官无法解释这种相似性，（因此他）最终被（要求）离开证人席，而第二个警官被传唤。在最初否认了自己或另外一个警官曾看过彼此的证词之后，警官突然想起，起诉人有一份备忘录。律师要求参看一下这份备忘录，可检察官却否认她有一份备忘录。最终，备忘录被找到了，法庭休庭要求一个专家来提供关于这份备忘录的观点。法庭特别需要知道的是这两个警官是否彼此串通，或者这份备忘录对他们给出的证词的影响有多大。第一个警官是备忘录的接收人，因此毫无疑问已经看过备忘录，但是似乎已经忘记他曾在他的证词中使用过（上面的语言）。第二个警官记得被告知有一份备忘录，同时第一个警官也告诉他说要给一份证词，但是他并不记得他曾看到过这份备忘录。

在这个案件中，这份备忘录是检察官写给第一个警官的（第一个警官是案件负责人）。在这份备忘录中，（检察官）要求第一个警官提供一份证词。在备忘录中，他写道："我需要 PCX 的第九节的陈述，还有你自己的关于那位女士没有受到任何形式的痛苦侵害或过度呼吸的伤害。"（"I will need section 9 statements from PCX and yourself that the lady was not suffering from any form of panic attack or hyperventilation."）这部分正是第一位警官使用的语言。因为这份备忘录是给他的，因此他使用原文来确保他正确回答问题看起来并没有问题。第二个警官仍然否认他曾看过这份备忘录或曾求教于第一个警官的陈述。

第一位警官也否认曾向第二位警官出示过他的陈词。上诉方的辩护律师认为，这两位警官并没有说出实情。在抄袭领域工作的法律语言学家认为，除了固定词组之外，大多数人能够自然地回忆起的连续使用的词语长度的最大值是 6 个。同时，当更长的词组出现时，第二个词组很有可能是不依赖于第一个词组而存在的。（Olsson 2004）"any form of panic attack or hyperventilation"这个词组中是 7 个词。

在一个非常出名的苏格兰案件中［这个案件和一系列名为"冰激凌战争"（"The Ice Cream Wars"）的案件相关］，四个警官声称记得下面的词组：

"I only wanted the van windaes shot up. Thefi re at Fat Boy's was only meant to be a frightener which went too far."

"我只是想要把窗户放起来。胖男孩家的火只是想把他吓跑，但是事态变得太严重了。"

这个文本有 24 个单词。上诉的法庭根据从东伦敦大学来的记忆专家布莱恩·克利福德（Brian Clifford）教授的建议，认为是这个警官不自觉地将这段文本记了下来。

回到文本摘录 5-14，可能的是：虽然第二个警官记得这个短语，但却没有记住别人对他说过这个词组。另一种可能性是：他只是忘记了他看过这份备忘录，或者忘记了自己读过它，但不知怎么会记得 "panic attack or hyperventilation" 这个词组。同时参见下一小节中对佩蒂纳蒂的引用。

在最近的另一起案件中，两名证人作证，证明有两辆车的司机有危险超车的行为，据称非常危险。第一个声明中包含了下面的字眼 "对我来说，很明显，两辆车相互比赛"（"it was obvious to me that the two cars were racing each other"）；第二名证人声称她不熟悉第一个证人。他说："很明显，两辆车正在互相比赛。"（"It was very obvious that the two cars were racing each other."）两个证人之间的联系是，他们的声明被同一名警官所记录。这名官员坚定地说他没有复制上述声明中的短语，同时他也忘记了这个短语在第一个声明中出现过。

然而，在交互诘问中，他承认他可能问了第二个证人是否 "对他而言两辆车正在比赛是明显的"。（"it was obvious to her that the two cars had been racing each other."）在这里似乎有可能的是：在这个警官转录了第一个人的陈述之后，这个短语的元素保留在他的记忆中，而他却并没有意识到。他随后向第二个证人提出了一个基于它的问题。尤其是在这个案件中，这个司机超车且一直在匆匆行驶，和赛车相关的这个词组与刑事犯罪有关。

互文和复调之间的关系是，一个说话人可能不会一直记得一个词组或者表达方式的来源是哪里。在上述例子中，互文的结果是由话语者/写字人之间同质化的过程引起的，而不是由变化引起的。

适应性理论

适应性理论通常在口语中。但是，贾尔斯等人发表了一项研究，在这项研究中，记者被问及他们如何想象他们的读者和观众。被采访的记者说，他们声称会臆想"想象中的对话者"。但是这些图像仅会形成最普通的术语。一些记者会与家庭成员或朋友谈及写作。（Giles et al. 1991：71~72）贾尔斯等人认为适应性以不断评估读者（或说话者）语言的刻板印象的形式出现。（Giles et al. 1991）这是因为，一般来说，话语者并不适应（他的）对话者的实际发言，而是适应他们所认为的话语者的发言。这与持续的自我监测一起有助于形成大众传播者在写作中使用的语言，同时，他认为其在非体裁写作中影响较小。（Giles et al. 1991：73）

作家之间的适应性的通常效果是均匀化。然而，与非体裁文本相关的适应性理论并没有得到高度发展。例如，法恩根和比伯批判社会语言学未能识别"包括书面语域在内的一系列在社会团体指令中的丰富的语域变化范围"，并特别引用了解释"语言变化模式"的需要。（Finegan and Biber 2001：239）同时参见贝尔关于观众设计因素的论述。（Bell 1984）

抄 袭

其中一个最具争议性的剽窃指控涉及聋盲作家海伦·凯勒 (Helen Keller)，她 11 岁时被指控其"Frost Fairies"的故事是剽窃玛格丽特·坎比（Margaret Canby）的"King Frost"。下面，我们将给出两个故事之间的并行关系的一些示例（C 代表坎比；K 代表凯勒）。

摘录 5-16

C：One day King Frost was trying to think of some good that he could do with his treasure.

K：One day King Frost was surveying his vast wealth and thinking what good he could do with it.

C：Suddenly he concluded to send some of it to his kind neighbour, Santa Claus.

K：He suddenly bethought him of his jolly old neighbour, Santa Claus.

C：So he called together his merry little fairies.

K：So he called together the merry little fairies of his household Excerpt 5.16.

C：One day King Frost was trying to think of some good that he could do with his treasure.

K：One day King Frost was surveying his vast wealth and thinking what good he could do with it.

C：Suddenly he concluded to send some of it to his kind neighbour, Santa Claus.

K：He suddenly bethought him of his jolly old neighbour, Santa Claus.

C：So he called together his merry little fairies.

K：So he called together the merry little fairies of his household.

C：有一天，国王弗罗斯特试图思考他可以用他的财富来做些什么好事。

K：有一天，国王弗罗斯特在测量他巨大的财富的时候，思考到底可以用这些财富来做什么好事。

C：突然，他想到他应该给他善良的邻居，圣诞老人，送去一些财富。

K：他突然想到了他的喜悦的邻居，圣诞老人。

C：所以他召集了他的快乐的小仙女。

K：因此他召集了他家里的快乐的小仙女。

海伦·凯勒可以读这个故事的唯一方法是这个故事已经用布莱叶盲文发布，但是却并没有。一个家庭朋友认为她几年前（还是孩子的时候）可能有人念给她听过这个故事，但海伦·凯勒没有印象。

瑞士心理学家荣格（C. G. Jung）提出了一种被称为"隐秘症"（"cryptomnesia"）的记忆过程。在这种记忆过程中，个体相信他们使用的短语是他们自己的语言，而事实上这些短语却源于别人。（Bishop 1999：84）根据佩蒂纳蒂的观点，这种情况意味着，记住某事的经历可以与所记住的事物相分离或被切断。换句话说就是在记忆的东西和记忆这种经历之间需要做一个重要区分。（Pettinati 1988：5）在海伦·凯勒的例子中，很可能发生了这样的情况。她自己一直否认剽窃，之后由于这样的经历拒绝再写小说。拉兹、斯特里姆、蓬达克、奥洛夫和左哈里

（Raz et al. 2007）注意到盲人超强的记忆能力主要是基于感觉补偿因素。

翻　译

在翻译中，作者试图使用另一种语言对一个文本进行重建。但是由于它们依赖于与源文本的共鸣程度，所以翻译的变化很大。以下是三段例子。第一个（摘录5-17）是14世纪的一个文本"The Cloud of Unknowing"的一段摘录。下面（摘录5-18和摘录5-19）是对该段落的两种翻译。

摘录 5-17

I fynde, in my boistous beholdyng, foure degrees and four-mes of Cristen mens levyng; and ben theese：Co‑moun, Special, Singuler, and Parfi te. Thre of theese mow be bigonnen and eendid in this liif; and the ferthe may bi grace be bigonnen here, bot it schal ever laste with outen eende in the blis of heven.

摘录 5-18

I find, in my boisterous beholding, four degrees and forms of Christian men's living：and they be these, Common, Special, Singular, and Perfect. Three of these may be begun and ended in this life; and the fourth may by grace be begun here, but it shall ever last without end in the bliss of Heaven. (Anonymous)

我发现，在我喧闹的看法中，有四种形式的基督徒的生活，这四种生活分别是普通的、特殊的、奇异的、完美的。其中三种可能在这一生中开始和结束，而第四个可以通过恩

典在这里开始，但在天堂的喜悦中将永无止境。（匿名）

摘录 5-19

　　It seems to me, in my rough and ready way, that there are four states or kinds of Christian life, and they are these: Common, Special, Solitary and Perfect. Three of them may be begun and ended in this life; the fourth, by the grace of God, may be begun here, but it goes on forever in the bliss of Heaven! (Wolters 1961)

　　在我看来，在我现成的粗暴的方式下，有四种或四类基督徒生活，这四种生活如下：普通的、特别的、孤独的和完美的。他们中的三个可能在这一生中开始和结束。第四种，赞美神，将从这里开始，且它将在喜悦的天堂里持续直到永远。

　　摘录 5-18 几乎是对中古英语原文的字面翻译，而摘录 5-19 重写了大部分文本。第一个译者将原始符号简单地重现于当代形式，没有考虑诸如"喧嚣的观看"（"boisterous beholding"）这样的短语或"永远"（ever）这样的词语的不协调性；而第二译者似乎已经创作了新的文本，同时还保持了一些来自于中世纪的共鸣。结果，在第二个翻译版本中有一些有趣的对中古英语原文的映射。在 14 世纪，英语"boistous"（喧闹的）的字面意思是"粗糙的"（rough），这是第二个翻译为何将它通过短语"勉强过得去"（rough and ready）来表达。此外，通过将"恩典"（"grace"）翻译为"上帝的恩典"（the grace of God），译者只是回应了那段时期的普遍颂歌，颂歌中宣传所有恩典都是神圣的这种信仰。（例如，词组 "Godes grace" 在中世纪诗 *Pearl*，*The Life of St Benedict* 和这个时期的其他作品中出现多次。）第一个译者似乎想保留原文的味道，因此可能不希望使用当代的成语。效果似乎是有剽窃性质，但有些人会认为，在诗歌翻译的语境中，对于（是否）保留源文本的语言，是有争议的。

双重作者

另外一个在文本中变化的例子是著名的据推测是受到诺丁汉警察局警察的指使而写出的埃文斯供词。斯瓦特维克指出，在陈述中似乎有两种清楚的沟通方式：一种是显然的模仿口语的方式，另一种是正式的书面语域，并且其中有一些警察的机构语言的迹象。(Svartvik 1968)

摘录 5-20 Evans 供词 1

In the meanwhile my wife got herself into £20 debt so I borrowed £20 off the Guvnor under false pretences, so he give me the £20 which I took home and gave it to my wife. I asked her who she owed the money to but she would not tell me, so a week later I got sacked.

与此同时，我妻子欠下了 20 英镑，所以我以欺骗的手段从老板那里借了 20 英镑。他给了我 20 英镑，我拿着这些钱回家并把它交给了我的妻子。我问她从谁那里借的这些钱，但是她不肯告诉我。因此，一个星期之后，我被解雇了。

> **摘录 5-21 Evans 供词 2**
>
> She was incurring one debt after another and I could not stand it any longer so I strangled her with a piece of rope and took her down to theflat below the same night whilst the old man was in hospital.
>
> 她一次又一次地借贷，我再也不能忍受了。因此，在这个老人住院期间，我用一根绳子勒死了她，并把她拖到了公寓楼下。

在上面的第一段中，我们看到"borrowed ... off the Guvnor"这样的表达似乎是一个口语语域，以一种假语音的方式转录"govnor"（governor）这个词。虽然还应该指出，埃文斯来自南威尔士，在那里，"governor"这个词并不是一个本土词。在同一个例子中还有一个复指代词"which I took home and gave it to my wife"（我把它带回家给我的妻子）以及口语中用"give"（给）来代替"gave"这个词。然而，这些口语化的例子与更正式的词组"under false pretences"（"虚假借口"）一起出现，我们在同一句话中同时发现了"give"（给）和"gave"两个词。

第二段包括"incurring"这个词，这个词比"got herself into debt"更为正式，但是没有"one……after another"以及"piece of rope"这些表达正式。

在这里，我们很难对发现的变化类型给出清楚的解释：文本可以是双重作者，或者如巴赫金所说，这些内部变化的例子可能是由众声喧哗造成的。（See Morson and Emerson 1990：30）在这种模式下，像"incurring"这样的词可能意味着话语的机构性核心；而对"guvnor"的使用可能是试图使这个陈述看起来是真实的口语。我们在这里所拥有的也有可能是一个（充满）体制化和私人化冲突的话语。这种体裁或机构性文本从上到下的结构与这种自下而上的乏味的口语话语相碰撞。

作者身份的伪装和模仿

另一个可能的有助于变化或同质化的复调，是伪装的（复调）。作者能够以伪装的方式写作，以防止被发觉，或者也可能故意试图模仿另一作家的写作方式。在实践中，无论是持续的伪装还是持续的模仿，对于一个不熟练的造假者来说都是不容易的。事实上，一些超语言学意识对于合理化是必要的。（Chaski 1997：19）作者伪装的问题经常与"林德伯格案"相联系。读者可能知道，在 1932 年，美国飞行员查尔斯·林德伯格的小儿子被绑架，随后布鲁诺·豪普特曼被控并判定杀害了这个孩子。以下是摘自送到林德伯格家族的两个赎金要求的摘录（见附录中这些文本的副本）。

摘录 5-22

We warn you for making anyding public or for notify the polise the child is in gute care.

我们警告你，不要公开任何事情或者通知警方，孩子正受到很好的照顾。

摘录 5-23

We have warned you note to make anything public also notify the police.

我们已经警告过你不要公开任何事情或者通知警察。

　　读者会注意到这两个摘录之中的相似之处，使用了"warn""anything public""notify police"这些词。然而，拼写差异是有趣的。在第一个例子中，我们有"anyding"而不是"anything"，而"anything"出现在第二个例子中。同时，在第一个例子中，我们有"polise"，而第二个摘录中使用的是"police"。这些不是唯一的区别：第一个文本中使用"gute"来代替"good"，而第二个文本中使用"gut"来代替"good"（此处未显示）。第一个文本使用的是"we will inform you"（"我们会通知你"），而第二个文本中却是"we will form you"（"我们会形成你"）。在早期的一部作品中，我认为这些差异与神经语言学原因有关，并且引用了某些语言形式和赎金要求之间的平行（源自豪普特曼声音的无线电录音）。（Olsson 2004）但是也有一种可能性是除了豪普特曼以外，作者可能另有其人，而他可能尝试一种单纯的"外国"风格。在这个案例中，模仿者是一个母语为德语却试图写英语的人。

　　文化挪用

　　利用他人的文化是复调的另一个来源。下一个例子涉及一组由第二次世界大战中被拘留的日裔后代写给他们家乡圣地亚哥的图书馆馆长克拉拉·布里德（Clara Breed）的信。这些年轻的囚禁者都在 15 岁~18 岁之间，他们被赶出他们的日常生活，住在偏远的农村地区的营地。这里是一封信的摘录，这封信是一个囚禁者写的，这个囚禁者叫作"Tetsuzo"［称为"Ted"（泰德）］。该信件未经更改或更正。

摘录 5-24 Letter to Miss Breed by Ted Hirasaki

Here is the letter I promised you. Little did I think that I

---

would see Santa Anita, where once trod the million of pleasure seeking fans of the sport of kings – horse – racing. Why? I'm actually treading the ground where the mighty Seabiscuit won his great duels on the track.

I am in good health and my arm is getting alongfine. I received doctor's order so I am allowed to have milk with my meals. The food here is about the same as the food at the county hospital with the exception of less meat here. Now that we have a number of San Diego men working in the kitchens the food has improved quite a bit, especially with the salads. I have heard that we are to receive meat soon, but I think it will be mostly stew because we are not allowed knives, just a spoon and fork as eating utensils.

The state room that we live in are not bad since the roof didn't leak at all when during he rains that we had – which reminds me that we certainly lucky that it didn't rain while we were being assigned to our quarters.

© Japanese American National Museum

Ted Hirasaki 给布里德小姐的信

这就是我承诺给你写的信，我从没想过会看到 Santa A-nita，在那里，曾有成百上千万在国王运动（赛马）中寻求乐趣的粉丝。为什么呢？事实上我正踩在强大的 Seabiscuit 赢得他伟大的决斗的场地上。

我现在身体健康，我的手臂慢慢好起来。我遵循医嘱，因此我可以在吃饭的时候喝牛奶。这里的食物与县区医院的食物大致相同，只是肉类较少。我们现在有一些圣地亚哥的男人在厨房工作，食物有了很大的改善，特别是色拉。听说我们即将要吃肉了，但是我想大部分应该是炖菜，因为我们不允许使用刀子，只能把勺子和叉子当作餐具。

　　我们居住的地区房还不错，至少下雨的时候屋顶一点也不漏水。这使我想起，当我们被派去分配给我们的地方的时候，只要不下雨，我们就是幸运的。

　　ⓒ 美籍日本人国家博物馆

　　在这封信中，"where once trod"（"走过的地方"）这个词组几乎是有诗意的，像文本中使用"why"和"mighty"一样。这些用法与"the roof didn't leak at all"（"屋顶一点都不漏"）和"the food has improved quite a bit"（"食物有所改善"）的语调有所不同。文本最后的"分配给我们的部分"（"assigned to our quarters"）的短语具有军事的或至少是制度性的基调。很明显，文本包含口语主义、诗歌语言和机构性（可能是军事）术语的迹象。在另一封信中，同样的年轻日裔美国人写道，"ni-sei"[2]被归为无资格服兵役外国人［"inelegible（原文如此）for military service"］，这是一种正式的官方风格。因此，这封信的年轻作家似乎受到了一些不同的影响。似乎是机构性语言的出现可能与作者的情况有关。在其他地方，他写道，年轻的日裔美国人的希望是能够服务于军队，以证明他们对美国的忠诚。他使用机构性语言可能与这些强烈的愿望有关。

　　严崎的文本中的数据来源貌似是复调，而不是仅仅改变语域。因为机构语言的象征似乎与交流的目的或其正式程度无关。基米希（Kimmich 2005：49）将这种类型的复调与社会内聚性的渴望联系起来，而克里斯蒂娃（Kristeva 2002）将复调与寻找身份相联系，她认为这是一个"创造过程"。因此，个人可以根据在他们的认知领域中的先天的（生物学的）和获得的（社会化的）行动先决条件来构建他们自己的世界模型。（Schmidt 1980：533）因此，我们可以认为，以上讨论的那种复调语言的出现与由作者的情况变化而产生的某种认知转变相关。

文本结构：主题、轨迹、相关性

文本结构是体裁文本与非体裁文本不同的另一个重要原因。散文文本的作者可以自由地使用任何可用的语言或看似合适的语言表达。因此，散文文本的主题范围比体裁文本的限制要少得多。私人信件可以涵盖广泛的主题和想法，使用差不多不受限制的顺序和混合的语域。一般来说，私人信件的结构比他们最初看起来构建得少——它们通常包含一个标题，一个主体和一个告别致敬。这可能使他们看起来好像符合一些规范。事实上，一致性可能仅包含其文档样的外观。文本中的内容可以限制得少很多。

关键是寻址性和传递性。一个外部观察者所处的位置，与偷听一段对话的人一样：对他而言，语言可能不像一本小说那样"完美"，因此他不可能知道对话的完整背景。这是因为语言本身不是作家或读者的目标。语言为结束工作。文本是传递性的，因为它在那里传输作者和读者之间的关系，如果作者试图测量读者的反应，它可能具有对话性。这并不意味着作家完全缺乏一个议程或一个计划，或者作者试图不遵循某些系统。在任何形式的对话中都不可避免地受到限制——我们可能不能或不愿意说我们可能想说的一切。

然而，私人交流具有公共文本没有的维度和自由。此外，它不一定有一个轨迹：它不寻求从 A 到 B。例如，如果我们回溯到上一节中给出的年轻囚禁者的信，我们可以看到信以一种看似宏伟的方式开始——"Ted"在那条"强大的"Seabiscuit 赢得他的"great duels"（"伟大的决斗"）的赛道上。主题范围从赛马到他的健康、他的饮食、营地的烹饪安排、允许的刀具和漏水的屋顶。这样一个如此小的话语样本中似乎有广泛的话题。相比之下，在体裁文本中，每个元素都必须具有目的，整个叙述根据轨迹发展。这将主题范围限制为与叙事"相关"。体裁文本的主题范围受到媒介的限制：我们在非体裁文本中不会发现这些限制。

结　论

早些时候我们看到，对于法律语言学家而言，用来识别作者身份的描述方法比统计方法更普遍。然而，一些法律语言学家的观点是建立在存在个人言语方式的基础上，个人言语方式意味着个人语言使用中的同质化。

相比之下，我们注意到变化在自然的文本中是完全正常的。在本节中，我们已经能够准确地找出变化的一些原因。最初，我们评论了许多社会和认知因素，但是在语域因素（如文本类型、作者-收件人关系），上下文和语式方面受到约束。语言学家的焦点需要转向复调影响，如适应性理论、语域混合和文化挪用。

可以清楚看到的是，与其他说话人或作者之间的相互作用对我们语言的使用有着非常重要的影响，通常会成为增加内部变化的一大因素。有意思的是，和非体裁文本相比，这种影响的效果在体裁文本中显示出了极大的不同。这有可能是因为不同文本的互文性导致了文本的趋同性，特别是词语的使用。但是，在非体裁文本中，文本适应性涉及了文本的趋同性和趋异性两个过程。因此在非体裁文本中，不仅有同质化的出现，也有语言变异的产生。

　　即使变化是语言使用本身所固有的，但是至少在一些时期内，作者所显示的变化范围暂时是稳定的。

　　因此，在法院宣告作者身份时，语言学家需要注意相似之处及其造成的原因的可能限制。只有最严格地观察相似和不同才能得到准确的图像。此外，对在法律环境中工作的语言学家而言，描述相似和不同是不够的：这些需要在文本的社会参数内进行解释。文本不存在于真空中，而是存在于上下文中。

Notes

　　1. Although the second officer's wording is slightly different from either that of the prosecutor or the first officer-he uses the words "kind of……" rather than "form of"-I would consider this difference to be trivial.

　　2. Second generation Japanese-Americans referred to themselves as nisei .

注　释

　　1. 虽然第二个警官的措辞与检察官或第一个警官的措辞不同，但是他使用"kind of……"而不使用"form of"，我认为这种差异是微不足道的。

　　2. 第二代日裔美国人把自己称为"nisei"。

第六章

法律语音学：概述

作者哈利·霍利恩（Harry Hollien）

　　总体来讲，法律交流由三个主要的分支学科和一些非主要的分支学科组成。这三大主要领域是法律语言学（本书的主题）、法律语音学（本章的重点）和法律心理声学（基本上讲，这是一门研究我们所听到的信号及其对个人和个人行为在声学上、感知上和神经上的影响的学科）。我们可以想到，这三个主要学科的内容在某些方面有相互交汇的领域，一些部分在很大程度上都有重叠。同时，他们也可以和其他学科相重叠，例如工程类（特别是计算机科学）、医学等等。但是这一章以法律语言学的定义开始，主要讲述法律语音学。

定义法律语音学

　　为了使这一章有用且有趣，本书的这一部分将首先对语音学进行一个大体的描述，同时也会阐述为什么这个领域的专业人员能够执行我们即将要涉及的功能、操作。显然，一个实验型的语音学家不仅对人类语言的声学、生理和感知研究感兴趣，而且还应有一定相关的专业知识。

一个实验型的语音学家若想在这些领域进行研究（或教学），或与其他专业人员交流，他或她必须接受关于核心问题（在一定程度上包括语音学）和一些补充学科的培训。在其他学科中，最值得注意的是声学和相关的工程专业。语音学家还必须在人类行为（从心理学到生理学再到神经生理学）和听力（尤其是心理声学和听力神经生理学）方面有基本的专业知识。同时，他们还必须能够开发专门的加工程序和设备（机械和电子），或调整可用且相关的系统以满足其需求。最后，法律语音学家是对法律学领域内的许多领域都感兴趣且接受过训练的人。（Hollien 1983）

事实上，对一系列相关领域的广泛兴趣是这个专业的普遍现象。例如，亚历山大·格雷厄姆·贝尔（Alexander Graham Bell）在波士顿大学教授语音学之前，发明了电话。同时，他一生不仅对耳聋和滑翔机设计感兴趣，而且在这两个领域都做出了很大贡献。乔治·萧伯纳（George Bernard Shaw）是另外一个例子。在成为一个剧作家之前，他曾经发展了很多语音学的技术，并研究过方言。其在 *My Fair Lady*（原著名为 *Pygmalion*）一书中曾描述了他的一些早期的活动。因此，语音学家参与法律科学和刑事法律的现象并不罕见。

我们现在将更具体地说明一下法律语音学所包括的两个基本领域：

1. 所发送和存储的话语信号的电声分析；

2. 交际（或言语）行为本身的分析。（Hollien 1990）

第一个方面所注重的问题有话语交换的正确传输和存储，各个类型的录音认定、话语的增强、话语解码、抄本（文资本）以及其他类似问题。

第二个领域类包括话语者的身份识别，如何获得与说话者的身体或心理状态（例如有压力、精神病、酒醉）相关的信息，以及对欺骗证据或意向的话语分析。除此之外，这个领域还包括一些次要的和较小规模的，与语言学（特别是心理语言学）、心理声学和音频工程（特别是关于记录信号的分析）相重叠的学科。由于语音学家在这些学科中只有一些次要体验，因此不难理解的是，这些学科非常模糊。尽管如此，这些学科仍旧会相互协作。

信号分析

话语录音

正如之前所表明的，好的录音对于执法机构和团体（例如法院和情报部门等）都非常重要。

如果他们突然不能再利用所记录的口头交谈和相关事件来进行监视、审讯或其他行动，那么这些机构的有效性大部分都会被很大程度地削弱。事实上，在调研员所能处置的工具之中，这些信息的分析很可能是最为有效的。但是，由于信息、事件和数据的存储、处理和分析过于常见，许多调查人员、律师和代理人忽略了里面的许多问题。

问 题

即使是现在，用于监视和相关目的的录音也很少达到录音室质量，许多录音在使用之前必须增强质量。除了由说话人（例如，说话人同时说话、重音效果、药物或酒精使用）引起的问题之外，话语失真的主要原因是输入或内部系统噪声和失真。两者都可能是由设备不足、录音技术较差、操作者错误或录音的声学环境造成的。

这里应当指出的是，即使在目前，刑事法律和智能系统的工作人员所使用的一部分信号存储设备仍然有模拟磁带录音机。虽然正在使用的数以亿计的模拟磁带录音机已被淘汰，但将其完全替换需要一定的时间。同时，虽然更好的设备已变得越来越普及（例如数字磁带录音机、计算机、CD系统等），但是其中许多设备是相当笨重和脆弱的。在艰苦的环境中或紧张的情况下使用它们有一定的困难。尽管如此，当我们考虑到记录的话语质量减弱的问题时，所有类型的信息储存都有许多相同点。问题可能来自于：(1)有限的信号带宽（见图6-1），(2)谐波失真，(3)噪声和(4)目标声音的间歇性减少或消除。这些问题是由使用有限的变频器（麦克风）、手机、廉价或非常小的录音机，或不适当地使用设备和超慢的记录器速度造成的。显然，在取证中较长的记录时间非常有必要，较慢的记录速度可以使得大量信息在介质饱和之前被捕获。然而，这种方法常常导致大量信息被压缩到较小的空间之中，因而系统不能支持较高的可懂度。此外，它们可能导致话语流失、信号强度降低和复印效应（如果它是磁带）。这里的补救办法——除了熟练的解码器之外——大多是恢复程序。

　　环境因素

　　话语失真的一种常见形式是由目标话语和需要屏蔽的信号一起被记录造成的。不需要的声音包括噪声、非使用者的话语、音乐等。它们可以是：(1)宽带、(2)具有固有频率（或多个频率）的窄频带、(3)稳态或(4)间歇的。典型的稳态噪声是交流电频率为60Hz（以及其他的倍数，如120Hz、180Hz等）的信号，该信号可以从任何60Hz的交流电源或反用换流器中生成到系统之中。虽然这种类型的噪声往往掩盖话语，但其影响通常可以通过陷波滤波器来减少或消除。第二种类型的噪声从本质上来说也是宽带的，可以由摩擦力源产生，如风、风扇、

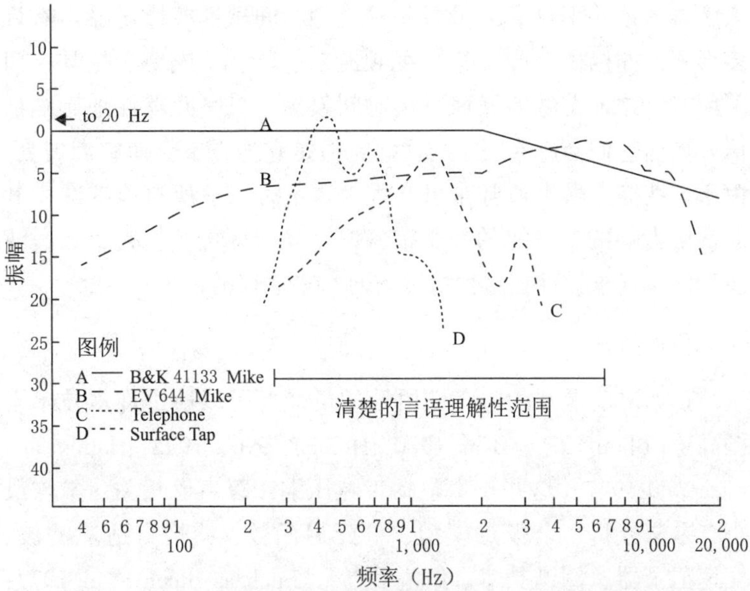

图 6-1　半导体频率回应。四个扩音器频率基于实验室测量尺寸

鼓风机、无线电、电视传输、车辆操作、衣服移动等。这种类型的噪音的部分影响，可以通过消除存在于功能话语范围之外的总噪声频谱来减轻（例如，低于 350Hz 和高于 3500Hz 的频率）。第三种类型的噪声由具有"固有频率"的机械装置产生（例如前面所提到的电动机、风扇和鼓风机）。它们倾向于显示峰值频率和相对较窄的噪音频带。有时，即使窄频带能量处于话语范围之内，它也能够被滤除，这样的话，可懂度就可以提高。或许，在各种录音中，如果没有及时去除或者扭曲感兴趣的话语的话，最难去除的是音乐和他人的话语。这时，审慎的过滤是有用的。然而，它通常需要相对复杂的、能够寻找和消除（当然是数据化地）某些类型的重复声音的软件。用于分离两个人的话语的软件也是可用的，但是，迄今为止，它们中的

大多数效果并不显著。最后一种类型，间歇性或撞击噪声有许多形式，如枪击、弹球机、视频游戏、铃铛、喇叭、爆炸、门关闭等。这种类型的噪声持续时间较短，只是间歇性地影响话语。虽然它们会遮掩一定的话语，但是它通常不会使它们失真。由于这些撞击噪声通常是可变性较大的，描述所有能够减少其对话语影响的、可能的补救措施是不切实际的。但是，数码滤波和能量寻求软件在这种情况下通常非常有用。

话语增强

正如之前提到的，存储语篇的可懂度可以通过许多技术来提高。（Blain 1980；Dean 1980；Hollien 1990，1992；Hollien and Fitzgerald 1977）这些技术包括带宽压缩、跨声道相关、平均最小二乘法分析、全极点模型、群延迟函数、线性自适应滤波、变速记录器、倒谱技术、解卷积等。（Such as Bloch et al. 1977；Lee 1998；Lim and Oppenheim 1979；Wan 1998）虽然这些技术大多数需要被改变以适合话语任务，但是如果语音学家能够将特定软件或处理过程与话语失真的具体情况相匹配，也是可以的。但当滤波和其他简单的补救方式对失真的话语样本无效时，它们非常有用。本节中会介绍一些更加实用和简单的方法，这些技术不会被详细评论。

增强话语的第一步是通过制作高质量的数字拷贝来保护原始记录。在原稿上工作并不可取，因为重复播放可能导致信号劣化或其他损坏。事实上，不意外擦除过度记录或以其他方式损坏它的任何部分都是特别重要的。重要证据因此被破坏或损害所会产生的问题是不难想象的。

第二步是在尝试处理录音之前，审查员应多次试听。在这个过程中，审查员可以建立一个日志，掌握良好的关于录音内容的工作知识，并了解录音干扰和话语失真的各种信息。在这个过程中，审查员可以发现各种问题，并考虑采用相应的修补技术。一种有用的分析方法是将问题区域数字化，使用应用软件将信号内的关系"可视化"（例如，谱和波形）。图6-2和图6-3即为这种类型的图示。我们在图6-2中可以看到，噪音很少，几乎没有；图6-3中的"瀑布"形的音谱所代表的是元音的特征（也几乎没有噪声）。这些图还可以被用于获得关于信号的大量定量信息，因此有助于识别话语、词或短语。

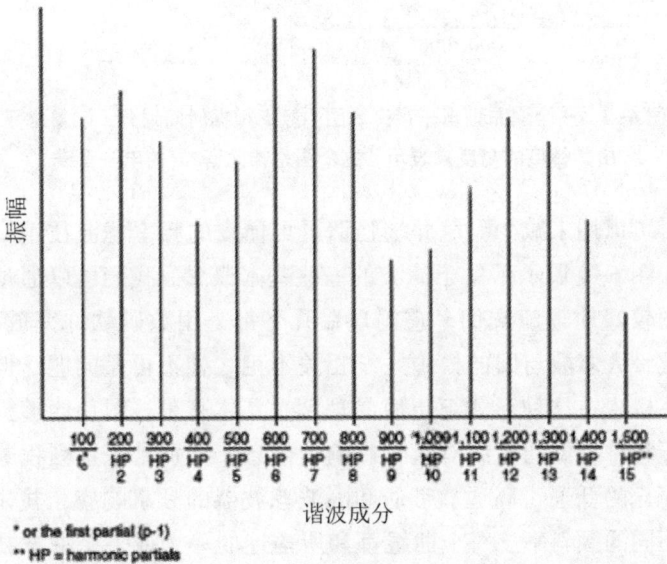

* or the first partial (p-1)
** HP = harmonic partials

图6-2　一个能量频率（或一个瞬间）的波谱图。它提供关于每个频率和区域的能量值的信息。确实，将 F0 的峰值与每一个它的谐波成分相联系，便可以形成一个频谱包络

开始框架=1, 框架数量=35

级数

C:\KH\KH4010.

时间

0　1000　2000　3000　4000　5000
频率(HZ)

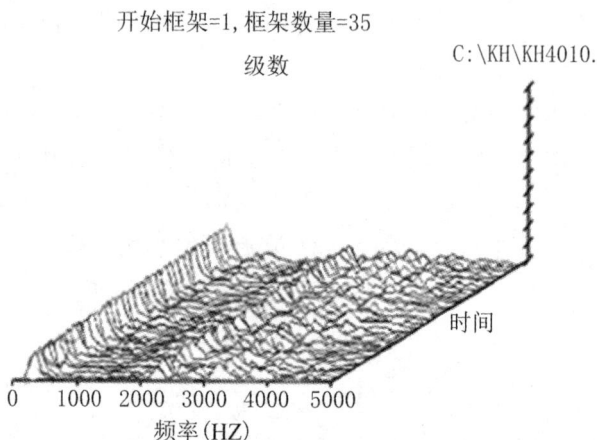

**图6-3　一个瀑布型电子音谱。图中频率根据时间划分，能量水平
由其峰值的高度来表示。这个图是长元音/a/的电子音谱**

可以用来减少噪声并增强话语可懂度的频率滤波技术有几
种。图6-4展示了关于滤波的一些基本概念，我们可以通过这
个图较好地理解它们。它们现在几乎都是用数码软件完成的。
因此，大多数与旧的模拟系统相关不足之处不再是问题。但是
这些概念在这种形式下更容易理解。具体来说，图片能够提供
关于各种类型的滤波对信号影响的信息，特别是一系列程式化
和简化的低通、高通、带通和陷波滤波器的频率响应，并显示
出不同的倾斜率。每个曲线都和所描述的一个或多个滤波技术
相联系。例如：如果光谱分析显示噪声源以一个特定频率或者
一定的频率波动范围内产生了一个相对较窄的高能量带，那么
就可以使用以该频率为中心的陷波滤波器（模式 E）来降低它
的衰减影响。在其他条件相同的情况下，通带 350Hz ~ 3500Hz
（模式 C）可以形成合理的质量话语（用于解码目的）。

另外一种我们必须了解的关系是声学能量模式是如何影响
人类听觉的。我们知道，较低频率的能量将掩蔽其附近的能量

和较高频率的能量，但是较高频率的能量不能很好地将较低频率能量掩蔽。图6-5是这些关系的简化图。可以看出，500Hz的正弦波将其附近的频率和较高的频率都遮掩了。窄带噪声的掩蔽效应也集中在500Hz附近——这是与法律模型更相关的情况——应以相似的方式操作。当考虑话语的通带（大致350Hz~3500Hz）时，我们可以最好地理解这些影响的意义。高达350Hz的频率的掩蔽效应可以掩蔽话语，而在3000Hz以上的频率通常只是令人心烦。当处理增强有噪声记录的话语的问题时，应该了解这些关系。

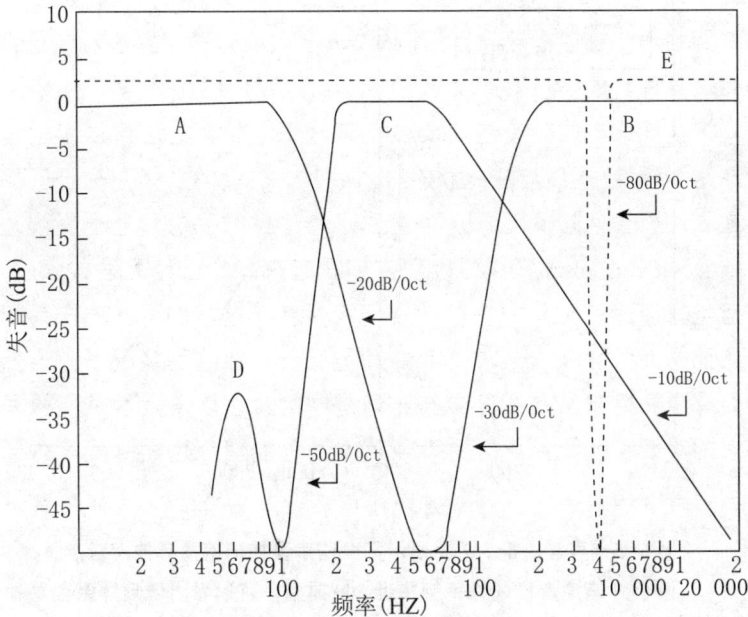

图 6-4 滤波模式。这个图片显示了低通（A），高通（B），带通（C）和陷波滤波器（E）的过滤能力。同时，该图显示了不同的倾斜率，低度（上C），中度（A，B）和高度倾斜（C的左侧及E）。图中C模式和D模式显示了非数字型的回弹

　　最重要的过滤器类型是数码的，它们有两种形式：硬件和软件。硬件类型是自包含的，通常仅限于过滤功能，而软件程序需要使用计算机，这样，它可以执行许多其他的任务。基本上讲，这种类型的滤波器每秒都会将设定的次数（例如 20k）的信号数字化确定在预定限制之上、之下和之间的频率中的能量（特别是稳态），去除这些值，并且存储剩余的或将其转换回某种模拟形式。虽然实际过程比较复杂，但用这些方法处理问题非常有效，且灵活性较高。

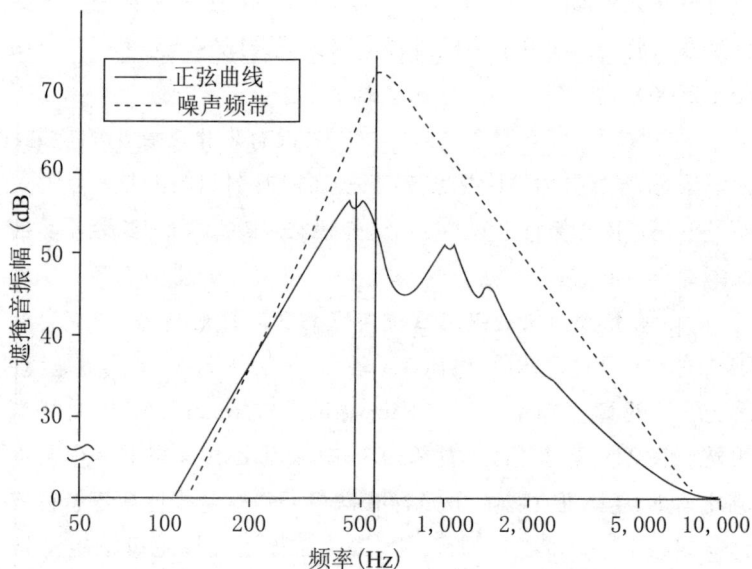

图 6-5　声音遮掩。该图显示了一些声音如何遮掩其他声音。
两个（遮掩音）的频率都将近 500 赫兹。可以看出低频音更
可能遮掩高频音，但是高频音却较低可能遮掩低频音

话语解码和誊抄本

从难以处理的录音中提取话语和消息的第二阶段涉及话语解码。在各种退化和恶劣类型条件下的录音如果是有用的，那么录音中包含的对话必须是可理解的。因此，必须首先识别具体的问题，然后再使用话语增强技术。在该连接处，可以启动正式解码过程。这是一种语言学家和语音学家经常在一起工作的情况。

解码器需要面临的问题不仅有上一节中描述的通道或系统失真，还有和话语者有关的问题。这种类型的困难包括：（1）伪装，（2）方言或外语，（3）语速变化，（4）压力或恐惧的影响，（5）酒精或药物或健康状态的影响，（6）多个话语者或被其他话语者打断。虽然这些状况不是大问题，但是其中的任何一个（情况的存在）都会降低话语的可懂性，给解码造成困难。因此，要想高效和准确地解码便需要首先在语音学和语言学方面接受专门培训。（Hollien 1990）

噪音和遮蔽

虽然噪音对话语的遮蔽效应必须尽可能地减少，但是令人惊讶的是，噪声并不总是像预期得那样微弱。（Hollien 1984）这种现象主要是由语言的内部冗余和话语的结构造成的。例如，如果同时发生的宽带噪音或热噪声仅是话语的两倍，则话语消息仍将是可理解或是接近可理解程度的。此外，也有其他补偿性因素可以用来减轻噪声和其他问题。对解码特别重要的是：（1）前景-背景处理、（2）双耳听觉和（3）听觉错觉（尤其是与话语相关的）。这个过程需要听话人能够在可听到的刺激物中，有选择地关注特定的因素。（即"鸡尾酒会效果"，Bronkhorst

2000）在有噪声话语的情况下，监听人可以专注于话语，并将噪声降级为背景（音），这样至少可以在一定程度上降低噪音。正如我们所预期的，这种（情况的）处理的大部分发生在脑皮层；（同时）以它（需要）双耳听力（用双耳听）和"定向"听力（者）为辅助。（Bronkhorst 2000）这也是为什么通常更好的话语解码器是人类而不是机器的原因之一。所有需要领会的双耳的过程就是先通过单个耳机交替地听一些话语，然后通过两个耳机来听。话语解码器也由听话者的"幻觉"来辅助。表面上看来，似乎发生的是听者"直觉性地"学会填充话语中那些被扭曲或缺失的部分，并且通过关注协同发音和从话语中听到的环境来解码失真的元素。（Hollien 1984，1990）例如：（1）元音和它的变调通常便可以提供足够的信息，使解码器能够正确地"听到"缺失的辅音（例如整个词）；（2）某些一个词中的话语可以被消除，并被热噪声和可理解的音替换；（3）即使听话人并没有一个话语者的话语基频，但是由于回应的次数是有限的（例如：一个电话），这种频率也可以被觉察到。

实际上，这些听觉幻觉并没有什么神秘之处，因为它们的本性是受自然规律支配的。

音位、边界调和词汇重音（phonemes，boundaries and lexical stress）

当然，（我们）必须了解关于元音、辅音和其他话语元素的基本知识。因此，解码器必须熟悉字词结构和字词边界调的特性。字词结构受到语言学规律的影响（就像句子结构一样），并且这些规则提供了当字词在不能被清楚地听到时，它可能是什么（或应该是什么）的重要信息。关于字词边界调的知识同样重要，它和频谱图相关，这种技术能够提供一个肉眼可见的话语图片。此外，分析一个话语者所展示出的语言学重音模式也是有用的。对一个人用来增强消息意义的许多非语言手势进行分析也很有用。这些伴随语言学的辅助元素，包括话语基频的变化、音素或音节或字词的持续时间和声音强度的变化。当我们需要把听到的话语转录为书面形式时，熟悉这些功能可以为我们提供重要的线索。(Hollien 1990)

协同发音

协同发音非常重要，其往往被分开单独考虑。协同发音描述了每个发出的话语影响其邻近音的现象。了解这一过程对所感知到的话语的影响可以在处理过程中帮助解码者。具体而言，当一个人发完一个话语接着发下一个话语时，发音器官的位置随话语变动，这些变动在两边都可以延伸出几个音素。因此，可以利用这些差异来提高解码效率。而之前讨论的几个概念、方法直接涉及协同发音。

解码机制

为了了解如何解码嘈杂且失真录音中的话语并将其转化为书面文字稿，还必须了解解码过程的机制。第一，解码器使用的方法必须基于缜密的结构化方法。若非如此，则可能会出现重大的文本错误，需要耗费额外的人力和时间去找出这些错误并予以纠正。具体来说，解码器必须生成一份语序合理的文本，一份工作日志和多份（和增强的）有趣的录音。(Hollien 1984) 它们必须先用优质的设备听完整的录音。这样一来，便能识别出特别晦涩的材料，还能学习正确的名字以及记下该录音的特性。此时此刻，文本就可以继续完善：第一组代码用于标明存在问题之处；第二组代码标明可以解码，但是有疑问之处；第三组则标明词汇听不清或听着费解之处。解码器及其管理者必须反复该过程，直到无法进一步改进书面文字稿。

一旦完成听译并且已经生成合理的文本，则有必要应用所引用的代码来识别说话者和文本存在问题的部分。(Hollien 1984, 1990) 例如，解码器可以通过编号、姓名或性别来识别每个说话者。记录有疑问的词、短语，听不见的词，停顿、矛盾的语句和类似的情形也是必要的。这种类型的专门系统已经开发出来了，并且它们的使用是强制性的。例如，如果发现可以听见但很费解的话语部分（或者存在多个说话者的话语而干扰解码的情况下），则使用括号，同时列出大致丢失词汇的数量［例如（＊2~3 个词）or（C 说话者＊10~14 个词）］。相比于"听不清"的词，这种方法提供了更多的信息。另一种可以记录事件流程的方法是囊括事件的描述："脚步声，关门，两声枪响，砰的一声巨响。"当然，只要能识别所有事件，任何相关的代码组都是可以接受的。这些代码组以一致的方式使用，并且会提供合适的指标。

在解码过程完成并且解决混乱之后，应该仔细地评估错误。如果出现因粗心犯下的小错误（即使是简单的打字错误），文本就可能会受到质疑，而这毫无疑问将使其一贯的信誉受损。如此似乎有失公允。

鉴定录音真伪

录音很可能是伪造的。一些人甚至认为可以通过无法侦破的方法修改录音。事实上，如果一个专家团队将一些人大量的话语录入语料库并数字化，然后再创建对话，人们将极难发现这是编辑而成的。他们甚至能使这个人遵照他们的意愿"说话"，并且，其被审查人用当代技术发现的可能性并不高。另一方面，已开发出了相关程序，用以帮助中立审查员辨别录音（音频或视频）是否以某种方式被修改过或者它是否是真实的。

录音真实性的问题是相当严重的，因为任何向录音有效性发出的挑战均表明有人有可能篡改证据或伪造信息。这类挑战可能在任何时候出现：正在录音或监控、正在处理录音内容、在法院诉讼期间等。事实上，我们必须系统而彻底地解决这一问题。（Aperman 1982；Hollien 1977）

这一领域存在的一些问题似乎与所采用的定义和标准有关。（或者是缺少定义和标准，Hollien and Majewski 2009）例如，一些专业人士认为，只要录音完成后未遭"篡改"，它就是有效的，其他人并未鉴定整个录音的真伪。这种做法有一定的冒险性。因此，有必要制定一定的准则以判定录音是或不是真实的，以及何种程序和技术才能使这些疑问得到满意的解答。第一，制定参考准则。为了确保真实性，录音必须捕获在整个目标周期发生的所有事件。录音不可能在交换开始或终止之后，或者在所有对话或事件已经完成之后的某个时刻开始。第二，录音必须显示没有以任何方式中断，没有遗漏，在录音期间或随后的任何时间内没有任何添加。（Hollien 1977，1990）

同样重要的是要记住没有人可以明确录音的细节，除了该录音是完整的还是不完整的，或者它有没有在某些过程被修改过。即使一段录音似乎被改动过，审查员也无从得知（以某种方式）修改录音之人的意图，因为没有办法确定他或她究竟是稀里糊涂地修改了录音还是另有图谋。再者，进行录音的个人或机构的声誉或推定正直对整个过程的细节没有影响。事实上，只有煞费苦心地进行严格而客观的检查才能确保达到上述标准。此外，该过程的后续阶段需要相同的努力以解释每个可疑区域或遇到的事件。实际上，我们经常能发现看起来可疑但不是因改动引起的事件。因此，必须确定这些事件背后的实质性原因，避免将无关痛痒的事件认定为篡改，这与避免遗漏改动同样重要。最后，真实性的研究只应在原始录音和实际使用的设备上进行。违背此原则只会推导出片面且无效的结论。总之，虽然评估分两部分进行，即物理检查和信号分析，但首要要求是通过直接耦合（用于安全和信号分析）开始记录并进行一个或多个数码拷贝。

物理检测

对录音设备和录音介质进行体检是必要的。如果使用模拟或数字磁带录音机，则必须考虑：（1）卷轴上的磁带量，（2）外壳、卷轴或磁带盒的状况，（3）是否存在接头以及（4）使用的设备。物理检测会初步尝试着确定相关录音究竟是原件还是副本。最后，虽然从数字录音（CD、DVD、视频等）的材料或外壳检测中可获取的信息少之又少，但还是应该进行核实。因此，评估录音本身的经历同样是可取的。包括以下几个相关问题：装着录音的证据袋是否被打开过？它上面是否有不妥的识别标记？是否有证据表明它之前已经被用过？

对磁带（任何类型）非常关键的修改手段之一便是拼接。一旦发现蛛丝马迹，则必须考虑磁带剪辑的可能性。现今主要有两种类型的磁带拼接：胶接和热接。胶接即使用黏合剂粘接，拼接对先将分离的磁带的两端放置在一起，再将一片黏接磁带加到后面。注意：如果磁带末端经过裁剪，则该过程比它们通过缺口匹配更为可疑。热接即将磁带两端重叠并熔化。有时，磁带通过播放头时，可以听到咔嗒声，从而暴露该磁带有接头。另外，有的接头肉眼可见或者凭手可感觉得到。

录音的原创性

只有最初的录音才是真正有效、可靠的，因此确定一个所谓的原件是否为最初的记录是一个重要的问题。在大多数情况下，是否为原件是可以鉴定的。不幸的是，许多法院都在一个完整的监管链的基础上接受"原创性"，这是有危险的。一个审查员可以更好地独立判断原创性这个问题。

当录音机运作时，我们可以获得电子签名，这种电子签名可以被用于评估录音的状态。（记录显示）只有一个录音机使用是被检测物为原件的一个有力证据。如果发现实际使用中的录音是所谓的已经被使用过的录音，那么数据将会有其他的含义。然而，其他的证据可以减弱这一关系。例如，如果（1）在由电池供电的设备上进行的记录上存在"嗡嗡声"，（2）存在多个不能解释的嗡嗡声，或者（3）存在多个录音机电子签名，其原始性就会被质疑了。反过来，如录音原创性的不能得到证明，则这份录音就不具备可靠性。

设备评析

许多方法都可被用来检查录音设备。第一，切换的"签名"是可以获得的。评析时有在安静的、喧闹的以及在对话条件下进行的一系列测试录音，并在串行操作与系统相关联的所有开关时被重复。第二，如果使用磁带，可以简单地通过观察它们的氧化侧来检查它们。恰当的检查通常可以揭示：（1）磁带录音机是否停止或被重新启动过；（2）是否有一部分被擦除或（3）磁带进行过复录。但需注意的是，如果录音机被停止并重新启动的话，是没有正确的方法可以鉴定出录制被中断了多长时间的。除此之外需要进行的程序还包括观察磁记录图案本身，或者添加某些溶液、粉末或人造装置使它们可视化。（Bouten et al. 2007）然而，由于该过程可能非常耗时，最好是选择性地使用这种方法。

必须承认的是，上述程序对于磁带录音机（模拟和数码）来说效果最好，但是对于检查 CD 或直接传输到计算机硬盘的样本来说却是非常困难的。虽然我们回顾的一些概念适用于这种情况，但是同时也需要其他概念和方法。（Brixen 2007）例如，对记录的时间码的检查是有用的。更重要的是，信号的视觉分析对于所描述关系的正确评估来说是必要的。有一些软件可被用于分析这些情况。本书将于后文中对这些软件予以简述。

实验室检查

认证过程的第二阶段涉及对记录中捕获的信号进行强化分析。当然，审查员应该首先对记录的材料进行仔细的听觉监控，以达到熟悉（材料的）和识别（并记录）问题区域、事件的目的。例如，这样的问题区域、事件的表现形式有：可听到的咔嗒、砰砰、叮当、噼啪爆裂等声音。所有这种类型的事件都可能暗示样本已有变化，因而必须进行评估。然而，（这些声音）可能由不同的原因造成，其中只有少数原因是录音本身被修改。例如，咔嗒声可能是由以下几种事件造成的：(1) 对系统中的任何地方进行的操作（例如：短路、电动机的操作、开关激活）；(2) 对系统中的其他部分的操作变化（例如：自动发动、开关、挂断）；(3) 录音系统外部的发生的事件（关门、环境重击、铅笔点击）或 (4) 电话网络内对开关、继电器等的操作。它们的存在并不一定能反映改变，但是，由于样本在被修改后通常都会发生这样的声音，因此每一个都必须彻底检查。第二类可疑的情况涉及在录音水平和环境噪音变化（特别是突然的变化）中的声音缺失问题。当然，这些情况也可能是由 (1) 记录过程中的人为现象，(2) 相关设备的操作或 (3) 麦克风的突然移位造成的。此外，改变的记录有时可以通过听到的信号中的其他偏差来识别，诸如可感知的回声、多个录音的效果、声音渐低等。所有的异常现象都必须检查。

目视检查录音的信号也同样重要。包括：(1) 在计算机监视器或视频屏幕上的观察信号痕迹；（2）收听和观察（或声学分析）所听到的基频、频谱、时间-振幅关系、强度水平或变化的模式。简而言之，对这些类型的分析可以为我们带来主要的和补充性的（关于话语的）信息。例如，频谱图可以提供一个话语事件的声学模式的视觉印象。如图 6-6 所示，频率-振幅模式（瀑布频谱）中的突然变化显示了某种类型的停止-开始（模式）。最后，这里还可以使用噪声分析。例如，如果一个背景音乐突然改变为另一个（背景音乐），则表明录音曾被中断或被编辑（过）。其他类型显示（录音曾被）操纵过的（特点）还有在环境噪音的情况下相对突然的改变，或者频谱特征发生改变。

开始框架=1,框架数量=102

级数

C:\KH\KH4010.

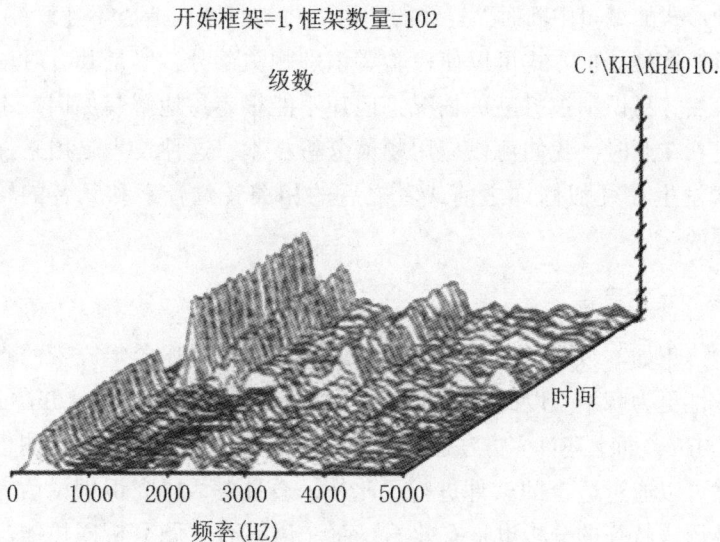

时间

| 0 | 1000 | 2000 | 3000 | 4000 | 5000 |

频率(HZ)

图 6-6　再录中断的瀑布频率。注意串联普中的突然中断

（我们）也可以用数字化方式和研究录音机的"关/开"（按钮）产生的点击声来判断样本是否被修改过。虽然这些点击声通常可以清楚地被听到，但是将它们当作识别由其他机器产生的"鲜明特征"却并不容易。这里的一种方法是数字化开关声及其环境呈现出一种波形特征。当然，如果要使用这种技术，（我们）必须假定每个记录器都具有其电子特征，并且该特征不同于其他记录器的特征。虽然这个结论是基于有些不完整的数据，但它一直都是这样，我们的实验已经让我们得到了充分的假设。（Hollien 1990）然而，不管会发生怎样的变化，（我们）都可以假定给定的记录器可以有合理的自身的标识。

协同发音

协同发音也是认证的一个重要元素。当正常的话语流被某种形式的编辑中断时，连续的话语流将被打断而造成不连续性。虽然这种分析方式可以使检验者识别相关部分，但是其有时候虽然容易识别被打断的情况，但却不能很容易地解释原因。不过，在此时，我们可以应用频谱分析技术，这种技术是用来探索发生在疑似修饰之前或者之后的相关音位音素和元音的转变的。

数字录音

正如本节所说的，鉴定数字录音的真实性比鉴定磁带的真实性更为棘手。以此为目的的专门技术正处于研发阶段（Brixen 2007)，而上述许多方法已成功地适应检测。例如，物理检测仍然可以通过适合的软件进行。此外，通过对话研究识别说话者及语言特征的分析也是有效的，而（语言）主题分析同样能起作用。总而言之，虽然这里涉及的研究通常包括定量信号分析，但也应该与模拟录音和话语及语言技术相似。

鉴定录像带真伪

就某些方面而言，评估录像比评估纯音频要容易一些。音频部分可以与视频并行评估，但是更重要的是，视频里的修改（如果有的话）通常可以被"看见"。尽管如此，在鉴定的初始阶段应使用与音频评估相似的技术，也就是说，所采用的程序应基于前述的物理和音频评估。一旦物理检查和工作副本记录完成，许多引用的用于数字录音的分析便可以应用。

而接下来就是直接评估视频频道。这里所指的成功评估即需要有合适的设备以及使用一些专门技术。首先，检查和测试录制原始视录的设备很重要，因为有一些证据表明每个单元独有的电子签名都是可以被复原的。此外，如果在先前未记录下来的视频上可以"看到"的噪声不同于目标单元被抹除的磁头产生的噪声，则可以采用频谱分析来量化和评估这些"印象"。其次，当在初始视频序列上录制第二段视频时，会产生一系列（非常短暂的）不规则闪烁。另外，如果视频（视频图片）突然"若有"和"若无"，那么此处可能经过剪辑。也许最能证明视频被修改过的是图像序列的突然移位。所幸，可用于评估视频录像的专用设备是很容易买到的。在某种程度上，它能媲美处理动态电影胶片的帧到帧的观看系统。虽然，视频不是以严格的帧到帧模式创建的，但是观察"静止图像"——图像序列缓慢前进——通常可以看出录制的视频部分中的中断或不一致之处。最后，还应记住，检测录像的真实性包含两个部分——音频和视频，应单独分析这些系统，再将结果合并。

行为分析

正如上文所述，行为分析领域构成法律语音学的另一个主要领域。相应地，行为分析分为对说话者的识别（耳识的、听觉-感知的、基于计算机的）和言语行为（情绪、精神疾患、压力、陶醉、欺骗）。

话语者识别

每个正常听力的成年人几乎都有仅仅通过听他或她的声音而识别一些没看到的说话者（通常是他们熟悉的人）的经历。话语者识别这个概念可能就是从这个普通的日常经历中诞生的。然而，小说、电视和媒体中所提到的这种尝试致使它的基本性质被扭曲了。事实上，许多人认为声音识别可以准确和容易地进行。在现实中，这些意见过于夸张。然而，对于话语者识别的理性观点是有基础的。事实上，虽然不知道世界上的几十亿人中是否每一个都有非常特殊的声音和话语，以至于它对每个人而言都是独一无二的，但是人们通常可能在不同的说话者之间进行区分。因此，某种话语者识别实际上是可能发生的观点可能是准确的。（Hollien 1990，2002）

定义和问题

说话者的识别是承认说话者的两种方式之一，另一种是说话者的验证。具体而言，说话者的识别是一项从男性或女性的话语样本中识别未知说话者的工作。这项工作可能相当困难（Dallasarra et al. 2010；Hollien 2002），主要是因为：（1）频道或系统失真（电话带通、噪声、中断等），（2）说话者状态不佳（压力、伪装、恐惧、健康问题、情绪）和（3）个体不配合。另一方面，讲话者的验证涉及：（1）想要被认可的实验参与者，（2）只使用高质量的设备，（3）复杂的处理技术和（4）取得足够的讲话者话语参考样本。验证讲话者用于（1）允许某人进入安全区域，（2）通过电话开户存款或（3）识别宇宙飞船上或其他远程位置的人员。由于验证说话者不似识别说话者那样面临艰巨的挑战，如果可以建立有效的识别程序，那么验证方面的问题即可迎刃而解。（Hollien and Harnsberger 2010）

然而，已有充分的证据表明，通过话语识别个体是可能的。这个论断是基于一种假设，即说话者特定的特征源自个体的骨骼、生理机能和与运动控制相关的一些特性（Abbs，Gracco 1984），以及他们所使用的习惯性言语模式，加上社会、经济、地理和教育等因素。发育成熟水平、生理或身体状态、性别和智力高低对习性的培养也有一定影响（Hollien 2002）。显然，综合来看，在所有这些因素的影响之下，一个相当独特的言语和话语特征的集群得以形成。（Hecker 1971；Tsai and Wang 2006）相应地，这些集群也提供了一种可能性，即虽然一个个体的言语属性可能没有足够的强度和特性以区分其他说话者，但是一组结构化的特征能促使识别成功。（Hollien 2002；Hollien and Harnsberger 2010）这个概念是许多识别说话者方法的基础。其被分为耳识、听觉–感知和机器三个部分。

背　景

无论如何，话语识别的早期尝试都很可能早于史料记载，在接下来的几千年中，这种探索也一直持续着。考察几百年前在英国法院出现的问题以及接纳听到声音的证词可追溯到 19 世纪晚期的美国。（Hollien 1990）目前，在一些法院中，只有证人能够使主审法官确信他们"真正知道"这个人时，才会允许证人指认说话者，而其他法院仅允许专业人士作证，并最终形成了以下三种说话者识别的类型。

人耳识别

人耳识别阵形（或"声音曝光"）常见于法律指认现场；

通常由执法人员执行。很遗憾，这种方法由于各方面的原因遭到了抨击。（Broeders 1996；Hollien and Majewski 2009；Van Wallendael et al. 1994）例如，有时要求证人从很多声音中挑选出嫌疑人的声音，其中所有其他声音（即衬音）听起来都非常不同；而有时鉴定者进行识别时没有合理的标准可遵循，或者行政人员人手不足。所幸，因为现在有健全的程序，所以我们可以精确地整合出人耳识别的阵形。

人耳识别阵形的定义是一个人在能听到犯罪人的声音但看不到犯罪人的情况下试着通过听取话语样本来识别犯罪人。目标说话者（或嫌疑人）的声音样本被与（其他）声音混合在一起——通常是 4 个~5 个声音——再让证人识别哪些话语是嫌疑人说的。（Bull and Clifford 1984；Clifford 1983）听起来像是目击指认现场，不是吗？在一定程度上，是的。但是，由于实际上这两个过程并不十分吻合，这层关系产生的问题与解决的问题几乎一样多。让我们先了解一下相关的背景知识。毫无疑问，目击者的指认对于刑事调查或审判相当重要（Loftus 1979；Wells 1993）；而耳识识别也同样重要（Hollien 2002）。然而，很可惜，这两种程序都不如期望得那么稳健。例如，大量关于目击者考察的文献表明证人视力差、记忆力不足等问题可能导致判断严重失误；视野不足或照明不佳加上接触短暂也会产生相应的问题（Loftus 1979）。队列式现场也可能存在偏见，包括：（1）种族、（2）性别、（3）个人魅力、（4）明显的特征、（5）年龄、（6）风度气质等。另一方面，如果条件允许，可以进行合理准确的评估。再者，眼睛和耳朵的辨识方法虽然看似相似，但在许多方面都有很大的不同：主要是关于（1）如何处理不同类别的记忆（即听觉和视觉）；（2）相比于视觉特征的评估声音是如何分析检测的；（3）恐惧或兴奋如何不同层面地影响该过程；（4）视力差和听力障碍差的不同之处等。（DeJong 1998）此外，还存在其他一些问题：（1）延迟的存在；（2）证人的情绪可能成为影响因素；（3）证人可能认为嫌疑人有罪，仅仅因为他正在接受讯问等。（Broeders 1996；Van Wallendael et al. 1994；Yarmey 1995，2003）然而，如果起用称职的人员并且队形排列合适，实验表明，结果是可信且准确的。（Hollien et al. 1983）

阵形结构

总的来说，可以采用两种不同的阵形方法进行人耳识别。（Hollien 1996；Hollien et al. 1995）第一种是"同时法"。采用该方法，证人将听到一个"音群"（例如，一个接一个的声音），包含嫌疑人的声音，以及其他说话者的衬音样品，并多次重复该过程。具体分析则是将嫌疑人的话语样本嵌入对比者或"干扰者"说出的话语样本之中。证人将多次收听该音群，以及包含嫌疑人和相对比者话语样本的复制品，只是将这些复制品的发音放在不同的位置播放给证人听。

证人会试着从每个音群中挑出犯罪人的话语（通常约 20 个音群），之后再询问证人是否能够确定犯罪人。

图 6-7 清楚地展示了第二种方法，即"顺序法"。如图所示，证人坐在检查室书桌旁，桌上有一台录音机。管理人员坐在面朝证人的方向，他们会播放带编号的磁带，里面有嫌疑人和每个对比者的话语样本。附带提及，管理人员是不允许知晓哪卷磁带里有嫌疑人的话的。具体操作如下：（1）证人说一个编号；（2）管理员给证人挑出该卷磁带；（3）播放该卷磁带。然后，证人按照所想的顺序听完剩下的磁带。听完所有磁带后，证人可以要求重复多次听其中任意一卷磁带。最终，证人被询问是否能够依稀辨认出嫌疑人，如果可以，确认哪一个是嫌疑人的声音。当然，如果证人无法判断，则无需从中抉择。以上

是建议采用的步骤。

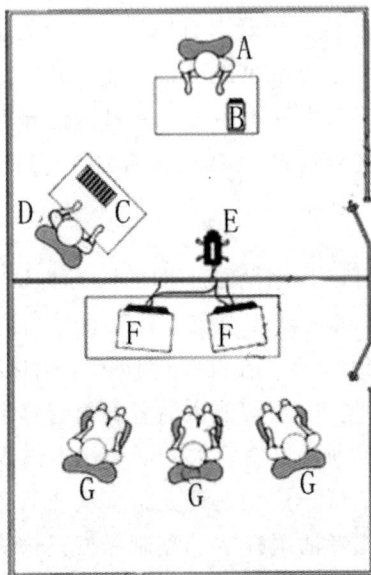

图6-7 人耳识别顺序法。图中，A 为证人，B 为 CD 录音重放，C 是录音，D 为管理人员，E 为摄录机，F 是电视监视器，G 为观察员

采用前述任一程序现在要遵循一定的标准，具体如下：

平等性。耳识指认对证人（们）和嫌疑人（们）都应一视同仁。已经建立的指导原则应该得到严格遵循。

记录归档。应将流程的各个方面记录得当，包括：（1）证人（们）的背景和陈述以及（2）嫌疑人的来源及其特征的记录。

作证。证人有相当的可以进行该项任务的能力也很重要。他或她应该确定他们在一定程度上注意到了犯罪者的声音，并有印象，以及证人听力良好，有能力进行听觉-感知的识别。为了明确这些关联，有必要进行预检。

说明。应向证人（们）提供清楚的指示。也就是说，他们应当被告知：（1）在阵形中只有一个嫌疑人；（2）这个"嫌疑人"可能是也可能不是罪犯。应该告诉证人如果无法识别，不要随意揣测。

测试体系

语音样品。所有的语音样本的长度应该相等并且保真度要相同。样本要足够长以确保给证人提供嫌疑人（和每个对比者）语音的长度合理。并且，所有样品都应由相似的材料构成。

刺激材料。样本中若包括两类语音则再好不过了。他们相互抵消，包括与文本无关的讲话以及涉及文本的单词、短语和句子（经常性阅读材料）。重复证人在与嫌疑人最初碰面时听到的短语也是有帮助的。

对比说话者。大概需要 4 个~6 个对比说话者（或"干扰者"）。他们应该与嫌疑人年纪相仿，社会地位、经济状况和教育背景相近，并且有相同的方言、口音。应避免采用与嫌疑人说话截然不同的人。可以向对比人员描述嫌疑人的声音是怎样的，但是不能让他们听到嫌疑人的真实声音。

测试步骤。人耳识别磁带样品开发完成后，应进行一系列模拟试验或评估。也就是说，摆出 4 个~6 个客观的听众测试磁带样品，让他们挑出"与众不同"的语音或"听起来像罪犯"的语音。如果判定人一致地确定嫌疑人或其中一个对比人，那么这些材料应该是"带偏见的"，需要重组。

虽然这些指导原则并不是包罗万象的，但包括了大部分标准和步骤，可用于制定可采纳的人耳识别体系。这样的模型也可以用来指示受理现场的工作人员，进而成为实践严格的、结构良好的程序规定。

听觉-感知法

前一部分的重点放在听者身上，这些听者要么倾向于识别熟悉的说话者，要么参与到了正式的人耳识别程序中。现在，我们要将注意力转移到那些专业人士身上，他们会在专业的基础上进行说话人身份识别。重心是尝试确定嫌疑人的言语、声音与犯罪人的语言、声音匹配或不匹配，以及找到能准确地进行该项任务的方法。这里有两种专业识别说话者的相关方法：（1）听觉-感知技术（首先考虑）和（2）基于计算机的方法。

背景

听觉感知（AP）领域的最早研究之一是由心理学家麦吉（McGehee，1937）进行的。她对查尔斯·林德伯格对布鲁诺·豪普特曼（Bruno Hauptmann，被判定绑架及杀死林德伯格的孩子的声音）的观察结果很感兴趣。她的程序是让审计员听一个男性说话者（他们不知道），然后在同一性别的其他谈话者的群体中识别他，并各种延迟时间（1 天到 5 个月）。麦吉（McGehee）报告说，正确识别的百分比最初是相当高的，准确性的衰减是逐渐的但是稳定的。从暴露后的正确识别的 83% 到大约 5 个月之后只有 13%。在很大程度上，当代研究证实了麦吉（McGehee）的发现，如霍利恩、凯斯特、诺兰、波拉克、舍特、雅美（Hollien 2002；Hollien et al. 1982；Koester 1981；Nolan 1983；Pollack et al. 1954；Shirt 1984；Yarmey 1991）。实际上，在那个时间和当前之间已经进行了数百个说话者识别（SPID）实验。在这里不可能审查它们中的很多，但是出现了两种关系：（1）存在在话语及话语信号内的说话者的特定元素，其允许有效的说话者识别；（2）可用的策略和方法允许取证语音学家进行成功的识别。

为了进行识别，识别者必须要了解允许说话者身份鉴定的元素和条件以及不利于该过程的条件。在口语的音段和超音段中我们能发现一些有利因素；另一些则融入了其所处的过程和环境之中。实际上，这些有助益的话语特征常被普通人用于日常识别"自然"的超音段音位。包括：（1）基本频率，包括水平，变化性和模式；（2）话语，特别是一般质感、声轨流、颤声；（3）话语韵律与语速、节奏、不连贯性、重音；（4）强度，主要强弱变化；（5）复杂关系，例如变音和变调。此外，还有很多其他的特征，属于音段特征的也都重合并被添加到了此列表中。例如，辅音和元音（特别是共振峰）中的变化和模式体现在辅音集群中，以及语言使用、方言、协同发音、鼻音、语言障碍等方面。有关这些特征的早期优秀评论出自斯蒂芬（Stevens，1971）和后来的霍利恩（Hollien，2002）。

其他与识别任务明确相关的联系如下：（1）大量的话语样本；（2）质量上佳的样本；（3）接触说话者的话语；（4）听者的天资；（5）话语训练；（6）结构化且有效的分析技术。（Hollien 1990，2002；Hollien and Majewski 2009）另一方面，还有一些可能不利于身份鉴定的关联如下：（1）多个说话者；（2）耳语或假音；（3）多个说话条件；（4）与文本无关的样本；（5）伪装或压力；（6）不同的身体状况；（7）酒精、药物；（8）不同的方言；（9）声音的相似性；（10）噪音。（Broeders 1996；Campbell et al. 2009）

如上所述，一个人话语包含的一些特征可以被编入听觉-感知说话者识别的计划中。其有如下特征：

1. 话语基频（SFF）或者说听到的音调。这里的关注点在于一般说话音高（高、中、低）以及使用音高的可变性和模式。

2. 发音。这里的核心是发出特殊的元音或辅音，以及元音共振峰的峰值和比率。为了有效对比，一个人发出的音素必须在某种程度上不同于其他人发出的音素。

3. 话语质量。毫无疑问，发声机制的总体质量对于其自身的识别有促进作用。例如，即使同一个人以相同的强度先后用两种不同的乐器弹奏相同的音符，区分这两种不同类型的乐器也是可能的。在这种情况下，质量将成为控制因素。当然，还可以使用其他种类的话语质量（例如，颤音的使用）。

4. 话语韵律。一个人说话的节奏或停顿模式也可以被运用到识别中。众所周知，审核员可以听出一个人谈话的快慢，以及当时情景是平和还是激烈的。因此，说话的节奏和音调可以为识别提供一些线索。

5. 声音的强度。确切的声音难以评估，因为即使是微妙的环境变化或是说话者和麦克风之间的距离变化也会导致能级变化巨大。但无论如何，评估强度变化模式已被证明是有用的。

6. 通用语言。有几个通用语言的特征也很重要，包括如下因素：（1）方言；（2）语言重音的特殊使用；（3）特殊语言模式；（4）说话障碍；（5）特殊发音。

法律类研究为数颇多（e.g. Hollien et al. 1982；Huntley 1992；Koester 1981；Nolan 1983；Shirt 1984；Yarmey 1991），这些研究试图评估人类的听觉和认知处理听到的信号。这些研究几乎都是基于两种情境：要么，实验者与嫌疑人短暂相遇且作用不大；要么，实验者所处情况相当具有挑战性。想想看，一个听者仅仅只能听混合着噪音和其他人说的话语样本的（讲话者）简短的话语就要识别一个自己"认识的"人，这将是一件多困难的事。这类研究所基于的许多实验对审核员来说都是具有挑战性的。这些实验几乎没有一个是简单的。然而，即便如此许多法律类实验显然依然证明了听觉机制的辨别力以及其在识别说话者方面有多么的敏锐，即使法律模型有明显的局限。

　　这里需要提到一个提供关键信息的实验（Hollien et al. 1982），即一个采取三组听众的实验：（1）熟识说话者的听者；（2）不认识说话者，但至少接受过 2 小时识别说话者声音培训的听者；（3）不认识说话者也不知道其所使用的语言（但也经过短暂训练）的一组听者。说话者是 10 名成年男性，他们按照以下三个条件说出短语长度的样本：（1）正常话语；（2）因受惊而导致压力下发出的话语；（3）伪装话语。听众会听到了 10 名说话者的 60 个话语样本的磁带（每个说话条件包括 2 次）随机播放，然后指出每个说话者。图 6-8 清楚地显示了实验结果。可以看出，认识说话者的听者的准确率接近 100%，无论是正常的还是重读的话语。此外，即使有伪装，他们也可以辨认出说话者是谁（80% 的准确率）。大学生的表现不佳，但他们天生的处理能力和他们接受的短期训练使他们能够成正确识别，以 2 倍概率达到了起过基准线 4 倍的结果。即使部分不说英语的波兰人也超过基准线，考虑到声音展示的程序条件非常严苛，这些数据还是挺令人震撼的。因为，在单个试验中要播放所有的 60 个声音样本，听者听完一个声音样本后必须迅速识别说话者，从姓名列表上找到说话者，然后在下一个声音样本播放之前，在答案表上填好相应的数字。

　　虽然我们现在所进行的是一个对听觉感知-说话者识别的材料以及基于话语的计算机分析的理由的一个简单综述，但是它同时为法律情况下的听觉识别鉴定方法打下了基础，即一个听者的判断只基于听到的刺激时，由法律语音学家所使用的方法。如果他们（1）训练有素，（2）经验丰富，（3）采用结构分析技术，他们通常会成功。当然，他们应该在语音科学，特别是法

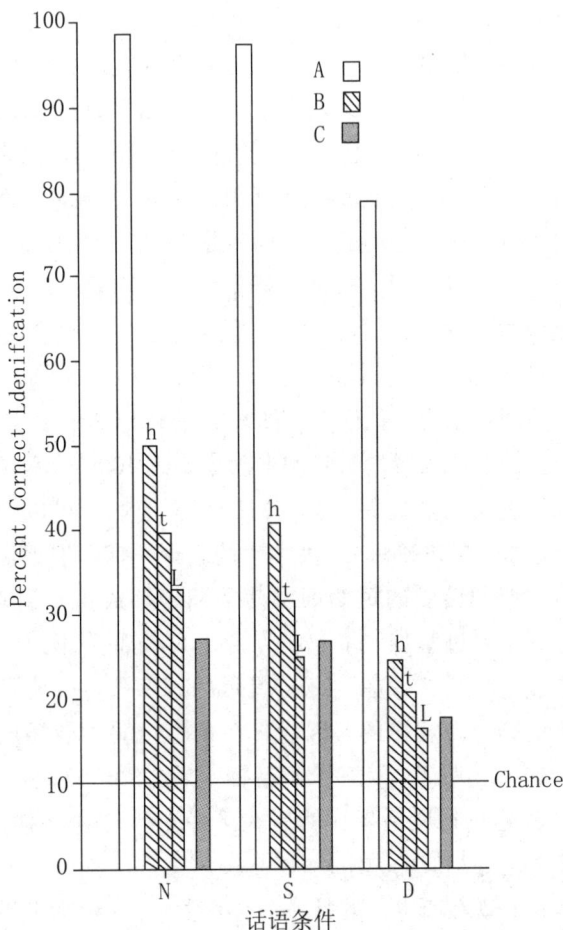

图 6-8　话语者身份识别。该图表显示了 **10** 个话语者的三种情况下
进行对话的正确身份识别。这三种情况分别为正常（**N**），高压（**S**）
和伪装（**D**）。**A** 组对话语人非常了解；**B** 组和 **C** 组对话语人并无过多
了解，但是受训进行话语者身份识别。同时，**C** 组成员不懂英语。

律语音学方面接受过研究生培训，并且他们的识别效率或他们
的识别率必须被验证和明确。他们还应该能够采用像文中的听

觉感知-说话者识别和其他身份分析中所使用这种类型的精确范例。也就是说，嫌疑人的样品应该用优质的设备处理嫌疑人的样本；它们还应包括测试记录和完整的文档（日志，标签等）。通常需要三种类型的话语来确保（1）获得足够的样本，（2）它适合于所有分析过程，以及（3）（特别是）它要应对一切伪装尝试。具体来说，第一个环节应当是即时的，它应该减少压力，确保话语在"自然"状态下产生。此外，受试者应该阅读（或说出）在证据记录上发现的或者据报告由犯罪者说出的词语和短语。同时，要尽量防止嫌疑人以单调音或伪装的声音说话。针对这一问题，可以激励受试者或给受试者试压。最后，最好能让嫌疑人大声朗读。

当然，在需要对证据录音上的材料进行一定程度的控制的情况下，这些建议不能有所帮助，因为那时可能发生信道失真（噪声、电话频率等）或说话者问题（兴奋、压力之下、多个说话者、重叠话语等）。尽管如此，它对于意识到这些挑战并在可能的条件下应对它们很有帮助。

在听觉感知-说话者识别分析中至关重要的是如何判断话语样本是否匹配或不匹配，以及如何量化响应。笔者为此目的开发了一种高度控制的结构。（Hollien 2002；Hollien & Hollien 1995；Hollien & Köster 1996）它的重点是超分段分析（话语评估、韵律、频率模式、声音强度、话语质量和其他），以分段分析为辅。这种方法（图6-9）允许相当精确的量化，具有严格、稳定的置信水平。

具体来说，其需要将未知说话者（U）的多个话语样本与来自示例录音的那些话语样本对应放置。25个~30个对比样本会被重复播放，并且一次对一个话语参数进行比较，最多可以比较20个参数（潜在地）。

法律通信联盟

案件名：　　　　　　　　　　　　　　　　　　　FCA裁判

听觉识别话语者身份评估表

0 = U-K least alike; 10 = U-K most alike

		分数　范围
1. 音高		
a. 水平	0 . . . . 5 10	
b. 变量	0 . . . . 5 10	
c. 模式	0 . . . . 5 10	
2. 声音质量		
a. 普遍性	0 . . . . 5 10	
b. 弱音	0 . . . . 5 10	
c. 其他	0 . . . . 5 10	
3. 强度		
a. 变量	0 . . . . 5 10	
4. 方言		
a. 地区语	0 . . . . 5 10	
b. 外国语	0 . . . . 5 10	
c. 个人语	0 . . . . 5 10	
5. 发声		
a. 元音	0 . . . . 5 10	
b. 辅音	0 . . . . 5 10	
c. 错音	0 . . . . 5 10	
d. 鼻音	0 . . . . 5 10	
6. 韵律		
a. 速度	0 . . . . 5 10	
b. 话语突发	0 . . . . 5 10	
c. 其他	0 . . . . 5 10	
7. 其他		
a. 母语影响	0 . . . . 5 10	
b. 言语失调	0 . . . . 5 10	
c. 其他	0 . . . . 5 10	

平均值 _____

图6-9　听觉法识别话语者身份评估表

如上所述，该过程是一次评估一个参数（例如高音模式），我们对它进行评估，并持续评估下面的参数，直到可以作出判断。然后评估下一个参数，该过程不断重复，直到所有可能的比较都完成。此时将进行一个总体判断。整个过程应在几天的时间段内独立地重复 2 次或更多次。图 6-9 还给出了用于记录由引用的听觉识别-说话者识别评估得到的分数的形式。每个参数在从 0 (样本明确地由两个不同的个体提供) 到 10 (两个样本都由单个人说出) 的连续范围上评分。然后将分数相加并转换为百分比，这个数可以被视为是可信度估计。如果总体平均值在 0 和 3 之间，则不能进行匹配，并得出结论，样品一定是由两个不同的人产生的。如果数值在 7 和 10 之间，则显示了相当的鲁棒匹配。4 和 6 之间的分数通常是中性的，通过这样的结果并不能得出样品是由两个不同的人产生的结论。顺便提及，如果在该过程中使用对比者样品，可信度将大大提高。这种方法已经用于现场研究，其在与机器方法进行对比后显现出了有效性。

声　纹

"声纹"问题应该起源于美国。但是，本书在这里不做详尽说明。这种"方法"已被证明是不充分的，所以，这种方法已不再被使用。所以，在如此之短的评论中描述或讨论一种无效方法，是没有必要的。

机器-电脑方法

当用于识别话语者身份的技术不断发展时，话语者身份问题也在发生着迅速的变化。的确，电子硬件和计算机看似有着无穷的能量，使得解决方案看似近在咫尺。然而，事实可能并非如此。一方面，大多数系统都由是工程师开发的，主要用于话语者验证，而不是身份识别。有人也曾进行过许多尝试。(Anonymous 1976；Atal 1972，1974；Bricker and Pruzansky 1966；Pol-lack et al. 1954）同时，这个领域的研究仍在继续。（Beigi 2011，Campbell et al. 2009，Fredouille and Bonastre 1998，Hautamäki et al. 2010，Kovoor et al. 2009，Onellet et al. 1998，Tsai and Wang 2006）即使在今天，他们仍倾向于将运算法则用于实验测试，而不是操作型的设备。

图 6-10

当设备不能很好地运作时，应修改他们的方法，并再次尝试应用。虽然在其他类型的系统中这种方法非常有用，但是其在身份识别领域却不是一个非常有效的方法。这也许是因为他们没有考虑到人类拥有无数的难以预测的行为。另一方面，诸如赫克（Hecker 1971）坚持认为，没有任何机器能与"人耳"一样敏感和强大（对身份识别这样的目的而言）。当然，赫克（Hecker）所说的"耳朵"指的是整个和人脑相连接的听觉感知系统，以及人脑中所有复杂的记忆和认知功能。这个概念为当今的学者进行系统开发以及研究提供了基础。

全　景

最好的基于机器的话语人身份识别的方法是将系统结构化，并测试这个系统。例如，基于图 6-10 中所示的数据协议，我们可以选择一组对象数组或关进行研究。我们可以看到，第一步是制定对象数组，第二步是在大群体的话语者之中，测试其区分能力。测试如果成功，就可以进行下一步；如果不成功，则可以（根据需要）对构成向量的参数进行修改。下一阶段是把矢量数据进行组合，然后对失真（的声音）进行实验，例如有限带通、噪声或话语者变化。第四阶段将是在现场对程序进行测试。在类似实际的情况下产生的模拟"犯罪"的解决方案或将系统应用于"现实"案例可以反映该方法是否高效。但是，两者都具有局限性。例如，即使是精心设计的（模拟的）"案例"也难免会有人为的性质，同时，现实生活调查（的机会和数量）是有限的，因为它们仅允许对结果（例如自首、定罪）的非科学确认。尽管如此，从这些实验中所获得的数据仍可为这些研究（即使没有优势）提供信息。最后，虽然可能没有单一的矢量能稳健到允许在任何条件下都可以进行有效的标识，一个专业档案的方法也应该是有效的。(Hollien 1991)

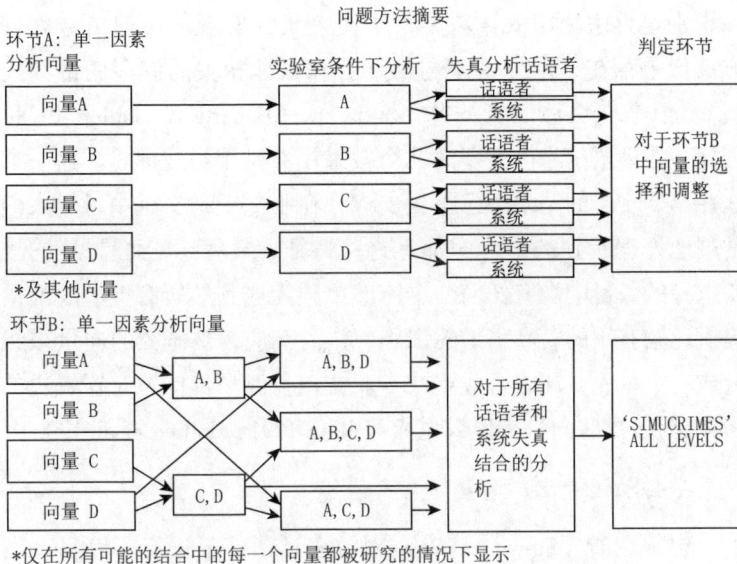

图 6-10 电脑话语身份识别。该图显示了一个对于电脑话语识别系统的结构化的研究方法

研　究

大多数基于计算机的说话者识别过程的基础都是信号处理算法。这个趋势的一个例外是在佛罗里达大学的通信处理高级

研究所（IASCP）进行的一个项目。它涵盖面广、持续时间长、被称为 SAUSI 或半自动语音识别（系统）。它不仅能为之前的讨论提供很好的例子，也能够用于这种性质的研究，以及对话语者识别的操作。（Hollien 1995，2002）

自然话语向量

系统开发的第一步是识别和评估在许多话语信号中发现的参数，这将产生有效的识别线索。（Hollien 2002；Hollien et al. 1990）这样做的原因是获得关于基本关系的数据，并且寻找一切可以在识别过程中使用的参数。很早便有研究发现传统的信号处理方法似乎存在不足（由于与话语者和取证相关的许多变量和失真），但是自然话语特征并不是这样。（Doherty & Hollien 1978）因此，在话语信号内发现的几个被采用并且聚类成向量。这一方法在早期实验的结果中已得到支撑，在听觉识别文献中以及人们常规地处理听到的声音中都有这些特征。最后，显而易见的是，所选择的矢量中没有任何一个能够单独为遇到的所有类型的话语提供比较有用的、高水平的识别。作为响应，被研究的向量被组合成一个单元，即组合成组或专业文档。但是，首先（要解决的问题是），这些向量是什么呢？（Hollien 1991；Hollien et al. 1990）

半自动语音识别向量

史蒂文斯（Stevens 1971）对许多话语特征进行了编目，当应用时，应该通向成功话语者识别。我们的早期研究和选择的一组基本的向量与史蒂文斯提出的几个特征达成了一致。这些向量之所以被选择，是因为他们显示出了以下几点可能性：（1）对于说话者之间的区分通常具有高灵敏度；（2）与其他参数组合时的效用；（3）抗失真性；（4）可用性；（5）电脑处理的兼容性。在研究的几个特征中，作为说话人识别线索，有四点最有用：

第一种向量，长期频谱（LTS）。其是一种反映一般话语质量的向量。有大量的相关研究都对长期频谱做了报道，并且发现它是相当强大的标识符（Gelfer et al. 1989；Hollien and Majewski 1977；Jiang 1995；Kraus et al. 2009；SteffenBatog et al. 1993；Zalewskiet al. 1975），特别是当失真存在时（例如噪声、带通、话语者压力）。通过图6-11我们可以很好地加以理解。在这里，对两个个体的长期频谱曲线进行数学比较（通过欧氏距离），可以确定它们是由一个还是两个话语者产生的。

第二种向量（时间分析或TED）是基于韵律比较的汇编（Bricker and Pruzansky 1966；Gelfer et al. 1989；Jacewicz et al. 2010；Jiang 1995；Johnson et al. 1984；Kraus et al. 2009）。它试图通过混合时间能量分析来识别说话者。也就是说，一个参数向量（见图6-12）由样本中话语段的数目和长度构成。其中包括：（1）总话语时间；（2）静默间隔数；（3）静音间隔长度；（4）话语暂停率；（5）总话语时间比；（6）总时间；（7）音节率。时间分析向量已被证明是所选择的四种向量中最不稳定的，但是研究已经证明其个体使用率是合理的，并且与其他三个向量相此，该过程有强化趋势。

第三种向量是话语基频（SFF）度量。（Atal 1972；Hollien et al. 1975；Iles 1972；Jassem et al. 1973；Jiang 1995；Kraus et al. 2009；LaRiviere 1975）它是基于几何平均数（水平）、发音比率、标准偏差（变异性）与分类为半音间隔的F0的个体实例（见图6-13）之间的比较。这个特定SFF向量的选择是建立在大量听觉感知和基于机器研究的证据的基础上的。

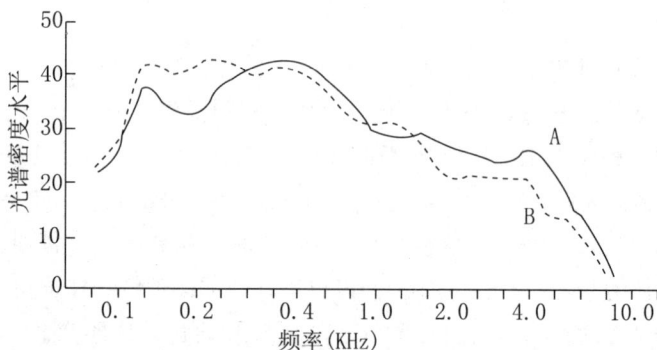

图 6-11　LTS 矢量。图表显示两个话语者在 30 秒之内的阅读散文文本（A 和 B）的所有频率测量表。图表显示，所有产生的个体音素证据都被忽略不计。与曲线 B 相比，曲线 A 的 LTS 矢量成为一个显著线索，被认为反映了基本的声音质量

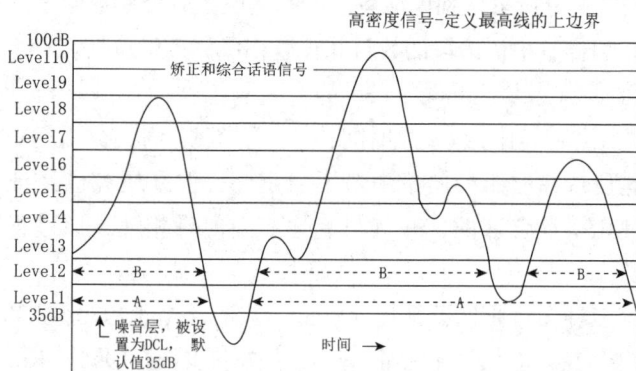

图 6-12　TED 矢量图表显示 TED 数据如何被收集。所有的参数都以从计算的噪音层到最大峰值的十等距进行测量

相对频率 --- 16.35Hz　　　时间比率 --- 1000　　　极限值 --- 6
1012 FFI Cycles were validated in 6 Buffers for 8.91913E+05 Counts

	LOW-RUN	HI-RUN	CAST	GOOD	TOTAL
of Cycles	52.00	46.00	193.00	1012.00	1303.00
of Cycles	3.99	3.53	14.81	77.67	1.00
of Seconds	4.73	0.10	1.77	18.19	16.00
of Time	28.15	9.62	10.54	60.65	1.00

平均值(ST)：33.24　　平均值(Hz)：110.1　　标准变量：2.79（半音程）

分布表：

ST	HZ	NO.	SFCE	%
22	58.3	1.	0.0	0.2
23	61.7	1.	0.0	0.2
24	65.4	6.	0.1	1.0
25	69.3	6.	0.1	0.9
26	73.4	10.	0.1	1.4
27	77.8	16.	0.2	2.2
28	82.4	39.	0.3	3.7
29	87.3	45.	0.5	5.4
30	92.5	76.	0.8	8.6
31	98.0	114.	1.1	12.3
32	103.8	143.	1.3	14.5
33	110.0	173.	1.5	16.6
34	116.5	143.	1.2	12.9
35	123.5	116.	0.9	9.0
36	130.8	74.	0.6	6.0
37	138.6	23.	0.2	1.8
38	146.8	17.	0.1	1.2
39	155.6	7.	0.0	0.5
40	164.8	4.	0.0	0.3
41	174.6	2.	0.0	0.1
42	185.0	2.	0.0	0.1
43	196.0	3.	0.0	0.2
44	207.7	1.	0.0	0.1

HISTOGRAM:

```
17                *
16               **
15               **
14              ***
13              ***
12             ****
11             ****
10            *****
 9           ******
 8          *******
 7          *******
 6         ********
 5        *********
 4       **********
 3      ***********
 2     ************
 1   **************
ST: 15  20  25  30  35  40  45  50  55  60     70
HZ: 39  52  69  92 123 165 220 294 392 523 698 932
```

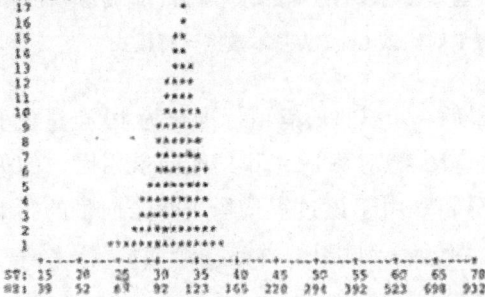

图 6-13　SFF 矢量。该图以 FFI-10 显示了一个男性话语者的基础频率数据。SFF 对比中使用的数值由表格上线的直线及表格本身所显示

第四种向量是元音共振幅跟踪（VFT），它已被证明是最强大的一个。（Bachorowski and Owen 1999；Iles 1972；Jiang 1995；Koval and Krynov 1998；LaRiviere 1975）事实上，它与长期频谱是对特定说话人差异最敏感的测试。它基于听觉感知和计算机

相关领域的研究，认为驻留在元音共振峰结构内的元素可以为话语者识别提供重要的线索。就图 6-14 而论，模式应可视化为复制多次。

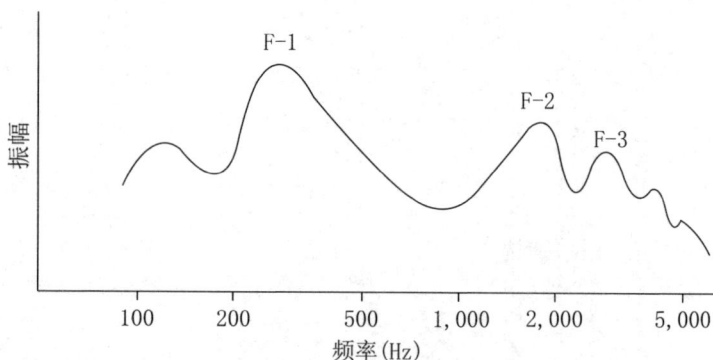

图 6-14　VT 向量。图标显示一个话语者在发长元音时的线性声谱图。值得注意的是，当停顿期以赫兹标记时，缩放功能成几何性增减。**VFT 对比以 Log2 为基本数据计算模式**

向量发展的最后一步是将所有值标准化为 10 点量表上的比例。这种方法防止较大绝对测量（和其他向量相比）的矢量被不成比例地偏置分析。由于该过程均衡了每个向量的影响，所以它们可以组合而不会受到其中一个或多个向量偏置结果影响。

验证这种方法

如上所述，当许多开发人员构建一个过程时，他们只是将它投入使用，然后再试图找出它是如何工作以及为什么不工作。这种类型的方法对于验证系统没有什么作用，或者就此而言，其（需要）提供目标问题的负责任的解决方案。相反，有必要通过实验室实验和实地实验（图 6-10）来确定该方法的合理性。

多年来，对半自动语音识别进行评估的过程我们可以做出如下总结（见图 6-15）：首先，将未知话语者的样本建立为指示对象（U1），然后将其与第二个不同的话语样本（U2）进行比较，该

```
Unknown Reference    C:\SAUS1\E3
Unknown Test         C:\SAUS1\E3
Known                C:\SAUS1\E3
Foil  1              C:\SAUS1\E3
Foil  2              C:\SAUS1\E3
Foil  3              C:\SAUS1\E3
Foil  4              C:\SAUS1\E3
Foil  5              C:\SAUS1\E3
Foil  6              C:\SAUS1\E3
Foil  7              C:\SAUS1\E3
Foil  8              C:\SAUS1\E3
Foil  9              C:\SAUS1\E3
Foil 10              C:\SAUS1\E3
Foil 11              C:\SAUS1\E3
```

	LTS	TED	SFF	VFT	SUM
Unknown test	1.0000	1.4818	1.0000	1.0000	1.0000
Known	1.5323	1.0000	1.2836	1.2292	1.1686
Foil 1	3.8862	7.8851	3.9469	2.6166	5.1448
Foil 2	6.1144	4.4177	9.5805	3.1202	6.6102
Foil 3	9.1714	5.4474	5.2633	3.4391	6.6367
Foil 4	9.0549	5.5074	10.0000	10.0000	10.0000
Foil 5	5.9006	3.4713	7.0671	2.0996	5.2058
Foil 6	6.1824	10.0000	9.5805	4.6620	8.7621
Foil 7	9.7969	3.5349	9.5805	3.6224	7.5982
Foil 8	7.6665	8.2456	7.4505	4.4635	7.9845
Foil 9	10.0000	5.4801	9.5805	4.7024	8.5640
Foil 10	8.6318	7.4416	5.8762	4.4418	7.5553
Foil 11	4.0598	4.7911	6.3774	2.7540	5.0393

图 6-15

分析应导致匹配，因为已知 U1 和 U2 是相同的说话者。然后，添加已知的声音（K）和对比者，并继续分析。当是同一个话语者时，未知者也应该与指示对象匹配。此外，没有一个对比者应该与指示对象相匹配，因为它们是不同话语者的声音。该过程允许进行 K 指示比较，即匹配或不匹配（U = K 或 U≠K）。接下来，整个过程会被重复，但是对于 U，K 和所有 F，仍然有不同的样本。但是请注意，它们都被以相同的顺序保存。然后组合这三个求和以用于同种类型的更多的鲁棒性分析。

表 6-1　20 世纪 90 年代所进行的半自动语言次别实验的结果

条件和研究	矢量				
	TED	LTS	SFF	VFT	SUM
A. 高保真					
Hollien 1988	62	8	68	85	90
Hollien et al. 1993	63	100	100	100	100
Jiang 1995	82	100	80	100	100
B. 噪音					
Hollien et al. 1993	64	90	77	92	100
Jiang 1995	76	94	76	96	100
C. 电话通带					
Hollien et al. 1993	55	92	90	88	98
Jiang 1995	58	100	90	96	100

几个半自动语音识别实验的结果可以在表 6-1 中找到。第一个（1988 年）涉及大量受试者的高保真样本。没有一个个体向量可以确保 100% 的正确识别。该项目的第二部分（未显示出）旨在测试在话语者不是未知的情况下，半自动语音识别系

统能够消除已知说话者这一命题。这样做的正确率为 98.6%。第二组实验（1993 年）涉及单独对高保真、噪声和电话通带进行复制。在这里，向量的升级导致所有的条件都得到了显著改善。接下来，1993 年实验提供了正确的识别，其矢量在所有条件下都明显更高，正确的识别水平在所有循环总和中达到了100%。最后，更新的现场研究（2009 年）进一步支撑了基于机器的话者识别是可行的这一提议，那些基于自然话语特征的向量是最有力的证明。

分 析

如预期一样，从上面引用的各种分析值中我们可以（并且已经）进行统计分析。此外，在引用的研究中使用的归一化方法可以被用于衡量所得到的结果。通过图 6-16 我们可以很好地理解这种方法。在这里，U，K 和 8 个对比者的值被放在了 10点连续区内。第一，U 与指示者密切匹配（即这些样本来自相同的话语者），因此，系统似乎正在产生有效的"判断"。第二，已知话语者的值也使他非常接近匹配（接近 U 值）。因此，我们似乎可以确实地判定 K 和 U 的值相等。还应该注意，在这些实验中，没有对比话语者被错误地识别为未知话语者。因此，看起来，话语向量方法导致了鲁棒说话者识别。

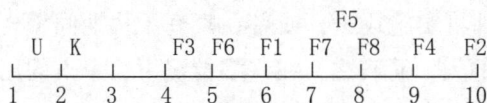

图 6-16　标准化数据的二维连续图。这些连续区根据由四个矢量的标准化数据之和划出。注意，图中对比显示，U 和 K 是同一个人

从话语中检测行为

以下感觉或展示的行为可以通过言语和声音的分析来检测：（1）情绪（压力、愤怒、恐惧、蔑视、悲伤、抑郁、兴奋、欣快、幸福）；（2）由外因造成的情况（乙醇酒醉、药物等）；（3）某些故意行为（欺骗、不真实、伪装、无礼、回避、其他意图）；（4）健康状态（感冒、流感，好的、坏的健康状况，疲劳）。这些情况太多，无法在这里（一一）审查。因此,（我们）分别抽取了前三个类别中的一个主要问题。具体来说，我们在这里只研究压力、酒醉和欺骗。

声音中的心理压力

通过听声音来理解一个人的感觉并不是一项简单的任务。然而，有时候，一个人除了需要解释另一个人的声音产生的声响之外不需要做别的事情。例如，对于与监控或控制点相分离的员工（例如飞行员、宇航员、水电工、警察和反情报人员）来说，重要的并不是考虑口头交流的消息内容，而是检测他们话语中所存在的压力的水平和类型。对于危机控制中心的员工来说，理想状态是能够分辨呼叫者是否真的计划自杀或者仅仅想要谈论它。与之类似，巡逻员可能通过声音线索来快速确定犯罪人是否即将实施攻击，或者在家庭干扰期间警告官员存在有特定危险的人。简言之，在许多情况下，个人的压力程度或情绪状态的信息都将有助于听声检测。

但是，什么是心理压力、恐惧、愤怒或焦虑？斯凯尔（Scherer 1981，1986）认为，一般来说，压力似乎是由在声音表述时缺乏对情绪状态的详细说明和表达造成的。对于它与自然地诱导、引起（问题）和研究是否相关，其他学者有不同的认识，如艾普利和特姆布、霍德年、拉札韩斯、默然和阿诺特（Appley & Trumbull 1967；Howard 1991；Lazarus 1993；Murray & Arnott 1993）。我们对它的定义更精确：压力是一种心理状态，这种心理状态是对感知威胁的反应，并伴随着恐惧和焦虑的特定情绪。（Hicks and Hollien 1981；Hollien 1980）但是，我们应该如何研究这种心理状态？在实验室实验中，压力通常根据应用的刺激因子来确定（Murray and Arnott 1993），或者由演员模拟（Fairbanks and Pronovost 1939），因为记录一个正在经历现实生活压力的人的话语，然后再在正常话语条件下记录他们的话语，从而提供一条基准线的可能性是非常小的。然而，这些定义在现实世界中并不是非常有用，因为即使描述了压力源，实际感觉的情绪也仍是未知的，更严重的问题直接涉及压力程度。因此，问题不仅在于是否存在压力，而且还在于其严重程度。无论如何对压力进行研究，都应评估其是否存在压力水平。（Atwood and Hollien 1986）因此，研究数据之间存在一些矛盾和可变性并不奇怪，但是这种存在有点难以描述。另一方面，可以整合许多之前研究的结果，并使用它们来描述大多数人在经历压力时的声音。

听众可以单凭话语样本就以相当的精准度来识别一些情绪（包括压力）的这种观点早已被接受。例如，一些作者研究报告显示，鉴定的正确范围在 80% ~ 90%。（Fairbanks & Pronovost 1939；Hollien 1980，1990；Scherer 1986）一旦达到了这种可以被识别的程度，话语就可以在声学上被分析。因此，也可以通过各种类型的外部确认（应用冲击、存在压力环境）来判断压力存在的其他人。（Atwood & Hollien 1986；Hollien & Harnsberger 2006）因此，（我们还）可以进一步论证，如果简单地听说话者的话语来发现所感觉到的情绪，那么还应该能够（在话语信号

内）识别与这些规则相关的声学和时间参数。其中一些摘要
如下：

话语基频

听话者所听到的音高或话语基频（SFF 或 F0）的变化似乎
与话语者经历的压力相关。例如，在 20 世纪 30 年代，费尔班克
斯和普若诺沃斯（Fairbanks and Pronovost 1939）发现话语基频水
平在经历恐惧和愤怒的情绪时会提高，但在悲伤、蔑视或冷漠时
会降低或保持不变。这种（情绪与话语基频的）关系往往能得到
大多数现有研究的支持。（Hicks & Hollien 1981；Hollien 1980,
1990）其他研究者分析了飞行员在危险中的现实情绪，以及控制
塔操作员在压力下的现实情绪。（Kuroda et al. 1976；Williams and
Stevens 1972）根据一些报道，这些话语者还表现出了话语基频
的上升，并被研究者确定为压力增加的参数。即使这些观察不
是普遍的，但是在大多数情况下，F0 水平从中度到显著的增加
有很大可能与心理应激的存在相关。然而，如果这种关系是功
能性的，则应当为感兴趣的主体设定基线数据，因为变化实际
上来自于标准。另一方面，基频变化似乎并不是较好的预测器。
这方面的数据不是有序的，因为话语基频变化看起来似乎在愤
怒时增加、恐惧时减少（若有的话）。此外，如果话语基频的变
化直接与压力相关，那么几乎从任何角度都是可以争论的。因
此，这一指标可能发展为被法律、执法或情报组所使用。

声音强度

声音强度是另一个声学参数，它可以被用于测量并至少在
一定程度上与心理压力的存在相关。然而，只有一组研究人员
描述了绝对强度的测量。他们发现了正相关。其他作者（Hicks
and Hollien 1981；Hollien 1980）基本上同意，即使他们使用的

是相对度量方法。另外的研究显示，声音强度似乎并不与压力相关，或他们之间的差异并不一致。然而，最好的证据（和最大的数额）是（表明）声压强度通常随着压力和愤怒而增加。然而，似乎需要将这些值与话语者中性言语的那些值进行比较。

话语计时

识别与压力相关的话语韵律特征是一个相当复杂的过程。例如，恐惧和愤怒似乎有快速的发音速度以及短暂的发音停顿的特征。（Hicks and Hollien 1981；Williams and Stevens 1972）一种看起来相当普遍的模式是，如果一个人在经历压力时说话，则会发生更少的语音突发。因此，有压力的个体（以及生气或恐惧的人）似乎会比平时说更长的话语。最后，在这一领域的一个相当重要的发现是，话语停顿似乎与压力高度相关，只有一个例外，所有进行这种研究的学者都观察到了压力下的受试者语言中的特征。

压力模型的声音相关性

如上所述，本节的重点是以与压力相关的情绪作为例子，而不是试图覆盖所有可能的情绪。采取这种做法的原因是，对于执法机构、法律、军事、情报和相关团体而言，压力是他们感兴趣的主要情感。基于对现有数据的回顾，如图 6-17 所示，压力声音相关性的预测模型也被开发出来了。（Hollien 1980，2002）这些模式可以用来更好地理解一个人在有心理压力的条件下说话时可能发生什么。特别是，话语或声音产生的几个变化通常可以预期：（1）话语基频将提高；（2）不连贯性将增加；（3）声音强度将适度上升；（4）说话速度轻微增加；（5）语音突发的数量将减少。重要的是要注意，虽然对于大多数人而言，这些与压力相关的变化将发生，但有一些人并不会表现出这些变化。此外，由于观察到的特征从说话者的"中性"模式发生偏移，导致当这种类型的信息可以与从该人的正常话语中获得的参考档案进行对比时，它将具有最大的价值。

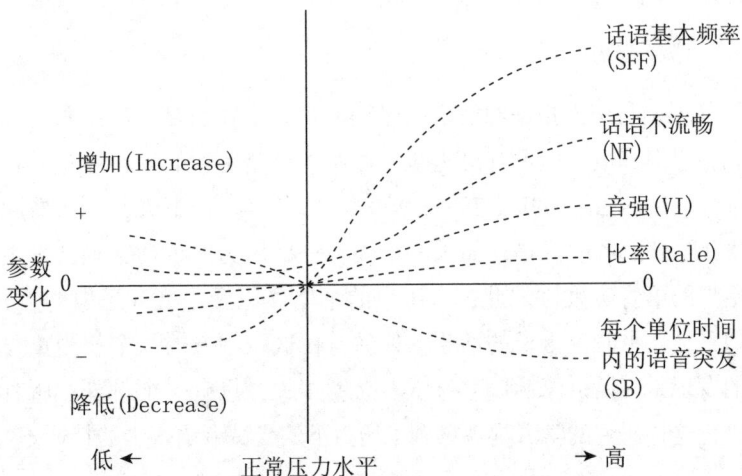

图6-17　声音与话语的心理变化压力。这个模型显示出了最为普遍的具有心理压力的个人声音和话语的参数变化。

酒精–话语关系

在"话语行为"一节中的第二部分（即外部诱导行为的部分）中笔者将针对摄取乙醇量对话语和声音的影响作出说明。（Chin & Pisoni 1997）在这里我们可以预期，几乎任何被要求这样做的人都会将一个酒醉的说话者的言语描述成"模糊的""断断续续的""令人困惑的"。但是，这些普遍持有的定型的看法是否与研究文献的研究结果相一致呢？更重要的是，有没有数据表明可以从他或她的话语分析中确定他是清醒的呢？

在这个时候，我们需要对一般的酒醉生物特征进行一下回顾，因为它将为理解之后的话语-酒精关系打下基础。首先，已经得到证实的是，即使是中等量的酒精消耗也可导致认知功能受损（Arbuckle et al. 1999；Hindermarch et al. 1991；Pihl et al. 2003）并降低感觉运动性能（Abroms & Fillmore 2004；Hill & Toffolon 1990；Kalant et al. 1975；Schwiezer et al. 2004）。由于话语行为代表了许多高级综合系统（感觉、认知、运动）的输出，所以假定该过程也容易受诸（如酒精消耗等）外部因素的影响也是合理的。(Goldstein 1992；Kalant et al. 1975；Wallgren & Barry 1970)

事实上，关于醉酒对人类行为的影响的研究在某种程度上很难进行。(Hollien 1993)实际上，大多数研究过话语运动和乙醇消耗之间的相关性的研究者都曾在设计和进行具有可接受精准度的研究时，遇到过实质性的问题。尽管如此，这些研究貌似都表明话语运动与乙醇消耗间存在某种关系。例如，一些研究者关注的是"酒醉的-清醒的"研究主体所产生的连贯性话语的质量。(Kalant et al. 1975；Trojan & Kryspin-Exner 1968)在实验中，他们让清醒者先说话，然后让酒醉者说话。他们发现在后者说话时，话语的清晰度被扭曲、话语速度被减缓、对酒醉状态的感知增加、词语形态或语法退化。然而，这些研究因具有易变性和矛盾之处而缺乏精确度。

总之，在笔者的研究之前，话语和酒醉之间的关系似乎是：（1）话语基频（SFF）水平通常降低，易变性有时增加；（2）说话速率通常减慢；（3）话语停顿的数量和长度经常增加；（4）说话振幅或强度水平有时降低。(Chin et al. 1996；Cooney et al. 1998；Klingholz et al. 1988；Pisoni & Martin 1989；Trojan & Kryspin-Exner 1968)然而事实上，几乎所有这些酒精-话语关系都是易变的。一组研究者（Klingholz et al. 1988）试图证明易变性是由用不充分或不同的研究设计来解释研究中所发现的不一致造成的。

此外，他们还观察到，变化可能是由血液酒精水平（BAL）的非客观测量、过高的血液酒精水平、（酒醉的）受试者太少或分析仅为定性研究造成的。他们的大多数观察结果可能是正确的。然而，他们没有发现研究中发现的所有问题。具体来说，所引用的研究者们很少有尝试控制受试者的饮酒习惯、酒醉水平、增加与减少血液酒精水平。此外，研究者几乎不可能在最初做出这样的测试，除非可以将测试文本与受试者平时清醒时的话语档案作比较。

认识到酒醉–话语困境相关的混乱后，为了解决这些矛盾，同时希望提供相应的补救措施，佛罗里达大学的通信处理高级研究所（IASCP）的一个团队开发了一个研究项目。该计划本身分为几个部分，包括：（1）中试研究；（2）方法论；（3）初级研究；（4）严重酒醉实验；（5）模拟酒醉/清醒。（See Hollien et al. 2001，2009）

鉴于诱导重度酒精酒醉的传统方法被升级（Hollien et al. 2001，2009），也就是说，在试验中不再根据受试者的体重、性别等施用大剂量的乙醇，而是给予较少剂量（80 标准酒精度的朗姆酒或伏特加）并与软饮料（橙汁、不含咖啡因的可乐）相混合，再加上"Gatorade"（一种软饮料，这是一个关键成分）。受试者以自己的速度饮酒，但在整个试验期间，每隔 10 分钟~15 分钟便会接受一次呼吸浓度水平的测量（BrAC）。该程序提高了效率，使得恶心和不适的情况大幅度减少。同时，由于连续测量，可以高度控制醉酒水平。此外，大组可以被研究（试验对大组受试者进行了测试）。图 6-18 描绘了其中一个受试者的醉酒水平是如何被追踪的。"窗口"或酒醉水平（升序或降序）包括（其中）呼吸浓度 0.00（清醒）、呼吸浓度 0.04~

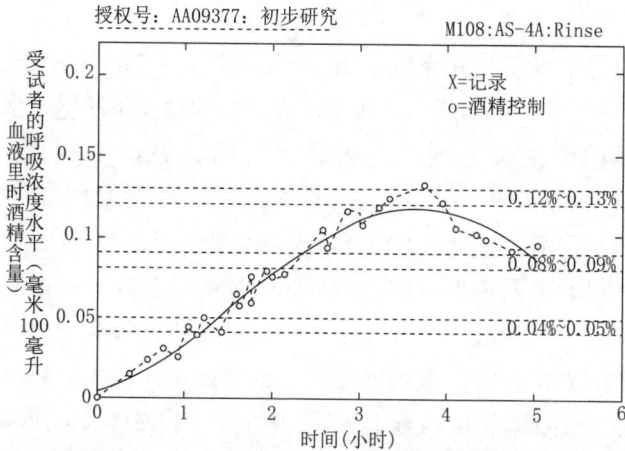

授权号：AA09377：初步研究　　　　　　　　　M108:AS-4A:Rinse

图 6-18　喝酒酒醉程度的变化。图中点状标识表明了喝酒之后的醉酒程度变化值。曲线显示了一个实验参与者在实验中从开始实验到完成实验份额的过程中醉酒程度的增加和减少（受试者的呼吸浓度水平并没有记录）。注意，话语样本是受试者在每一个窗口中时进行记录的。图中连续性的曲线是一个二阶多项式

0.05（轻度酒醉）、呼吸浓度 0.08~0.09（法定极限或中度）以及呼吸浓度 0.12~0.13（重度酒醉）。同时，该测试还研究了更深的酒醉（呼吸浓度 0.16~0.17），但只有"狂饮者"。受试者是根据 27 条行为和医学准则选择的。训练后，他们需要在各种实验条件和酒醉水平下重复产生四种类型的话语样本：（1）标准的 98 字口头阅读段落；（2）清晰度测试（句子）；（3）轮替运动手势；（4）即席演讲。研究者根据标准饮酒实践评估将受试者们分类为轻度、中度和重度饮酒者。（Cahalan et al. 1996；Pokorny et al. 1972）从上述描述中我们可以推断，研究者对所有实验条件和水平都施加了非常仔细和精准的程序，分析了听众的听觉处理（醉酒-清醒、酒醉水平等），产生的话语信号的声学分析，超分节、节段分析和各种分类、排

序（行为）测试。

第一个发现是在完成了 26 个听觉实验的基础上所得出的，（在这些试验中）当听话者听了从大量的数据库中所选择的样本时，他们尝试着去判断是否存在醉酒以及醉酒程度。(See Hollien et al. 2009) 研究发现，从所有相关调查的数据来看，当这种情况确实存在时，人们可以识别醉酒（听话和说话）。实际上，获得的数据结果（即 74%~86%的正确率）与早期研究的数据结果一致。第二个发现是，所研究的各种听众群也能够正确地对醉酒状态的严重程度排序。也就是说，当醉酒程度增加时，他们能够系统地测量。然而，从图 6-19 中我们可以看出，他们不能够很好地将酒醉水平评估值与实际生理参与关联起来。例如，大多数受试者在较低的酒醉时，都倾向于过度估计醉酒的严重性，而在较严重的酒醉时，则会低估醉酒程度。因此，对于喝酒的人而言，话语障碍（以及它的识别）的线索在话语中似乎很早就出现了，但是严重醉酒的人们并不显示出强烈的损伤，而这种损伤其实正在生理上发生。最后，实验结果还表明，增加难度的话语任务会导致更大的话语障碍，这个发现并不出人意料。

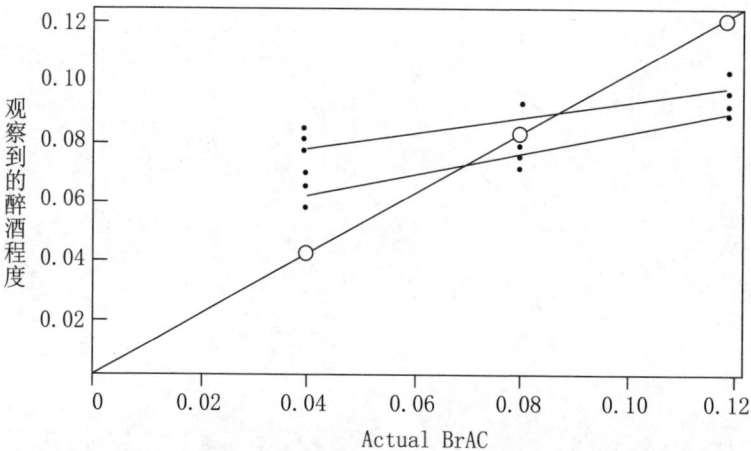

图 6-19　观察到的醉酒程度。数据显示，所观察到的醉酒水平值与生理测量值（图中有圆圈的 45 度直线）中从清醒到严重醉酒有明显差异（受试者的呼吸浓度水平从 0.12 到 0.13）。高值系以四项研究的结合为根据（35 个话语者和 85 个听话者），低值系以两项研究的结合为依据（36 个话语者和 52 个听话者）。注意，研究中，对微醉的话语者的过度仅在及对严重醉酒者的价估。

　　最大的一组实验涉及一组数量很大，其包含不同性别的受试者。这项实验根据喝醉程度的增加分析话语声学。图 6-20 总结了这项实验的结果。其中变换的数据，即话语基频（SFF）、说话速率（持续时间）、声音强度和不连贯的次数被用来作为表示酒醉水平增加的函数。可以看出：第一，除了声音强度之外，所测量的所有说话特征都发生了偏移。还要注意的是，随着醉酒水平的增加，话语基频（听到的音高）升高了（并不是降低了）；这并不是由以前的研究者指出的，而是由临床医生指出的。第二，最引人注目的也许是不连贯性和醉酒水平之间的关系。这里的相关性是非常高的，并且图中的模式在我们的其他研究中也得到了证实。

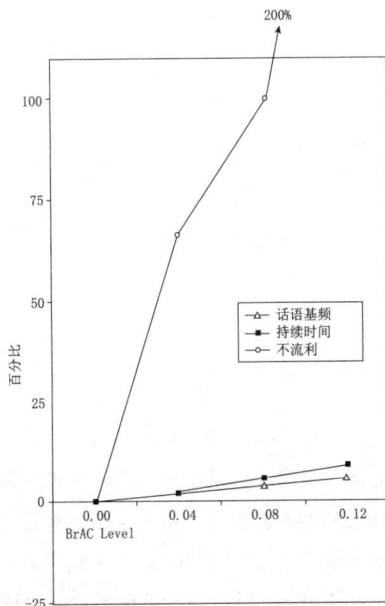

图 6-20 醉酒程度增加的变化结果。 这些数据显示出了在多个增醉作用参数影响下的变化。其中，话语者话语率（在增加的持续时间里）的增加和减少从数据上显示实际上是非常明显的；但是他们在不流利的大幅度变化下，（最终）表现得不是非常明显

（我们）还发现，演员能够准确地模拟烂醉时的情形。此外，当他们醉酒时，几乎所有的人都能够改变他们的声音以显得并没有喝醉（或接近清醒）。当进行相关话语样本的物理或声学分析时，（我们）发现，每个说话者都有意识地改变了他们的发声或时间模式，使其像实际酒醉一样（见图6-20），以便对其进行模拟。实验还发现，他们逆转了该过程，以减轻摄取大量乙醇的影响，使得自己"听起来"清醒。

最后，令人惊讶的是，貌似没有任何一种话语声学中的话语感知转变或变化与受试者的饮酒习惯（即轻度、中度、重度）

相关。当酒醉水平像在这些实验中一样被严格控制时，性别也不是辨别因素。出乎意料的是，20%～25%的受试者（和同一组受试者）几乎占据了所有的注意到的变化。也就是说，1/5 的测试者几乎占据了所有研究项目中所注意到的偏差和趋势逆转（注意，这种类型的发现也发生在大多数其他关于话语的研究中）。无论如何，这些研究都是有助于澄清语言酒醉问题的。

欺骗检测

要检测的第三行为领域是检测谎言。在这种情况下，显然，情报、执法和相关机构将从有效地确定某人是否说谎的方法中获益良多。然而，这里必须考虑的一个初步问题是，如果真的有谎言反映这种东西的话，谎言是否可以通过一些手段来检测。

莱肯（Lykken 1981）在这一点上对关键概念进行了阐述。他认为，如果要检测谎言，就必须有某种"谎言反应"，即一种可测量的、总是在一个人说谎时发生的生理或心理事件。莱肯正确地建议："在确定了某种谎言反应，同时建立了它的有效性和可靠性之前，没有人能够声称可以几乎接近绝对性地测量，检测或识别虚假。"然而，（若其存在）它的影响实际上是压倒性的。例如，我们可以想象，如果我们可以仅仅凭借听一个政治家说话，就能够确定他的信念和意图的话，会发生什么？陪审团不需要审判；任何被指控犯罪的人的有罪或无罪都可以简单地通过询问那个人"你做了吗？"来实现，我们还可以想象这种辅助设备（例如一个系统或这种技能），将为情报和反情报机构提供很大帮助。但是，有人努力研究过说谎时的生理或心理关联吗？

对欺骗的研究已经有许多。（DePaulo et al. 2003）在生理反应这个领域的研究非常多，尤其是对如何使用那些评估（描记脉搏、呼吸速率的）多种波动描记器来判断话语者是否说谎的研究。此外，还有一些对瞳孔反应、脑波分析、面部手势等进行的研究。事实上，数千个研究已经被报道了。但是，有没有人发现普遍的"谎言反应"？

如何分析话语和声音？也许，这是一个（相对而言）更富有成果的领域。（Anolli and Ciceri 1997）难道没有研究发现较好的关于检测心理压力的信息吗？不幸的是，在这一领域进行的实验中，很少人实际上是研究基本的话语欺骗关系的；其中的大多数都集中在了评估"真理机"。因此，这个领域的研究进度非常缓慢。这主要是由于缺乏对基础研究的支持，特别是由于关于声音压力类型的谎言检测装置的争议备受关注，从而掩盖了这一点。因此，这一节几乎都是关于这些理论的内容。

"话语分析师"认为，他们的"心理压力评估器"可以被用于检测压力和声音。目前，存在许多这样的设备（例如，PSE、VSA、计算机声音压力分析器、分层声音分析器）。在所有情况下，他们的制造商都声称他们的系统有效。

但是，这些"分析器"基于什么标准或理论？不幸的是，没人能很好地回答这个问题，因为他们的解释相当模糊。一个解释是他们以某种方式评估喉部肌肉中的微血管震动。这样的微力震动确实存在于身体的长肌肉中（Brumlik and Yap 1970；Lippold 1971），但数据证明他们并不存在于喉部（Shipp and Izdebski 1981）。而且，即使他们存在，也不能影响复杂的具有相互作用的呼吸道、喉和声道运动单位的行动。另一个制造商（例如分层声音分析器）声称他们在分析中使用个人的想法或"意图"。并且，几乎所有的实验似乎都依赖于压力的存在。但是，压力在某种程度上就相当于说谎吗？我们可以提出大量类似的问题，但是目前，制造商并没有为他们的声明提供有效支持。

作为对上述问题进行一些独立的研究者（Hollien 1990；Horvath 1982），一些研究还没有结论，但剩下的所有实验几乎都反驳了制造商的说法。也就是说，虽然一些学者似乎暗示这些装置在某些情况下是可以检测到压力的，但甚至没有任何相关研究可以支撑这一观点。（Barland 1974；Hollien et al. 1987；Horvath 1982；Kubis 1973）简而言之，似乎没有证据能够表明这些装置中的任何一个能够根据检测话语中嵌入的线索有效地检测心理压力，以证明话语者说实话或说谎。

2000 年，许多专业人士认为"声音分析器"已经不可信，因此也应不再被使用了。不幸的是，这并不是事实。至少有两个设备：国家事实验证研究所（NITV）计算机声音压力分析器（CVSA）和 Nemesysco 公司的分层声音分析器（LVA）正在大量出售。直到最近，两者都没有被以任何有意义的方式评估，也就是说，它们没有进行广泛、全面且公平的评估。高度广泛和可控的程序（因此被设计）以公正地测试计算机声音压力分析器和分层声音分析器装置的识别能力，用来识别人们是否是（1）说真话、（2）说假话、（3）强压下说话、（4）无压时话语，以及（5）这些和其他条件的组合。这个项目是由笔者和同事在佛罗里达大学开展的。（Hollien and Harnsberger 2006）两个系统都在大型双盲实验室中进行测试。在测试中，在任何情况下，都不允许审查员在提供话语材料时直接观察现场事件或人类主体。只有使用这些控制方法，才能以公平、彻底的方式评估其特征。所用的计划如下：

研究受试者

78 名成年志愿者（男性和女性）被选为受试者。他们的年龄在 18 岁~63 岁之间，他们代表了美国人口的人口统计样本。

他们包含了从警察到学生，从美国海军陆战队到家庭主妇，从部长到女企业家等各种不同身份。此外，他们必须对某些主题（例如政治、宗教、税收）持有非常强烈的个人观点。他们被项目的精神病医生筛选，该医生首先排除了有医学状况或心理创伤史的人。随后，研究者在选择过程中还评估和使用了许多其他潜在的排他性心理和身体健康标准（例如药物的使用）。

研究过程

被选择的那些志愿者被放置在一个安静的房间中（但"即时"或"现场"），（在这个房间里）有一个与实验室内质量相同的麦克风，通过数字转码器和一个 DAT 录音机、一个电脑以及一个录像机相连。考虑到对内部压力水平的外部测量的相关的问题，研究采取了四种方法测量志愿者心理受到的刺激或受到的压力。它们包括基于自我报告和焦虑测试的两种焦虑、压力水平测试，以及由皮肤电反应（GSR）和脉搏率（PR）构成的持续性身体反应评价。

话语样本

每个主题话语者都会产生七种不同类型的话语。也就是说，在熟悉过程之后，第一个被引出作为基线校准，剩余的其他六个被用于实验或设备评估目的。每个段落由 5 个~7 个内容句子（总共超过 30 秒）组成，在每个句子的中心附近嵌入了一个 17 个~25 个词的"中性内容"的短语。插入"中性内容"的短语的原因是，它可以和（后来）分析时被删除的文本出现在同样的压力水平之下。这些"中性内容"的短语可以防止基于语言的线索在话语的性质产生的时候被暴露给系统操作员。这些话语样本中的每一个短语都出现了多次，只有这个样本满足所有如下列出的设备评价中常使用的实验标准：

1. 低压事实由一个关于预先设定的非情感主题的段落组成。

2. 除了有虚假陈述以外，低压谎言以类似的方式创建。

3. 高压谎言包括在高度危险的情况下产生的不真实言论。由于我们已知受试者是被从对某些问题（例如枪支控制、性取向、宗教信仰等）持有非常强烈的个人观点的群体中选出的，在试验中，每个受试者都会被要求发表与这些观点截然相反的陈述。此外，在他们被要求这样做的时候，要给他们一种他们的朋友或其他同行会听到（和看到）他们表现的印象。

4. 高压事实指在承受他们可以忍受的最高水平的电击的情况下，阅读中性的、真实的材料。

5. 极度高压谎言是前两个程序的结合。

6. 其他条件涉及模拟：它们在这里并不相关。

采用的话语样本程序（在受试者试验中）将涉及压力的样品分为一组（例如，该顺序处理过程中的第3、5步和第4步），然后在休息之后，再采集不涉及压力的样品。

在参加实验的78个受试人中，48个人（男女各占一半）完成了上述所有方案并满足最终入选的所有标准。用于选择的压力变化通过将四个所使用的（压力）测量值转换成常见尺度之后用同等方法来计算其平均值。只有那些说谎时的平均压力水准在基线的2倍以上的受试者才会被考虑进来。我们观察到的所有话语者的平均变化率为141%，男性话语者的平均升高比率为129%，女性的平均升高比率为152%。随后，所引用的话语材料被分成了不同的组别。

评 估

计算机声音压力分析器被用来处理非常短的话语样本（例如"是"和"否"）；其输出可以用二维图表来描述，该表用水平轴显示话语信号的持续时间，用垂直轴来表示某些未定义的信息。为了使所选择的样品符合他们的标准，（试验中）我们小心遵循制造商的说明。除了该设备必须应用的特有的某些程序外，我们对分层声音分析器系统的应用也采取相同的基本方法。准确来说，分层声音分析器方法要求，需要加入一部分受试者的正常话语来"平衡"，以确保其标准化，因此，试验中增加了受试者的正常话语。所得到的各个音频文件都被分配了代码名称并被提交用于评估。

评估员

上述对计算机声音压力分析器和分层声音分析器评估过程由两个检查者小组进行。第一组是由研究组所选出的两个评估者组成的团队，他们首先参加了国家事实验证研究所的培训，并且得到了进行计算机声音压力分析器分析的资格，然后进入分层声音分析器学校学习，并获得了相似水平的认证。每个实例中的第二个小组均由制造商提供。国家事实验证研究所评估团队由三名经验丰富的运营商组成，分层声音分析器团队由两名高级教练组成。

研究者通过多种技术来评价所得到的数据，这些技术旨在探索这些系统对压力、事实或欺骗十分敏感的可能性。在所有方法中都会有四个比率被计算：正确肯定、错误肯定、错误否定和正确否定。正确肯定率（或信号检测理论中的"命中率"）是指欺骗或其他行为之一被认定为存在，而实际上也确实存在的次数或百分比。也就是说，正确肯定率测量的是一个设备准确将欺骗性话语归为欺骗性，真实性话语归为真实性，高压力话语归为高压力的频率。同样重要的是错误肯定率的计算（也称为信号检测理论中的错误警告率）。它们所对应的是目标行为被称为存在，而实际上却不存在的次数或百分比。错误肯定率必须与正确肯定率进行比较，以确定设备正确辨别欺骗或压力存在的能力。例如，对于正确肯定率的单独检查不能提供用于检测欺骗的系统精准度，因为高的正确肯定率可以由精确度引起，或仅仅由于操作者的偏好而将话语样本划分为欺骗性，而不管实际上这种行为是否出现（例如，如果你是一把锤子，一切看起来都像一个钉子）。对于准确的装置而言，它将显示出较高的正确肯定率，这将明显不同于（它所显示的）较低的错误肯定率。另一方面，偶然运作的设备将显示相对相等的正确肯定率和错误肯定率。

本节仅提供说明性数据。为了避免冗余，（本节）仅为不同的系统、团队提供平行图。首先，对于四个条件（欺骗，事实，高、低压力）的所有的不同评估以及所测试的特定系统，两组队［佛罗里达大学的通信处理高级研究所（IASCP）和国家事实验证研究所（NITV），佛罗里达大学的通信处理高级研究所（IASCP）和分层声音分析器制造商］都以非常类似的方式运作。因此，这里仅给出评价的抽样。不过，它们足以支持所得出的结论。

这里需要记住的是，每个审查员的判断都应交给一个独立的调查员（即本章的作者），他有一名技术人员对他们的统计分析进行核对。也就是说，这些实验本质上是双盲的。完成所有的分析组是可能的。（Harnsberger et al. 2009；Hollien & Harnsberger 2006；Hollien et al. 2008）

两个系统的数据通过灵敏度（d prime）和对于差异的强度（ANOVA）来测试。所有这些数据都是显著的，也就是说，他们证明这两个设备仅在偶然情况下运行，而统计量本身可以为声明提供依据。此外，通过 d′（在这种情况下通常使用的程序）评价灵敏度。在评估灵敏度关系时，d′值将在 0 以下到 4（甚至更高）之间。其中 0 表示根本没有灵敏度，1 表示最低显著性，4 表示非常高的灵敏度。在这种情况下，d′测量被用于确定这两个设备是否实际上可以检测欺骗和事实的存在以及其级别高低。

第一，两个团队通过计算机声音压力分析器获得的值显示在图 6-21 的左侧面板上。如图所示，它们非常相似。值得注意的是他们的灵敏度非常低（所有其他比较同样如此）。简而言之，所有结果的总和似乎都仅显示计算机声音压力分析器的偶尔得分。（Hollien et al. 2008）

第二，分层声音分析器输出的评估者也是两个经过培训、得到认证的运营商的团队（见图 6-21 的右图）。同样，两支队伍的表现大致相同。注意，它们也只在低于显著性的水平上执行。他们也只能发现约一半的高压力谎言，平均来说，在识别低压力的真实陈述为谎言时，二者得分几乎一样高。因此，只能得出结论，分层声音分析器对于检测欺骗不够敏感。（Harnsberger et al. 2009）

简而言之，必须得出结论，这两个系统中没有一个具有显示出前面所描述那种能够检测欺骗或者事实存在的能力，或在压力水平下的欺骗或事实的高度控制的评估能力，事实上，虽然所观察到的正确肯定率和错误肯定率在两个团队之间，以及两个设备之间有所不同，但是通过 d′的测量，灵敏度在所有条件下均保持为 0；在任何情况下它没有接近截止水平 1。无论如何，它都证明了他们偶尔准确的检测欺骗真相和压力水平的能力。事实证明，我们和其他的实地研究数据完全支撑了部分学者所进行的研究。（Damphousse et al. 2007；Hollien & Harnsberger 2006）简而言之，这些设备根本不能为法律工作者提供任何有用的信息。如果需要检测欺骗，必须采用其他方法。也许，答案在于语音学家和语言学家所开发的程序中。

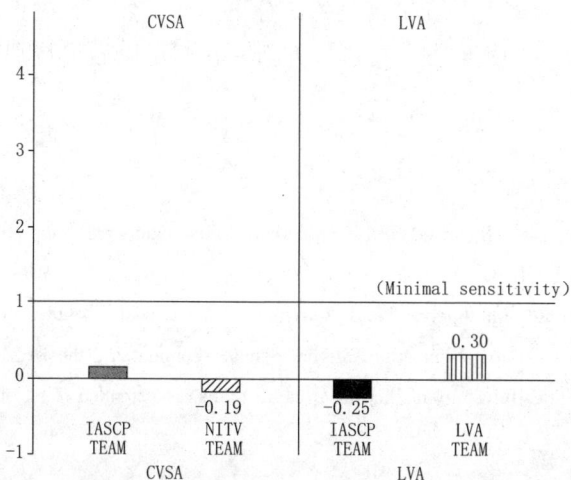

图 6-21 灵敏度测量。这些柱状图提供了计算机声音压力分析器（VSA）和分层声音分析器（LVA）的敏感性测量值。左版面提供了两个团队的测量灵敏程度（国家事实验证研究所和 Nemesysco 公司）（与事实有明显的差异）。右版面显示了分层声音分析器在国家事实验证研究所和分层声音分析器的努力下得到的平行数据。所能接受的最小敏感度为 **1**，不同程度的可接受表现值在 **1** 以上高度名案在 **4** 区内。

法律语音学的持续发展

　　本章尝试对法律语音学的新兴学科进行描述。这一领域的一些核心要素已经确立；通过其他人的操作来创建边界有些模糊的部分。正如我们现在已经发现的，明确在法律语音学范围内的主题有：（1）录音话语的增强和解码；（2）录音的真伪认证；（3）说话人识别（如果没有通过真伪认证）；（4）根据声音或话语来检测多个行为状态。边界仍然较为模糊的一些方面包括其他类型的信号分析（特别是关于机器、冲击和其他噪声），话语内容分析，听知觉（分析）等。诚然，两个分区比其与法律、执法和情报界直接相关的部分更广泛。然而，这正是这些群体最为关注的地方，在这些方面，它们可以做出特别有益的贡献。

Note

1. The research carried out by the author of this chapter was supported primarily by the US Department of Defense (Office of Naval Research, Army Research Office, Counter Intelligence Field Activity), the National Institutes of Health, the US Justice Department, the National Science Foundation, the Dreyfus Foundation and the University of Florida. Grateful thanks is extended to all of them.

注 释

1. 本章作者的研究主要由美国国防部（海军研究室、陆军研究室、反情报实地活动）、国家卫生研究院、美国司法部、国家科学基金会、德雷福斯基金会和佛罗里达大学支持。非常感谢所有人。

第七章
网络犯罪

互联网上的公共通道和高速公路已经成了一个不再适合冒险的区域。黑客、诈骗者、病毒制造者和其他网络捕食者正隐藏在阴影之中。

TINNIRELLO，2003 年 10 月 13 日

概　述

网络犯罪是一个新的研究领域，其包括了许多传统意义上的犯罪，但同时也具有一些电子特征：（1）与犯罪密切相关（如缠扰、骚扰或欺凌、欺骗或欺诈、勒索或贿赂）；（2）电子媒体，这些电子媒体中有可能含有相关的使用或储存的司法信息（例如，和社会里其他人一样，恶徒有社交网络且可以进行记账）。网络犯罪的最后一类是新媒体所独有的：针对计算机的犯罪（例如黑客、阻断服务器和计算机病毒感染）。今天，几乎所有社会活动以及所有的犯罪都具有一个电子数字维度。（See Casey 2011；Lee et al. 2001）正如大多数社会成员一样，在日常生活中的许多方面，犯罪分子也使用计算机、电子邮件和互联网，同时，他们也使用这些媒体来犯罪并避免被捕。与其他任何形式

的商业一样，犯罪分子使用电脑来保存记录，这意味着几乎每一个犯罪案件（从儿童色情制品到逃税的刑事案件），都涉及扣押电脑或其他数字资料。（Blum 2012）[1] 用户（在网上）在进行各种性质的社交活动的过程中所享有的自由，使得现代通信的全球观众增多。在现代社会，政府和公民正在处理的问题是由维护每个人的基本自由的权利（例如言论自由，更具体来讲，是不用害怕由于自由地传达观点和态度而被起诉）和针对违法活动的政策制定之间的不一致所产生的。这些违法活动由于电子媒体而发展迅速，而它们的实施者，则以同样的基本言论自由权利作为借口来实施犯罪。

言论自由，或"自由表达"的权利在一系列的国际宣言中得到了认可[2]。根据这项权利，"人人有权持有自己的意见，并不受干涉"，"人人享有自由表达的权利"。这些权利包括"不管是以口头的、书面的、印刷的，还是以艺术或个人选择的其他媒体的形式，公民享有寻求、接受、传达信息和观点的自由"（《公民权利和政治权利国际公约》第 19 条）[3]。这不仅包括反对意见，而且还包括颠覆性意见，虽然社会的非法行为仍是非法的，但是描述或幻想他们是不违法的。

网络犯罪包括了针对个人或者团体的冒犯和攻击。这些攻击通常会有一个伤害对方或者对方声誉的犯罪动机；它通过使用现代化电子通信的网络方式，例如网络（聊天室、电子邮件、告示板和群组）和移动电话（手机短信或彩信），直接或间接，有意或无意地对受害人进行攻击。（See Halder and Jaishankar 2011）

在本章以下各节中，我们将讨论三大类非法行为：（1）非暴力犯罪，有时被称为"白领"犯罪，包括计算机黑客和身份盗窃、欺诈；（2）造成情绪伤害的危险罪行，如欺凌、跟踪、勒索和勒索；最后，但是同等重要的是（3）人身侵犯暴力犯罪以及使用语言隐瞒犯罪行为（的犯罪活动），包括谋杀、人身攻击、恋童癖行为（包括推荐以后的潜在目标以及与集团内成员讨论实施这些犯罪）、儿童色情制品、一般的性犯罪、恐怖主义和贩毒。

电子犯罪的类型

非暴力，"白领"网络犯罪

从本质上来说，电子犯罪通常是不同形式的"网络入侵"；通过黑客攻击和恶意编码，入侵家庭或办公室里的笔记本电脑、个人计算机和无线设备。[4]虽然这些罪行主要由计算机技术分析员调查，但在涉及身份盗用和欺诈的案件中，司法语言学家也有参与的部分，他们可能需要寻找语言证据表明疑犯和受害者是否为同一个人。

这种形式的网络入侵是非常昂贵的，其由一系列用户类型实施。有为了自己出名而犯罪的怪人，攻击网站的商业竞争商人以及为了自己滥用他人信息或者贩卖公民信息给其他机构用以实施犯罪的罪犯。虽然"白领"犯罪最初是一个术语，指在工作过程中人们实施的那些罪行，但是后两种类型的犯罪有经济动机，因此有时也被描述成"白领"犯罪。（Sutherland 1949）最近，联邦调查局将"白领"犯罪定义为"不依赖于威胁或实施暴力或武力的，以欺骗、隐瞒或违反信托为特征的非法行为"。（1989 in Clarke 1997a）

以下各小节将简要说明执法机构所认定的"白领"电子犯罪的主要类型。

黑客攻击

在历史上，就实施黑客攻击本身需要的技术而言，"hacker"

这个词在一定程度上是一个对进行黑客攻击的人的赞赏。黑客必须是一个有计算机编程能力的人，他能够入侵别人的电脑系统，造成破坏。在大多数情况下，这是一个显示他们编程技能超越原始程序的恶作剧，比如当用户碰触到某个特定键的时候，能将阿拉伯数字转换成罗马数字，或播放音乐作品。负责人通常是高中或大学生，有时甚至是 13 岁以下的青少年。莱维（Levy）很好地点到了当今世界的黑客信条。他表明："一个完美的黑客世界欢迎任何一个有足够生气的可以打开信号灯旁的控制箱，将它分开并使其更好运作的黑客去尝试。"（Levy 1984/2010：24）

自 20 世纪 70 年代以来，"黑客"这个术语便被用来描述一个没有经过主人同意就使用他人电脑的人（不管是相对善意的恶作剧还是需要时间和资源来修复的昂贵破坏）。但是从 20 世纪 80 年代中期开始，许多政府和商业活动都需要用计算机，越来越多的平民也在家里购置了个人计算机，黑客也就成了一个有用的、可以改变或窃取某人的身份的、对商业的日常运作造成巨大损坏的工具。

在这个时代，曾经有一个黑客入侵加州法庭系统改变警察和法庭记录的案例（美国）。威廉·格蕾斯（William Grace）和布兰登·威尔逊（Brandon Wilson）将之前对威尔逊的指控改为了"指控已经被驳回"，还改变了家人和朋友的记录。"在他们被捕时，他们已经获得了数千台计算机的未经授权的访问权，他们能够撤回权证、更改法庭记录、驳回案件、并阅读所有地区员工的电子邮件。"（Casey 2011：5）

由于黑客在很大程度上是计算机之间的犯罪，司法语言学家的潜在作用非常小。他们不同于较有危害性的藏在黑客攻击之后的身份盗窃和欺诈，也不同于更有危害性的身份盗窃之后的潜在的网络犯罪。

身份盗用和欺诈

身份盗窃罪被定义为非法使用（未经同意）另一人的个人信息，包括姓名、出生日期、地址、母亲的娘家姓、财务记录和其他个人信息（联邦贸易委员会）。在美国，罪犯一旦获得了受害人的社会保险号码，便可以开放或关闭银行账户，申请贷款，并以受害人的名义负债，任何犯罪都将成为受害人犯罪记录的一部分。

这种犯罪可以影响到世界各地的企业和平民，被称为"低风险，高回报"的犯罪，身份盗窃所得比武装抢劫到的 10 倍还多。犯罪者可以自己使用这些信息，也可以在黑市上销售。例如，在加拿大有一个身份盗窃和欺诈骗局，在这个骗局中，有一个信用卡公司对它的初始用户发行了一种预付卡（每个 15 美元）。犯罪分子"黑"入这个信用卡公司，并将每张信用卡的信用额度增加到了上万美元，犯罪分子在一个周末从世界各地的 ATM 机上提取了大约 100 万美元。"当传统的银行抢劫者听到这种一周内就能扫光银行的网络犯罪骗局时，绝对是目瞪口呆的。"（Glenny 2011）

身份盗窃的另一方面是身份隐藏。为了犯罪，犯罪分子会隐藏发件人的真实身份，这是欺骗行为。在这种情况下，犯罪分子所使用的通常是一个被盗的身份（例如可能在之后被认为是需要对入侵和犯罪负责的人）。根据在犯罪中使用的书面材料的数量，聘用一个司法语言学家来帮助受害者发现其无罪的证据对受害人来说是有益的。此外，也可以在涉及身份诈骗的骗局中对使用的电子邮件（即"网络钓鱼"）[5]进行语言分析。

潜在的网络犯罪身份盗窃犯罪通常会引起其他犯罪，例如盗窃或欺诈，但也会造成更加凶险的和可能的暴力犯罪。从某种意义上说，所有网络犯罪都是凶险的，但是本小节所关注的犯罪是蓄意所为的，它令人非常不安以至于虽然没有对受害人实施暴力行为，但是却为其带来了持续性的痛苦。这些（犯罪行为）包括网络欺凌、网络跟踪和电子勒索。这些罪行是公认的罪行（欺凌、跟踪和勒索）的另一种表现，但是有全球性（即发送这些信息的人不需要在附近）和无法躲避的特点。换句话说，如果没有网络元素，虽然受害者仍然会在工作或学校里被欺负，但是当他们远离欺凌环境时，他们是"安全的"，但是有了网络元素（之后），受害者会无处可逃。

在网络欺凌、跟踪和勒索（或贿赂）的情况下，个人和组织可能需要寻求法律语言学家的帮助，以证明自己的无辜，构建作者或话语者文档，或帮助一个案件来定罪。"丹尼尔·佩尔案"便是一个例子；（这个案件中的）邮件赎金说明了法律语言在逮捕杀害丹尼尔·佩尔的凶手时起到了很大作用。在这个案件中，建立了一个索要赎金的罪犯的语言学档案，这个档案显示这个赎金勒索罪犯是一个非英语母语但是学习过英语的人。后来确认，赎金勒索犯确实是在英国受过教育的巴基斯坦人。

在"丹尼尔·佩尔案"中，（我们）需要一个作者档案。在网络跟踪案件中，在受害者觉得他们不知道发件人可能是谁的情况下，可能也需要这样的档案。相比之下，其他形式的网络犯罪（如网络欺凌）虽然通常由受害者已知的人实施，但是（受害者）可能不清楚每个单独的消息来自于哪个欺凌人。因此，为了提高起诉的成功率，须将具体信息及行为与特定行为人统一（联系起来），以获得司法利益。这样，法律语言学家的技能对检察官建立定罪案件是很有用的。

网络欺凌和跟踪

这是一种无情的心理攻击，使得欺凌达到了一个新的高度。

网络欺凌中，会有一个或多个人对另外一个人实施非常残忍的行为（可能有以下攻击行为：性骚扰、种族诽谤、诋毁、威胁或跟踪骚扰、使用技术手段发送或张贴有害材料）。网络欺凌的模式包括下流的电子邮件，"Twitter"和（电话）短信；发送色情图片或色情短信；[6]恶作剧电话和寻呼机消息；不喜欢的网站（包括"我的空间""Facebook""YouTube"，博客和聊天室网站），以及不受欢迎或者受欢迎的民意调查。(See Kowalski et al. 2008)"使网络欺凌这么危险的原因……是任何人都可以在不用面对受害者的情况下实施欺凌。你不必强壮或敏捷，只要想要恐吓别人，配备了手机或者电脑，就可以实施恐吓。"(See King 2006)

网络欺凌与传统欺凌一样，受害者没有阻止被袭击的能力，在很长的一段时间内不停地被侵犯。各种网络侵犯往往会使受害者感到害怕和被社会排斥，（这种感觉）导致了许多受害者自我伤害和自杀。

一个有重要意义的网络欺凌案件的受害者是一名15岁的女孩，她名为菲比普林斯（Phoebe Prince，美国人）。由于不能再承受学校的和"Facebook""Formspring""Twitter"等社交网站的电子信息的残忍欺凌，她在自己的家里上吊自杀了。有人给她发威胁短信，称她为"爱尔兰荡妇"和"妓女"。6名罪犯被起诉（4名女孩和2名男孩，这2名男孩还被控犯有法定强奸罪）。她的死亡使州立法机构通过了一项法律，将反欺凌纳入了国家公立学校课程。

在这类案件中，如果需要找到特定消息与特定犯罪者或者疑犯的联系，可能需要法律语言学家的参与，一组疑犯和使用过的手机就可以完成。然而，还有一些其他的案例，受害者并不是知道犯罪者，此时，法律语言学家的贡献便是描述攻击者。

例如，曾经有一个 15 岁的加拿大人——阿曼达·托得（Amanda Todd）——也曾经用自杀的方式来结束这种折磨。托得曾用网络摄像头和不认识的人会面和交谈。其中有一个男人强迫她拍她胸部的照片。[7]这个男人在拍了托得的半裸的照片之后，起初试图勒她，当他发现勒索无用时，便把她露胸的照片发给了每一个托得认识的人。网上的折磨导致托得在学校被欺凌并失去了朋友。当她换了学校之后，该男子又继续在网上追踪，他不仅用托得的名字创建了一个"Facebook"账号，还用托得的露胸照片作为资料照片。在托得死了之后，一个网络积极分子小组声称一个 32 岁的男子应该对这件网络欺凌案件负责，虽然后来警察确定这些指控没有任何根据（CBC 新闻），[8]但这名男子仍然被各种仇恨信息所淹没。

虽然最初的欺凌还需要被正确地识别，但是法律语言学家在这个领域中可以在描述或身份识别中发挥作用。不只是网页，在硬件被替换的情况下，随意丢弃和替换的手机和电子邮件地址（Such as Hotmail）可以使它们看起来好像已经无法被识别。但是，谈话和文本的一般特征仍将保持。这样的话，攻击者所认识的人仍可以认出攻击者并和他交流。在这种情况下，自然会有计算机专家的高度参与，但是同时，法律语言学家们所积累的对于识别作者身份的策略和方法也能够在这样的搜索中起到一定的辅助作用。

托得的案例还说明，攻击者很少只实施一种类型的入侵：在她的案件当中，欺凌者知道她并没有向他提供详细的个人信息（她的朋友、她的学校、她的住址、他们的姓氏等等）。除非这些资料属于某个认识她和她的家人的人，这些证据证明，她的个人网站在之前还曾被黑客入侵过。托得的案例也可能涉及贿赂。就是说，把她的照片发送给所有她认识的朋友有可能是一个长期想法，认为这样能够更好地确保以后的受害者能够比托得更认真地对待他们的威胁。

勒索信：勒索和贿赂

网络勒索和贿赂（勒索），无论是对平民还是企业，从本质上来说都是某种性质的威胁。犯罪分子制造的数据破坏、对服务器进行攻击、植入有害数据、复制企业机密信息并用以巨额敲诈等对计算机、计算机网络的威胁通常不需要法律语言学家的关注。但是，法律语言学家应关注包涵对特定个人或公司的威胁的交流文本。法律语言学家可以提供威胁、贿赂人的个人资料，或者，因为这些罪行可能涉及身份盗窃，法律语言学家可以帮助建立一个针对或支持被告者的案件。

网络敲诈形式包括计算机犯罪，例如：（1）将数据本身作为抵押。在这种情况下，攻击者会窃取最新的数据备份，并从公司服务器上删除原始版本，或者更改数据库中的加密密钥（类似于一个复杂的密码），并用这个新的秘钥来威胁对方。（2）威胁要断开服务器连接，这样有可能使得企业损失数百万。例如，在2000年，"Yahoo""Buy.com""CNN""Amazon"和"eBay"等网站由于需要通过网络进行交易，都受到了这些攻击的影响。当系统崩溃时，他们将不能进行任何交易。第三种类型的勒索在早期的"托得案"中可以看到，这种勒索大多只会影响到个人。在这种勒索案件中，罪犯在和受害者通过网络摄像头进行网络性行为（新加坡新闻）[9]之后，尝试威胁受害者，要把他的照片或视频放在网上，以此来勒索钱财或达成其他契约。

商业犯罪最初是从黑客入侵公司计算机系统开始的，因此，法律语言学对这种类型的调查在很大程度上依赖于计算机专家的协助。相比之下，在涉及个人行贿的网络勒索案例（例如威胁披露个人信息或公司秘密）中，在法律语言学家的协助下

（如果获得了足够的语言证据），嫌疑人在身份追踪过程中就可以被识别出来。

本节所讨论的最后一种电子犯罪类型是在互联网上发布攻击性语言。在社会团体中，语言学家能够较好地提供潜在的和社会学变化相关的重要观点，这是一个语义学上的问题。虽然这种类型不一定像上述类型的电子犯罪那样有预谋，但是，值得一提的是，在线发布（信息）很可能是一些令人沮丧的实质性来源，特别是一些类似于欺凌或仇恨的邮件。

无礼的语言和自由发言的权利

虽然一个国家的文化观会影响其公民自由表达的具体权利，但是在大多数国家，法律均保护个人的自由表达权。但是，自由言论的权利并不是绝对的。大多数国家都会根据固定的条件来限定何种言语活动不受到自由表达权利的保护。例如，传播"淫秽""不雅"，种族主义材料或宗教歧视的言语是不享有自由言论的权利的。在英格兰和威尔士，根据 1986 和 2013 年《公共秩序法案》第 5 条，发送的电子邮件、信息或微博中含有"严重冒犯"的语言或内容的是刑事犯罪，可处以最多 6 个月的监禁。[10]

"淫秽"和"不雅"的分类标志是非常灵活的，并且可能很难加以证明。例如，在英格兰和威尔士，根据《公共秩序法案》第 5 节，法律要求将"攻击性"案件中涉及的材料作为一个整体来考虑。因此，如果一个完整的文件或话语或采访并没有侵犯性的基调，即使其中的一句或两句话对某个人有侵犯性，也不能起诉。[11]其他可能的辩护也可能包括电子用户[12]在表达攻击性材料时的心态。换句话说，有压力和情绪高涨时的诅咒可能是可以被原谅的。但是，持续性的诅咒就有可能有问题了。不过，电子用户的正常网上用语的特征之一便是持续性的诅咒语言。也就是说，不同社会群体的日常用语对"淫秽"或"不雅"有不同的评估标准。

这条最后的警告是在处理学生的案件时需要考虑到的。因为，学生的网页中通常包含极为险要的、粗俗的甚至暴力的内容。在美国，法院一般采用"廷克案"实质性破坏的标准，以确定所讨论的学生是否应该因为其网站内容而受到惩罚。本标准不仅适用于美国法庭，而且允许学校在学生福利成为问题时对他们的话语进行管理。（See Negrón 2008：1222）下文的摘录来自北卡罗来纳州不同高中的"MySpace"群（Soo 2008）：

摘录 7-1

School "totally sucks".

学校糟透了。

摘录 7-2

"We used to have fuckin back massage days and nap days in her . . . class. Sometimes we leaned our chairs out of the back door of the trailer and smoke cigs and she wouldn't care. Then she showed up at some fuckin big parties we had and hit the fuckin bong with us."

"我们曾在她的_____课上做背部按摩或打盹。有时我们把椅子斜靠在拖车后门抽烟，她也不在乎。然而她出现在我们一些大型聚会上，和我们一起疯狂。"

摘录 7-3

"There's hardly ever any fights, or fights worth seeing, just stupid drama. Like 'I slept with your boyfriend'." "ok yea so _____ is the gayest high school ever." "But you know what teacher SUCKS? _____ (ugh) I have him tomorrow too."

"这里几乎没有任何争吵是值得看的，只有一些愚蠢的戏剧。例如'我和你男朋友睡了'。" "是的，好，_____ 是有史以来最娘的高中。" "但是你知道那个老师最令人讨厌吗？ _____ （呃）我明天也有他的课。"

秀（Soo 2008）解释说，当网页内容非常具有批评性（甚至使用粗鲁和下流的语言）时，如果它没有干扰学校纪律和秩序，那么学生的自由言论权利就应被维护。(See Beussink v. Woodland, R-Ⅳ学区 53) 然而，在对学生网页的指控中，如果可以证明网页内容对教育工作和学习环境造成干扰，法院应支持学生被学校暂停学生待遇。（See J. S. v. Bethlehem）这个学区曾有一项指控，在这项指控中，当事人与另外一个当事人发生性关系致使另外一个当事人因心理忧虑而请病假。将最终证明"作为一个整体"（来考虑）的案件是"Mahaffey v. Aldrich 案"。在这个案件中，一个学生创建了一个名为"Satan's web page"的网页，在这个网页上，他列出了他希望能够死掉的人，包括他的同学。然而，在那个网页上，他还附言："现在，你已经看到了我的网页。请不要杀掉他们，然后把责任推到我头上来，好吗？"法院认为，该页面不构成真正威胁，因为一个明白道理的人不会将其视为严重的意图伤害别人的表达。(Soo, 2008)

尽管如此，在很多的例子中，人们对语言的选择会使他们陷入麻烦。例如，李（Leigh）在推特上提到他的朋友艾米莉（Emily）："本周免费，在我去摧毁（destroy）美国之前快速八卦或准备。""摧毁"（destroy）一词是英国俚语尽情狂欢（"party hard"）的意思，他们两个在抵达洛杉矶机场时都被拘留了。2010 年，保罗·钱伯（Paul Chambers）在推特上说，他将"把机场炸到天上去"。在他的航班被取消后，英国的罗宾汉机场持续经历恶劣天气。保罗·钱伯被判有罪，因为他发布了一条被认为是具有"严重冒犯"性和"不雅、淫秽或有威胁"性的信息。（2003 年《英国通讯法》）[13]法院显然不接受所谓的因为他的失意，所以他使用了这样的语言表达的解释，当涉及机场和全民安全问题的时候，司法系统是没有幽默可言的。

除了上文的讨论之外，在网络通信中，与网络欺凌相关的攻击性语言还有一个重要方面。在一些使用电子邮件和网页发布信息的例子中，当有关人员已经死亡或者将要死亡时，仍然会有人发布所谓的"仇恨邮件"。在死者死后也会仍然继续发类似"我很高兴她死了"这样的邮件或信息，这会让死者的家人和朋友，以及许多旁观者非常伤心。在一个 5 岁的小孩失踪之后，马修·伍德斯（Matthew Woods）在"Facebook"上面发表了许多侵犯性质的语言，包括表示厌恶甚至有明确的两性型言语。他发表的信息引起了公众的强烈反对，他因此被判刑 12 个星期。

关于侵犯性语言的例子还有许多。例如，最近在英国：侮辱的言语或行为是被禁止的；把马称作是同性恋"gay"，对狗发出"woof woof"的声音，阐明"同性恋是一种罪"的宗教观点，在公共场所举着写有"基督科学教派是威胁的邪教"的牌子，都会导致当事人在监狱里度过一个晚上。在以上的每一种情况下，受批评的对象都不需要证明他们被冒犯了，警方可以在这个领域单方面地做出判断。在澳大利亚，如果在公共场所或学校附近研究有冒犯性的材料会被认为更加具有侵犯性。在网络用语中，需要知道的附加说明是，如果电子用户可以合适地呈现出他们的交流是秘密的（即使接收者将信息公布于众），那么最初的电子用户也可以被免于起诉。

暴力网络犯罪

本节所关注的是实施或者帮助掩盖暴力犯罪的电子通信。其中最吸引法律语言学家参与的，是企图掩盖谋杀和性侵犯的电子犯罪。我们在之前的章节中可以看到，一些性犯罪是恶劣的，但不是暴力的（例如尝试使用性记录来进行勒索），但有一些则是罪犯设计的圈套，这种犯罪构成"诱导"（犯罪）。

一个出名的诱导犯罪且最后变成谋杀的案件的实施者是一个叫作彼得·查普曼（Peter Chapman）的英国人。他是"Facebook"的杀手。在该案中，查普曼使用"Facebook"诱骗一位名为阿什莉·霍尔（Ashleigh Hall）的 17 岁女孩与他见面。结果，这个女孩被调戏并被勒死。在这个案件中，是查普曼使用的语言使得这种袭击、杀害或类似犯罪成为可能。因此，在这种情况下，语言的使用是犯罪的一个重要组成部分。这也是为什么单纯的"诱导"现在被认为是一种犯罪。

33 岁的查普曼在他的"Facebook"上以一个 19 岁的男孩的身份出现，使用假照片，并使用假名——彼得·卡特赖特（Peter Cartwright）。在这个案件中，语言学的相关性是这种诱骗阿什莉，使她相信他的方式，而其实，和阿什莉见面的却是一个年长很多的男人。查普曼使用了两部手机，他用其中一部在"Facebook"上面以卡特赖特的身份给她发信息，另一部以所谓的卡特赖特父亲的身份给阿什莉发信息。法律语言学家对他们的语言进行了分析，对比了阿什莉之前发的信息和她（预期）死亡时手机上的信息，以及和查普曼手机上的信息。这些分析成了强有力的证明疑犯和受害者有关系的证据。

谋杀还是自杀？

语言交流并不直接导致谋杀，但正如我们在网络欺凌型的电子犯罪中所看到的，它们（比普通情况）更可能在创造死亡中扮演着重要角色。在一些案件当中，罪犯会通过伪造被害人的电子通信记录来掩盖他杀，留下暗示证明受害者是自愿离开人世的虚假线索。

以大卫·霍奇森（David Hodgson）犯下的"詹妮·尼尔尔案"为例（2008 年）。在受害人失踪之后，犯罪者用她的手机发送短信。在对比了受害人与大卫·霍奇森的短信风格之后，语言学家又将其与疑犯短信文本进行对比，发现可疑的信息使用的短信风格和霍奇森的更为相似，而不是詹妮自己的风格。（Grant 2010，ms.）虽然尸体还没有找到，但她被推定为已经死亡，霍奇森因谋杀而被判有罪。

在其他案例中，分开的标记可能不是电子的，但是对于该人可能发生的事情的证据，可以从由失踪者过去发送的电子消息（例如电子邮件和网络流量）中挖掘出来。其典型案例是"维多利亚·库奇曼案"（见第八章）。虽然当事人的家人在她死后收到了发自她手机的几条短信，但是当事人的遗体能够证明她已经死了很久了。

恋童癖、诱导和性犯罪

语言学家在这些类型的案件中的工作涉及失踪或谋杀的诱导性犯罪，以及恋童癖者之间的交流。这两个领域都涉及试图对儿童进行性剥削或创造一种能够获得性满足的机会的局面。

网上有一个巨大的国际儿童色情市场，其中至少有 20 万个网站销售儿童色情图片，每年获取至少 200 亿~300 亿美元。（美国国家失踪和被剥削儿童中心）美国联邦调查局自 2003 年以来，使用儿童身份和密码，利用定制软件设置了许多抓捕犯罪分子的圈套并用许多特定的软件揭示这些聊天室中儿童色情内容的程度。尽管信用卡公司和银行已经决定禁止这种交易，但这种材料通过互联网的扩散是"爆炸"式的。

　　"诱导"过程通常开始于恋童癖者以相似年龄的孩子的身份与其他儿童在网络聊天室中接触。他们会从友好和谄媚开始，慢慢变得友好，在开始性交谈之前赢得孩子的信任，鼓励孩子摆脱对性的压抑。从这个时间点开始，他们会寻求使用一系列的手段性侵孩子，例如贿赂或勒索他们（如"托得案"），说服他们，使孩子们相信自己爱上了猥亵者，或为性行为提供钱或机会。在此过程中，犯罪分子会将这些性行为录制下来。[14]在某些情况下，他们会谋求与孩子见面，在这种情况下，孩子们不太可能有一个好的结局，因为他或她将准确地看到猥亵者有多大年纪。

　　奥尔森（Olsson）关于恋童癖者之间的电子邮件传输问题的案例研究，以及卢奇志布罗尔斯和奥尔德里奇-韦顿（Luchjon-broers and Aldridge-Waddon，2011）的研究表明，收集色情材料对于恋童癖的人群而言并不是目标。大多数的讨论仅关注以下几点：

　　1. 恋童癖者对话者居住在什么地方？是否相对较近？

　　2. 恋童癖者是否能够利用他们的对话者？对方是什么年纪？

　　3. 恋童癖者与对话者建立关系，并促进"共享"。与被关押的恋童癖者自己声称的不同，没有证据表明他们对自己能够接近的孩子有浪漫的、强烈的爱和感情，孩子们也并不享受他们的慈祥陪伴。（Benneworth 2006）这些电子邮件只是根据每个恋童癖者所寻求的不同的年龄组来描述孩子，并记录这些恋童癖者喜欢对孩子们做的事情。

　　法律语言学家在这些案件中的作用包括衡量"意图"，即猥亵者实施所描述的行为的意图。法律语言学与一般语言学家在是否可以在这样的问题上提出意见这个方面在某种程度上是存在分歧的（因为它更多的是心理学问题，而不是语言学问题）。即使每个学科在取证过程中所提供的事物在关键方面可以存在不同，但这些团体成员的语言行为是他们如何快速实现所需行为的关键。这种语言学模式依赖于特定"实践"社区的组内实践，其本身在组内并不是独有的。

　　实践社区（CofP）是指一种共同社会文化实践，这种实践是由具有共同目标的人们互动并努力实现这些目标时出现和发展出来的。该话语社群的成员会发出信号表明其"组内"成员资格和价值观，从而证明（他们）是需要被视为属于该组而不是另一组。这些可识别的手段包括主题选择、词汇选择（以及这些词汇意义的选择）和话语序列的性质。参见下面的例子（Luchjenbroers and Aldridge-Waddon 2011）：

摘录 7-4

hi, thanks for message on my board. where r u in the world?

what r u into?
　　你好，感谢在我的留言板上留言。你在这个世界上的哪个角落？你对什么感兴趣？

摘录 7-5

hi, your site is top：im in the uk，im into any young，(-12) love babies，xxxx（yum）. where are u & wot u into?

你的网站遥遥领先。（笑脸）我在英国，寻找任何有朝气的，12 岁以前以下的可爱的小孩子，亲亲（味道太好啦）。你在哪里？你对什么感兴趣？

摘录 7-6

Have you had any real experience or have access?

你有任何经验或渠道吗？

摘录 7-7

……if it works out i would like to share my b with u，as this is much hotter than solitary……

……如果可以的话，我想要和你一起入睡，这比独自一人要温暖得多（hot 也同兴奋，这比我独自一人睡觉兴奋得多）……

这些示例捕捉到了发送这些电子邮件的顺序，并捕获了这种关系的开始。因此，我们可以清楚地看到非常具有刺激性的信息涵盖的速度有多快。我们认为它具有联合功能：(1) 使得谈话者不浪费时间与不能满足他们个人需求的人联系；(2) 如果被访者没有适当地响应这种社区实践，其将警告用户放弃该电子邮件地址。因此，对于分析师而言，我们有明确的证据可以证明这个实践社会的成员如何相互交流。同时，他们的交流目标驱动性非常强。事实上，非常有限的数据组显示了这些交互者对与上述三个主题领域不相关的对象很少浪费"谈话"。基于这些理由，法律语言学家有充分的理由对话语者的意图提出建议。

任何种族、文化或经济地位的儿童和青少年似乎都面临着同等的风险。虽然似乎有证据表明，女孩比男孩更经常成为目标，但男孩和男子不太可能报告虐待的事实，因而可能影响统计结果的准确性。不幸的是，关于谁是可能的犯罪者的调查结果更加不清楚，目前并没有一个能准确描述或说明所有儿童猥亵者的档案。个体之间在个人特征、生活经历、犯罪历史和犯罪原因方面有许多变量。唯一的共同点是，儿童猥亵者将尝试创造一种允许他们与儿童接近的生活方式，无论是通过职业或私人利益（教会、儿童组织、媒体来源等）。

网络恐怖主义和黑客行为主义

目前，互联网已成为恐怖分子及其暴力极端主义支持者的战略工具。众所周知，基地组织特别聘用了具有计算机科学背景的人员，并在计算机科学领域训练其操作人员。其他恐怖团体（如 ETA）对互联网的使用也被广泛记录。法律语言学家在这种调查中的作用类似于他们在恋童癖者中识别实践社区标准的作用。

互联网是煽动恐怖主义、招募成员、募集资金和潜在的对网络基础设施进行攻击的强大工具。20 世纪 90 年代以来，通过计算机进行的政府和商业活动增加，黑客攻击阻止电话线和网络运作，释放会影响任何电脑的恶意代码（计算机病毒和恶性主动攻击病毒），在恐怖活动中发挥作用，被称为"黑客行为主义者"。（参见 BBC 新闻）[15] "黑客行为主义"是指利用计算机和计算机网络作为抗议手段达到政治目的。科索沃境内的冲突被称为互联网上的第一次战争。政府和非政府行为者利用网络传播信息，进行宣传，妖魔化敌人并征求对其立场的各种支持。

今天的互联网用户是隐蔽的。因此，它是恐怖主义组织传播宣传、灌输、招募和训练新的行为者（例如如何组装爆炸带或用日用品来制造爆炸物）的主要手段。这些网站赞扬恐怖主义行为，并提供著名的恐怖主义者的作品。通过这些网站，恐怖主义领导人可以直接与世界各地的支持者进行互动，隐藏在日常的视线之中。互联网也是恐怖分子筹集和转移资金以及其他物质资源的主要手段之一。互联网还允许恐怖特工人员和其组织之间进行即时和几乎安全的通信，包括计划恐怖袭击。(See Perl 2008)

一个例子是，在 2012 年 10 月，根据拦截到的电话和网络对话信息，一个加拿大公民被引渡到美国，并面临着恐怖主义指控。赛菲尔丁·塔希尔·沙瑞夫（Sayfildin Tahir Sharif）先生在 2009 年的一次自杀性爆炸中被指控密谋杀死伊拉克的美军士兵，在这次自杀性爆炸中，他们使用了装满炸药的卡车。截获的谈话证据表明，在他们从突尼斯到伊拉克施行袭击的时候，沙瑞夫先生帮助圣战者与恐怖网络的成员建立联系。

结　语

"计算机法律"承担着对由外部代理或由授权用户产生的未授权的入侵活动所引起的一系列（因果）事件的事后重建。(De Vel et al. 2001)

这本书是关于法律语言学的，因此对其他法律性质尝试的同类型学科并没有过多关注。但它们在网络犯罪领域是不缺少的，因为这个媒介的性质决定了其需要信息技术专家发挥重要作用，来发现罪犯试图隐藏的材料。犯罪分子可能删除文件和电子邮件，通过加密隐藏文件、密码保护或将其嵌入到不相关的文件中，并使用无线网络和网络咖啡馆来覆盖其轨道，但是，只有信息技术专家才可能需要语言学家所分析的语言材料。

　　虽然网络犯罪通常是一个网上的追逐过程，但是，"身份跟踪"的过程也可能涉及法律语言学家的技能。在上文所提到的恋童癖案例中，犯罪小组的成员切换"Hotmail"的地址，这需要通过某种形式的作者分析来跟踪确定身份。对于其他案件中的原始数据，语言学家需要确定（有嫌疑的）犯罪人之前所形成的文本的独特特征，并将其与被用于其他网络犯罪的案件的原始数据进行比较或对比。总的来说，法律语言学家在网络犯罪案件中的作用和他们在非电子通信的媒体中的作用比较相似，比如，使用作者身份确定策略等。但是，在其他的案件中，法律语言学家需要根据他们手中的任务来改良他们的这项技能。例如，最近的"代尔·布莱恩案"（2012 年）要求奥森破解一封用 23 个随机数（1~43 之间的数字）和标点符号（而不是字母）的信的代码。该代码揭示，布莱恩（Bryan）让他的妹妹给予死者 15 000 英镑的贿赂，让其停止起诉布莱恩。

　　在本章中，我们已经展示了如何使用法律语言学来追踪档案，使电子信息与其真实作者相关联，并对所传达帮助的信息进行语意处理及风险和威胁评估，并提供档案信息。为了让读者了解法律语言学家可以提供分析的情况，我们还介绍了更广泛的网络犯罪，这些网络犯罪均需要法律语言学家的技能。使用网络媒体对法律语言学而言，最大的困难是能够提供给法律语言学家的数据集通常非常小，因为这是仅有的可用的数据集。不幸的是，警察也经常不愿意发布比他们所认为的语言学家分析所需要的更多的数据。为了向司法部门提供明确的陈述，他们更喜欢具有挑战性的任务。

　　在法律科学中，没有什么可以确定，我们只能根据有限的信息提出可能性。然而，在网络世界，罪犯者可能会认为他们不可能被发现，但是事实证明，他们经常是错误的。

Notes

1. Cf. computers played a role in the planning and subsequent investigations of both World Trade Center bombings: Ramsey Yousef's laptop contained plans for the fi rst bombing and, during the investigation into Zacarias Moussaoui's role in the second attack.

2. Cf. Universal Declaration of Human Rights and the International Covenant on Civil and Political Rights (ICCPR).

3. Offi ce of the United Nations High Commissioner for Human Rights.

4. FBI site, www. fbi. gov/about-us/investigate/cyber/computer-intrusions.

5. "Phishing" is where individuals are approached by email, with claims of being a legitimate company (such as a bank and possibly the organization that the individual works for) and are invited or directed to a website in which they will need to update their personal information.

6. "Sexting" refers to "Inappropriate pictures being distributed on camera phones".

7. "Amanda's silent YouTube posting that outlines the course of her abuse", www. youtube. com/watch? v = KRxfTyNa24A [accessed on 4 February 2013].

8. www. cbc. ca/news/canada/british-columbia/story/2012/10/15/bc-amanda-toddtormentor-anonymous. html.

9. www. channelnewsasia. com/stories/singaporelocalnews/view/1253939/1/. html. [accessed on 14 February 2013]

10. Standard Note, SN/HA/576 (Jan 2013) "Insulting words or behaviour": Section 5 of the Public Order Act 1986.

11. In Brief, Free legal opinion: www. inbrief. co. uk/media-law/freedom-ofexpression. htm.

12. Luchjenbroers and Aldridge - Waddon (2011) refers to e - users as "spauthors", in an attempt to capture the to and fro of communications that has

much in common with speakers but also like authors, communications can also be more strategic and users can polish drafts before sending.

13. The guilty verdict was overturned on appeal.

14. "Chandigarh Police", India – http://chandigarhpolice. gov. in/cyber. htm.

15. www. bbc. co. uk/news/technology – 13686141〔accessed on 17 January 2013〕.

第二部分
THE SECOND PART

处理语言学证据

第二部分序言

　　这一部分涵盖了近期一些案件的一系列内容，可为法律语言学鉴定的入门者提供参考。作为第二部分的首章，第八章"司法鉴定文本"讨论了真实的自杀文本和恐吓文本的重要方面。接下来的第九章"司法文本转录"主要针对如何受客户委托而在受理其案件时处理原本材料，为读者提供了重要建议。第十章，"实践中的作者身份认定"，讨论了两个近期的案件：一个是"维多利亚·库奇曼案"，她是一名谋杀案的被害人，在她死后，一封发自她手机的电子邮件掩盖了她的死亡；另一件要讨论的是"詹姆斯·厄尔·里德案"，其是一桩谋杀案的嫌疑人。在里德的案子中，嫌疑人的警局供述是司法语言学者所关注的领域。同时，第十章为读者提供了一些练习及其题解。第十一章"调查自然数据中的作者变化"阐述了由第一作者所做的小规模对比性语料库分析，可以证实在法庭上的关于电话短信的文本变化这些方面的论证。第二部分的最后一章对另一可疑失踪案进行了讨论，在这一案件中，在被害人失踪后，被害人家属收到了她发来的手机短信。这一章考虑了案件中所接收的信息，以及在追踪嫌疑犯时处理过的口头证据。

第八章
司法鉴定文本

　　理论上来讲，不论是在刑事还是在民事的调查或者案件中，任何口述或者书写的材料都可能变得具有证据价值，因此，在这一意义上而言，任何文本都是潜在的司法鉴定文本。这包括了作者不明的语言、意义含糊的言辞、在犯罪过程中产生的或者作为犯罪的一部分的文本、法庭上的用语（包括在讯问或交叉质证中所得、目击者或被告陈述、法官总结部分，以及法条语言）。

有哪几种类型的司法鉴定文本？

　　司法鉴定文本可以以任何形式存在，且可能覆盖了几乎所有可想象得到的话题。有自杀信、赎金要求、恐吓信、被告和目击者陈述、匿名恐吓信。这些文本有多种形式，如手机短信、信件、电子邮件、视频、即时信息等等。

不同类型的司法鉴定文本有何典型特征？

　　要给不同类型的司法鉴定文本归纳出一套特征并不容易。在诸如自杀信和赎金要求等不同类型的司法鉴定文本中，其典型内容并无铁律可循。

自杀文本

通过对比真实文本和模仿文本，解决自杀文本的语言学问题是一条有益的路径。自杀学学者施内德曼和法贝罗沿着以下这些思路进行了分析。遗属常问的一个问题是"为什么"：为什么这人要自杀？问题常比答案更重要。这往往揭示了死者与其家人之间的隔阂。疑惑不解之后，随之而来的往往是谴责，而那些评论者往往称自杀受害者为懦弱或疯狂。有趣的是，伪造自杀信的人也使用同样的词汇，并展现同样的态度。（Schneidman and Fabulous 1957）施内德曼将自杀的心理状态描述成类似于一种隧道视野。在语言学上，我们可将自杀信中的用语视作"内部人"语言。自杀受害者处于隧道当中，而他们对生活的看法是局限的，这不可避免地影响了他们对语言的使用。相反，假自杀者的视野没有受限，而是从外部来看待自杀这件事。由于这些原因，假自杀者所使用的语言会反映出外部人的立场，将他们的"自杀行为"称为是"疯狂的""不正常的"，是"失败者"的行为或者"懦弱之人的解脱办法"。这些评价反映了普罗大众对自杀的看法。（Schneidman 2004a，2004b：59）

一旦知道了普通人对自杀的看法，在某种程度上，我们就可以预测一封伪造的自杀信会是什么样子：它会反映出普通人的态度。这在很大程度上就是在判断一份笔记是否为自杀信时，语言学分析所要做的事——将普通观点和"内部"观点（即自杀受害人的观点）分开，而后审视自杀文本如何反映这些信息。

然而，在这样做的时候，我们需要意识到和自杀样态相关的几个复杂因素：

第一，我们不能预设自己知道何为自杀。母亲为救孩子而牺牲自己算是自杀吗，还是该将她的行为作另一种表述？当一位病入膏肓、痛苦不堪的病人寻求安乐死，是否该将其视作自杀，还是将其从自杀的分类中排除？另外还有诸多例子，例如，为救同伴而丧生的士兵。

第二，在实务层面，我们需要注意，并非所有自杀都会留下文本，亲属可能会隐藏自杀文本，或者，自杀文本可能由于其他原因而被隐瞒（例如，为了获取保险赔偿，或者为了遮羞）。另外，谋杀、意外事故可能会被错报成自杀，反之亦然。相反，一个文本也可能是为了掩盖犯罪而仿造的。至关重要的一点是，需要记住，自杀文本只是自杀行为的一部分。施内德曼指出，自杀的序曲往往是"视野受限、集中、隧道化、病理性的狭隘化以及自我中心化"（Schneidman 2004a：162）。

表 8-1　消极、混乱、失常的词汇表达

单词/词组	真实的	虚假的
对不起	13	13
原谅我	7	9
我爱过	6	1.5
棒极了 *	6	1.5
无法忍受、承受等	6	1.5
坏	5	0
伤害某人	4	0
错	4	0

* 在真实的文本中，"棒极了"指的是其他人——通常是收信人

对比来自 33 个真实的以及 33 个施内德曼仿造的自杀信（报告于施内德曼和法贝罗 1957 年）的数据（如表 8-1 所示），可见，真假自杀信在内容上有诸多差异。

尽管在真实和仿造文本当中，道歉和请求原谅的表达的出

现频次大致相同，但"结束"、感觉"累了"、已经"试过了""死去"或者"万念俱灰"这类表达在仿造的自杀文本当中要多得多。诸如"软弱"、自杀是种"容易的解脱"，以及本人"发疯了""发狂了""懦弱"甚至"困惑"这类反映普通人对自杀看法的表达，在真实文本中比在仿造文本中要少得多。

和真实文本相比，模仿文本的一个显著特征是缺乏强烈感情（intensity）。表达赞扬、爱慕、亲昵的词语在真实文本中出现得更加频繁，那些表达无法忍耐某一境况的词（尤其是失去一段感情关系或者某人的爱）亦是如此。

尽管模仿文本通常包含普通人对自杀的看法，但是并不存在能必然区分真实文本与模仿文本的方法。总体观察结论之外总有一些例外，而且，一个观察结论并不是"规则"。

在谋杀案和相关案件中的诉求

文本实质性（Textual substance）指的是内容和主题之间的关联性。这种关联性有多直接？其内容是否反映了文本表面上的目的？几年前，在英国举行了一场警方的新闻发布会，通报了一起抢劫案。在该案中，一对老夫妇被抢，丈夫被杀。那位寡妇随后得到了发表电视诉求的机会。她说：

> 这周五的早些时候，两个男人闯进我家，毁了我的生活。我丈夫埃里克不该遭遇这种事。

这就是寡妇讲话内容的主旨大意，但其中有什么问题吗？首先，它就不是一个诉求。说话者没有请求电视观众做任何事，比如，寻找凶手或者帮忙指认这两个男人。诉求说完了，而我们并没有比一开始更了解这两个男人——他们长什么样、多大年纪、说话方式如何——事实上，其没有提供任何信息。"毁了我的生活"这个短语是个很奇怪的晦涩说法。她的意思显然是，由于丈夫被杀，自己的生活被毁了。但她只是说他们"毁了我的生活"，而不是直接把这件事说出来并请求抓捕凶手。焦点完全放在了对其生活的影响之上，而不是放在她丈夫的遭遇之上。总之，这个诉求完全缺失了实质内容。后来发现，是她杀死丈夫并伪造了那些显示存在入侵者的证据。如人们所料，并不存在 DNA 或者其他证据来支持这一（抢劫）说法。

苏珊·史密斯，表面上是一起劫车案件的受害人，也发表了一个诉求。这就是她在孩子"失踪"6 天后，对全国电视观众所说的话：

我和我丈夫、家人每天都向上帝祈祷。这真是太不公平了，竟然会有人带走这两个可爱的孩子。

最终，苏珊·史密斯坦白是她将孩子淹死在了湖中。她将孩子绑在车后面，然后让车从一个斜坡滑下。和苏珊·史密斯以上的发言相对比，来看她丈夫在同样一场新闻发布会上的发言：

请不要放弃这两个小男孩，把他们安全地带回家里来。

这段话就有文本实质性——这位丈夫是在向人们请求不要放弃这些孩子。这位和他妻子分居的丈夫，对他妻子的谋杀计划一无所知。

前些年，一位女警察在她伦敦的住处外被谋杀。她丈夫发表了如下的"诉求"。

> **摘录 8-1**
>
> 　　显然，有人于心有愧。你知道，他们将会担心自己的所作所为，或者震惊，或者这只是一场事故或失误或别的什么。在他们周边生活的人，比如邻居，总会知道一些事，或者看到过一些血渍，或者发现某人行为可疑或紧张，（你们掌握的信息）可能并不重要，但请给我们打电话，让我们知道。

　　读者可能已经发现，这段话里没有诉求内容。发言者只是提供了普通人对于有罪之人可能的行为或感受的观念。事实上，他专注于杀手的感受，他的话说得非常好且说得非常漂亮，直到人们意识到，实际上他就是那个杀手。

　　总而言之，虚假诉求通常是对良知、信仰和公正的呼吁。那其中有着淡化犯罪严重性的倾向，避免对犯罪进行细致的描述，并且涉及发言者自身的感受。相反，在真实诉求当中，全部焦点将被集中于被害人，集中于他们可能的遭遇，并且真诚地请求他们安全归来。

　　恐吓文本

　　在大多数人质交流（hostage communications）中，都会有对人质的威胁，或暗示或明示。当然，劫持或绑架行为本身就是对人质生命安全的直接威胁，但在某种意义上，法律语言学家必须忽视这一点，并将注意力完全集中在人质交流的语言中。我们也需要考虑和威胁相对的问题——承诺。承诺是否在每一案件中都有所表达，若是如此，是如何表达的？请考虑下面一封信，这封信是 1975 年在维也纳召开的 OPEC 会议上罪犯劫持人质的要求。

摘录 8-2　OPEC 赎金要求

致奥地利当局：

OPEC 会议的参会代表现在我们手中。我们要求从现在开始的两个小时后，在奥地利电台和电视网络上，每两个小时播放我们公报的讲演。

必须准备一辆窗帘遮住窗户的大巴车，明早七点载我们去维也纳机场，在那里要有一架满油的 DC9，配备三名人员，带我们以及人质去我们的目的地。

任何迟延、挑衅或者未经批准的靠近（不论在任何伪装下），都会危及人质的生命。

阿拉伯起义军

维也纳 21/XII/75

在这一案子中，威胁在哪里？显然在于：若不配合将危及人质的生命。注意，这里并没有释放人质的相应承诺，尽管可能说是隐含在其中了。现在，请考虑以下的文本，它是在"迈克尔·山姆斯案"中来自绑匪的要求。

摘录 8-3　迈克尔·山姆斯赎金要求

你的员工被绑架了，给 175 000 英镑就会释放。幸运的话，他应该会没事也没受伤。为了证明这一事实，你大概会在明天收到来自他的录音信息。他会在 1992 年 1 月 31 日（周五）被释放，条件是：

在 1 月 29 日（周三）支付 175 000 英镑，不得延期。他被释放之前不得以任何方式通知警察。

在 29 日（周三）下午 4 点（线路 021 358 2281）你会
收到来自人质的一小段录音信息。他会重复当天上午 10 点
在第二新闻电台播报的第一条新闻，以证明他还活着且没
事。随后，他会得到进一步的指示。第二条及更多的详细
信息会在当天下午 5：05 发出。你的手表要和第二电台下午
5：00 的报时同步。第二个电话的方位会在下午 4 点提供，
因此在交通工具上必须配备可用的收音机。

赎金要放在一个旅行袋中，并严格按照下述要求组成：
75 000 英镑由使用过的面值为 50 的英镑构成。75 000
英镑由使用过的面值为 20 的英镑构成。25 000 英镑由使用
过的面值为 10 的英镑构成。打包成 31 捆，每捆 250 张
纸币。

由凯文·沃茨这个人（如果不是由人质来的话）来接
收所有信息并将钱带到指定地点。

但是，请注意所有信息都是提前录制的，因此没有任
何交流或谈判的机会。

已经警告过你了。他的生命在你手中。

在这里我们的确看到了一种承诺，即付钱就能释放人质。
但是，"幸运的话，他应该会没事也没受伤"这句话至少是模棱
两可的。如果这是用金钱换人质的直接交易，那和幸运有什么
关系呢？顺带一提，尽管迈克尔·山姆斯的文本比 OPEC 文本
要长，但两者对其话题的集中都异常明显。没有"闲聊"，没有
离题话。在可以描述为相当明晰之条文的章节中，这些问题会
展开阐述。

恐吓文本与赎金要求的组成要素

从根本上说，在这种性质的文本中，我们通常可以找到四种组成要素。文本作者几乎总会点明他们所持的筹码，例如，他们控制了一名人质。因有筹码，他们"有权"提出要求。如果收信人不答应这些要求，他们就会进行恐吓。如果要求得到满足，那么，至少这些恐吓不会付诸实施，相反，他们会做出释放受害人的承诺。然而，不是每个要素都会明显地点明，而是可能通过暗示指出。例如，在 OPEC 的信件中，我们没有看到直接释放人质的承诺。

第九章
司法文本转录

文本即证据

　　从事法律职业的专家、执法当局甚至法律语言学者自身都常常会低估转录司法鉴定文本这一任务的重要性。人们普遍以为，通过在语言方面的大量训练，语言学者在应对转录任务时自然得心应手。对于转录工作的自满情绪常常导致转录文本质量糟糕，或导致得到的文本常常是总结、概括而非转录出来的，或者不忠实于原文的文本。在法律语言学鉴定中，获取高度精确的文本是最重要的任务。

　　对司法鉴定文本的进一步分析均依赖于初始转录的谨慎和细致。一些专家开始意识到这一点，同时，专业服务也开始形成。在未来，执法部门、法律行业以及一些司法语言学者对司法鉴定转录员或许会有很高的需求。所有这些行业都会要求由训练有素、经验丰富的转录员提供服务。目前，这方面的就业机会有限，但随着越来越多的人意识到这项服务的重要性，新的机会很可能出现。可以相信，最终司法鉴定转录员对于法律语言学将有重大贡献。就在 5 年前，很少有人预料到，在今天的司法系统内对于法律语言学本身的需求会如此之大，也无法预料到，对这一学科的兴趣会达到足以产生一个学术研究领域的程度。作为司法语言学的组成部分，司法鉴定转录注定会在司法系统中占据重要地位。

司法鉴定转录员应当实现哪些目标？

转录员应当达成至少五个目标：

1. 能够转录不同难度的音频文件，包括广播、电话通话、对话、秘密录音或监控录音，以及非母语者或者不寻常的、残疾人的、醉酒之人的、带有不同口音和地方方言的说话者的语音记录。

2. 对各种各样的书面文件，能够提供高度精确的转录，而不论该文件是手写的、用打字机打的、印刷的、文字处理的（word-processed）还是以图像文件创建的。

3. 能够识别出在转录特定文本和音频类型时的个别困难之处。包括所转录的包含重叠说话声的对话，说话者处于心神错乱状态或吐字不清、有表达困难的对话，转录难以识别的字迹，以及与不同种类电子文本相关的问题。

4. 将校对的技能提高到能达到以下目的的高水准：能够校对（用使用罗马字母的）外语、能够校对转录的音频文件、能够校对所转录的手写文本、能够校对为安保目的和非鉴定目的而使用的文件、能够校对扫描文件。

5. 能够基于转录的可置信程度（confidence）对其进行评分。对于看不清字迹、听不清声音或模棱两可的材料，转录的使用者可能需要知道该转录的抄写员的可信度（degree of confidence），因此，这一能力是必要的。

转录有哪些种类？

共有两种主要的转录类型：书面文件的转录以及视频或音

频记录的转录。每种类型的转录都有其特有的问题。例如，在手写文件中，可能包含有难以识别的字迹、增加理解难度的删节、难以描述的图示和涂鸦、导致意义不明的异常拼写。扫描或打印的文件也并非总是那么容易识别：你必须保证扫描的版本没有对原本进行任何更改。作为司法鉴定转录员，当你被要求去扫描一份文件时，就不仅仅是扫描一下那么简单了，你事实上是在进行转录工作，要保证最终的文件是原本的正确复制。扫描一份简短的文件并不比亲自打出来更容易，也就是说，扫描未必是一种轻松的选择。

音频或视频记录也存在难题：说话者常常说得含糊不清、不断重复、犹豫迟疑、胡说八道等等。他们也可能会发出非言语的声响，例如大笑、哭泣或者其他不容易转录的噪声。音频记录的音质差异巨大：要么由于设备质量不同，要么由于记录过程不同（说话者与麦克风的距离、房间周围的噪声、回音等等）。

有时候会要求语言学者使用 IPA（国际音标协会 the International Phonetics Association）的音标字符进行转录。这一任务与大多数司法鉴定转录工作不同，但如果某一单词的发音有重要意义，或者某一单词或发音在刑事或民事案件中有争议，那么，司法鉴定转录员或者在语音学领域的语言学专家就会被叫去做这项工作。这并非是要求转录员针对有争议的发音给出意见，但他或她的发现可能帮助语言学家或语音学家在某一案件中得出意见。

对话分析师（CAs，conversational analysts）在转录对话方面也有一套高度精确的方式。这项工作非常精细、复杂而费力。总体来说，司法鉴定转录员的工作比 CAs 的要轻松一些，但在有些时候，为了使一项转录任务更明朗，或者为了改进转录，司法鉴定转录员需要 CAs 的服务。

此外，我们也应当考虑手语说话者或翻译者的任务，在遇到使用 BSL（英式手语，British Sigh Language）、ASL（美式手语，American Sign Language）或其他手语的聋人时，会邀请他们写下此人所说的话。

语音、对话以及手语转录工作在大多数方面都与司法鉴定转录工作很不一样。

多数司法鉴定转录工作处理的都是言谈记录或者文本（例如赎金要求、自杀信等）的转录。主要的要求是精确，而此任务也意味着要对转录的局限性进行说明，即要注明由于看不清、听不清、难理解的字迹，不明确的措辞等原因导致的任务的难处或不可能完成转录的地方。转录员应当指明含糊或存疑的词语或表达。

要注意，对文本、记录的含义或者对书写人、说话者的心理状态发表意见并不属于转录员的工作。转录员的任务就是将这些文本转化成书面或者文字（文字处理）的记录。

音频材料的转录练习

练习 9-1

听录音"亨特利向东看"，转录该录音，正确地识别男性和女性说话者。

练习 9-2

听录音"约翰尼·甘曼警察拦截靠边停车"，这一录音中共有多少说话者不太明显，你可以识别出多少个？

📖 **练习 9–3**

听听"喂喂我快淹死了",试着转录尽可能多的内容,并对转录进行评分。不要因为听不清的材料数量而感到受挫。语音学者和音响工程师有办法解决这个问题,在这种情况下可要求这些人员的专业服务。

书面语言的转录

有诸多原因使得文本可能需要被转录,包括:(1)文本测量(单词平均长度、句子平均长度、标点密度等);(2)为使语言学家得以对其内容进行分析;(3)为使对文本内单词或词组的语料库搜索得以进行;(4)将文本添加到用于比较和作者认定的查询语料库。

📖 **练习 9–4**

你将找到三份 .html 文件,分别为"乔恩·贝拉姆文本 1. htm","……2. htm"和"……3. htm"。这些页面共同构成了一份手写的赎金文,或者意在作为赎金文的文本。在转录这份文本时,有一些有趣的困难,但你应该尝试一下。

📖 **练习 9–5**

转录这份手写文本"BT 自杀我看了我们这 18 年"。千万不要"纠正"作者的语法、拼写或标点。那是在转录书面语言时的一个主要问题。

📖 **练习 9–6**

找到文本"K. 格兰迪夫人的遗嘱"并转录。你将看到,由老式打字机打出的文本在转录时会有特殊的问题。要特别注意在医生名字之间的空格。这正是伪造了这一文本的医生在写自己名字时的方式，也是判断这一文本作者的线索。要时刻注意标点和空格，这很关键。

第十章

实践中的作者身份认定

引　言

这一部分将讨论一些不同类型的作者身份案件。这些案件主要集中于模仿和伪造这两个常见但文献却很少触及的主题。这一章节的定位在很大程度上是具有实用性的，但其与此前的理论性章节也有联系。这一章内有一些练习，章末也有进一步的练习。

关于初步程序

接到一个调查时，首要任务是将文本分解到他们的不同子集之中：有疑问的文本，以及来自不同待定作者的文本。如果文本是由其他人转录而来的，那么就需要仔细检查该转录文本。最微小的转录错误也能够造成重大影响。本书在上一章中从理论和实践的角度谈了转录的一些问题。为了避免随便地对作者的拼写或者标点错误进行更正，我们需要特别小心。分析者也应当尽量保障所展示的样本是完整的或者是一切可得材料的具有代表性的文本。委托检验作品归属的人是否对所供分析材料进行了筛选是不得而知的。若有这种嫌疑，则应拒绝这项工作。在某一案件中，被告被指控敲诈勒索。所提交的材料显示他很可能是系争信件的作者。在向其律师提及此事之后，律师称所提交的材料是机密的且有错误。其他材料被替代了，但显然这是从主题完全不同且语言域（linguistic register）不同的邮件中挑选出来的。所提交的各封邮件之间有很长的时间间隔。显然，在这些情形下是无法进行有意义的分析的。

在进行分析的时候保持不偏不倚是很重要的。专家需要同时注意到存疑文本和每个候选者之间的相似点和差异点。在一个案件中，（本书）第一作者在审阅另一位专家的报告时发现那位专家似乎强调了疑犯文本和存疑文本之间的相似点，而没有公平地指出其差异点。专家万万不可掉进这种陷阱当中。控方证人并不是为了控诉而工作，（同样的）辩方证人也并不是为了辩护而工作。专家的作用在于用他们的专业知识辅助法庭。支持某一主张或者"惩恶扬善"并非是他们的任务。这些是法庭要解决的问题而非是需要由专家来解决的。专家在处理案件时，不应通过互联网调查证人、被害人或者被告。他们也不应当将道听途说所得的某一证人或被告的信息纳入考虑。这些事情对于专家证人而言是毫无关系的。同样重要的是，不能急于得出结论。

在这一小节当中，我们会将先前讨论过的一些理论进行实战练习。所用示例均来自真实的刑事案件。虽然在一些案件当中，案件中的材料进行了匿名处理，但是书中提供了所有可得的数据。

模仿的示例

维多利亚·考茨曼（Victoria Couchman）

2008 年 10 月，在苏塞克斯的黑斯廷斯附近的树林中玩耍的一群孩子发现了一个可怖的东西：一个人类头骨。警方被叫到现场，同时，一个司法鉴定团队对林地区域进行了搜寻。其余的残骸被找到，而死者最终被确定为是 19 岁的维多利亚·考茨曼，此前与父亲住在苏塞克斯地区的刘易斯市。考茨曼小姐的家人从未报告过她的失踪，尽管她有一个小孩，由她的母亲照料。在考茨曼小姐失踪之后，其家人收到过她发来的好几个手机短信。然而，科学证据显示，在这些短信发送之前的很长一段时间，考茨曼小姐就已经死亡了。其父亲被列为嫌疑人，此案中的手机短信也被提交分析。呈现在以下的表 10-1、表 10-2 和表 10-3 当中。

语料库

此案中，事先准备的手机语料库被用于对比。这一语料库在先前讲述文本作者身份理论的章节中被提到过。

表 10-1　存疑短信

Hi mum hope you and grandad r ok x my phone is not working but you can still texme on it mum i no its. been a long time since i tex u mum but i am with steve mumand i am so happy we have a flat and money mum i can go back 2 that life at homemum it was getting me down and i cant de 妈妈您好，望您和祖父安好。亲吻。我的手机坏了，但是您仍然可以给我发信息。妈妈，我知道自从上次我给您发信息之后已经过去了很久。但是，我和史蒂夫在一起是如此开心。我们现有拥有一套公寓，存了一些钱。我可以回到在家里时的那种生活，可是它让我失望了，我不能……
Hi mum x how u and grandad give him my love . iv tex dad to let him no im ok. imgettin a new number soon and i will send it 2 u all . im ok and happy steves sogood to me mum. I will tex soon mum love you loads vick. boo. lol. x 妈妈您好，最近您和祖父怎么样？请代我向他问好。我给爸爸发了信息，告诉他我很好。我不久之后会换电话号码，以后我会把新号码发给你们。我很好也很快乐。史蒂夫对我很好。我过一段时间之后再给您发信息。

表 10-2 维多利亚·考茨曼短信

1. alrite mum, wot u up 2? send my love 2 gradad. tb love u x x x x x
妈妈好，你起床了吗？也把我的爱给外公。爱你们

2. cant wait 2 c u! teletubey lol love u so so much love vick n brat brag
Rachel x x
等不及要见你们！很爱很爱你们 薇基与布拉特 瑞秋

3. hi mum, how u doin? Have u got ur results back from the doctors yet?
cant wait 2 c u 2 moz x x x x love u loads n loads tb
妈妈好，你现在怎样？你从医生那里取到结果了吗？等不及要见
你们，爱你们

4. go mummy go go mummy text u in a bit eating dinner at mo x x
前进妈妈，前进妈妈，写短信给你，我现在吃晚饭

5. i live in hasting they all wonna b a dealer, just like a gangster, all
the girls r up the duff iv had a nuff. Yer blood ave it. X
我今天过得匆匆忙忙，他们都想成为交易员，就像匪徒，所有女
孩都起来了，我已经睡着了。

6. i may b mad but ur sad be that one then x x x x x x
我可能快疯了，我猜你很伤心

7. were haveing a roast wot r u like! X x x love u laods x x x x x x x
我去吃了烧烤你会喜欢的！爱你们

8. thats wel freky were just text eachother at the same time we love and
miss u loads 2 mum x x x
互相发短信很好，同时，我们爱你，想你们，妈妈

9. hi mum iv had some sleep i feel o. k now thanks 4 ringing i give u a
text when lauren gets here o. k love all us brates x x x x
妈妈好，我刚刚睡了一阵，现在感觉不错，感谢给我电话，我发
短信是为了告诉你，我和劳伦到这儿一切都好，爱你们

10. hi mum, how r u and granddad today? Say hi 2 grandad 4 me
please, if I dont get a reply in 10 minutes than i no u aint got eney credit try
and ring u later love u loads x x x x x
妈妈好，你和外公今天好吗？请代我向外公问好，如果我10分钟
内得不到回复我就知道你现在没有任何时间，我稍后打给你，爱你们

11. u got 2 dail 4444 then listen 2 ur opstions and when u here then say bolt ons press the botton i think it 2 u got 2 press and just listen 2 the deals and choice wot u want either free calls but there only free 2 other o2 numbers or get free 1000 text u should go 4 the text 1 it's a better deal thanks 4 phone love u loads night x x x x

你需要拨打 4444，然后确定你的位置，并且当你到这儿再说，按下按钮，我想你，可以决定选取哪种交易，你可以要免费电话，但只对 o2 公司的号码优惠或者 1000 条免费短信，你应该键入 1，这个更划算，感谢打电话给我，爱你们，晚安

12. hi mum, hope ur o. k and had a nice day! say hi 2 grandad. were all o. k me and Rachel have just made a lion out of plaster wiv a latex moulder she just finished painting it and now where decorate some gingerbread men wiv some paint iceing and smarties, she loves it bless her. Mum u should get a o2 sim card when u put £ 10 on it u get 1000 texts free its reli good. Lauren comein back 2nite eneyway I try and ring u 2morrow take care we love u ldz n ldz x x x x

妈妈好，希望你安好并度过了美好的一天！向外公问好。我和瑞秋都很好，刚刚用胶乳模具做了一只塑料狮子，她刚给它上完色，现在在用一些彩绘图层和其他东西装饰一些姜饼，她喜欢它祝福她。妈妈你应该搞一只 o2 公司的手机卡，在里面充上 10 英镑就可以得到 1000 条免费短信，非常棒。劳伦今晚回来，不管怎样，明天我给你打电话，照顾好自己，我们爱你

13. hi mum, how r u and granddad doing? Were all o. k, lauren staying over Christians and dad asleep he was up alnite he went wales wiv mark load a van of his mums stuff me and Rachel r at dads house chilin out, wot u up 2? Love vick and Rachel x x x x tb x

妈妈好，你和外公都好吗？我们都很好，劳伦圣诞假期都呆在这里，爹地在睡觉，他昨晚整夜没睡觉，他和马克去了威尔士，装了一小车他妈妈的东西，我和瑞秋呆在爹地的房子里歇着，你们要来吗？爱你的维基和瑞秋

14. Hi mum, how u doing? Wot have u been up? Me and Rachel just been house hunting again 2day, i havent got eney callin credit iv only got free texting but i get joe 2 get some cred 2moz so I can call u. I got my lip done 2day it look nice its only a little stud. Missin u ldz tb love u ldz 2 vick x x x x x

妈妈好，你都好吗？你在做什么呢？我和瑞秋今天又在找房子，我的通话时长用完了，只能使用免费短信，但我让乔给我搞到了 2 分钟的通话时长，所以我才能给你打电话。我今天把嘴唇整形了，看起来很好。想念你们，爱你们，维基

15. Hello mum howare u? Tb x x

你好妈妈，你好吗？

16. Hi mum its Vicky hope u r o. k miss and love u loads I try and ring u in a min love u loads x x x

妈妈好，我是维基，希望你一切都好，想你，爱你，我 1 分钟后打电话给你，爱你们

17. Good morning mum and granddad. Hope ur both o. k what are your plans for 2day x x vick

早安，妈妈，外公。希望你们都好，今天你们打算做什么，维基

18. Hi mum i have 2 get sme more credit iv only got 2op left it was lovely 2 hear u voice I cant wait 2 c u im lookin toward 2 it so much speak 2 18r have a nice evenin love u loads loads of kisses and hugs from all x x x

妈妈好，我今天必须续费，只有原来的费用只剩 2 个了，听到你的声音真好，我等不及要见你，我想与你通话，祝你今晚过得愉快，爱你们，吻你们，拥抱大家

19. Hi just texin 2 c if ur o. k. hope u had a good weekend i miss and love u loads mum thinking of u loads x x x

你好，发信息确认你是否都好，希望你周末过得愉快，我想你，爱你，念着你们

20. I love u so much can wait 2 c u mum. I love and care about u so much have a nice day I ring u in a bit x x x x x x x x x x x x x x

我爱你，等不及要见你，妈妈，我非常关心您们，我稍后打电话给你

---

21. Hi mum how r u hope ur o. k me, joe and Rachel r off to derby now i dont fell that good got a hang over i will ring u later love u loads mum love frm evey1 x x x

妈妈好，都好吧？希望你都好，我、乔和瑞秋目前在德比，我感觉不太好，有点宿醉，我稍后打电话给你，爱你妈妈，爱每个人

---

22. Morning mum and granddad hope ur both o. k I ring u later have a nice day love u both dearly vick x x x x x x x x x x x x x x

早安，妈妈、外公，希望你们都好，我稍后给你打电话，愿你有美好的一天，爱你们，二位亲爱的，维基

---

23. Night mum and granddad sweet dreams thinkin about u both loads lots of love frm

晚安，妈妈、外公，甜美好梦，想你们二位，爱你们

---

24. Me, joe, Rachel and lauren x x x x x x x x x x x x

我、乔、瑞秋和劳伦

---

25. Mum I love and care 4 u so much its heart breaking that its turned out like this I haven't rang u so u can have some time 2 think about things I got loads of pic of u always look at them im missin u so much theres not 1 minite when idnt think bout u and dean I ove u so much I wish things wore different I rng u in 5 mins love u vick x x x x x x x x x x x x x x x x x x x x x

妈妈，我十分爱你，结果如此，我的心都碎了，我没有给你电话这样，你就有一些时间考虑事情，我有许多你的照片，我老看着它们想你，没有一分钟不想你和迪恩，我十分爱你，希望事情能有所不同，我5分钟后给你电话，爱你，维基

表10-3 托尼·考茨曼短信

---

1. She told me she has not gave u it yet as she needs time with out us lot bugin her ok lll show u tex when u come up X dont take it the rong way she just needs her spce x

她告诉我她还没有把它给你，因为她需要时间，没有了我们，她会好起来，我解决了问题后会给你发信息，不要把事情搞砸了，她需要的是一些空间

---

2. Ok night night x 好　晚安
3. U 2 big hug x 你也是，大大拥抱
4. Sorry if i upset u. U get some sleep fish lips x 抱歉　如果我让你伤心了。你睡一会吧。
5. Please dont cry u make me upset. Lets talk about happy things x 请不要哭啼，你让我伤心。让我们谈谈开心的事。
6. There is not any think any one can do. I want u all 2 be happy that will make me happy. X 没有人可以再做什么事情了。我希望你们都开心，这样我才会开心。
7. I dont wont u to feel that way be happy 4 me x 我不想让你这样想，为了我开心点。
8. Thank u. I have always wonted 2 and im sorry i have not x 谢谢。我一直都在想念你。
9. I dont wont 2 upset u but i need 2 no. if i had longer would u of come back if i ask u 2. Don't lie 2 me x 我不想让你伤心但我希望你知道如果我活得更久你会回来。不要欺骗我。
10. Can i ask u some think 我可以要求你考虑一下吗
11. Thats ok i forgive u because i still love u the way i have always loved u 好的，我原谅你，因为我仍然爱你，一如既往
12. I now u will. U have a good hart 我知道你会的，你的心肠好
13. We love u 2. It may seem 2 u the kids are not closé 2 you but i no thay want 2 bx 我们也爱你。或许你觉得孩子们对你不够亲近，但我知道他们需要你。

14. What u thinking about. Cän i help. I want to b therw 4 u 2 x 你是怎么想的。我可以帮你吗。我想要为你去那里。
15. I wish you was here to. U must be sleepe so i will not kéep u up. 我希望你也在这里。你一定困了，所以我不想让你醒着了。
16. Thats nicé u think that way. I still love u the way i always did. 你这样想很好。我仍然爱你一如既往。
17. Thank u 4 today. Sorry if it got u down. I hope u can work it out with kids in time i no thay luy you so dont think thay dont ok. X hope u get hòme ok x 感谢你今天。如果我让您失望，我很抱歉。我希望你及时与孩子们和好，我知道他们爱你，所以不要觉得他们不好。希望你平安到家。
18. Potatos or chips mrs fish 土豆还是薯条　鱼夫人
19. Forgot to say its the day vicks baby was due shes ok 忘了说，今天是薇琪的预产期，她还好
20. Ring. Ring …… Ring ring …… Ring. Ring …… Ring. Ring can u pick up 叮零零　叮零零　叮零零　叮零零　叮零零　你能接电话吗
21. Did the call wake you up ha 电话叫醒你了吗
22. Boo was you almost asleep ha 亲爱的，你快睡着了
23. Its ok shadow. She wont hert u 好了，她不会伤害你。
24. Boo raaa boo raaa 亲爱的，亲爱的
25. III huf and ill puf and bolw them off 我会把它们吹走
26. My spit will melt them 我的唾液会融化他们
27. I will get u in the same eys 我会对你以眼还眼

28. You cant beat my green giants 你打不败我的绿巨人
29. Boo bäck and raaaa 亲爱的，回来
30. Ok night…And u but and heels. x 好，晚安
31. What u up to now. And weres my cup of tea fish face 你现在好吗？我的所爱在哪里？
32. Thats ok. We had fun. III tb in mor. Night x 好，我们玩得很好。我早上联系你，晚安
33. Your lips are so big you could make a brige 你的嘴唇如此之大可以建座桥
34. Your the one with heels like bolts 你穿高跟鞋像螺栓
35. Is my tea done fish lips 我的茶好了吗？鱼唇
36. Thay tel me you but is to blame for golbal warming because of all the gas u let out 他们告诉我，全球变暖是由你屁股排出的气体所造成。
37. III have one. Why cant u sleep is you but takeing all the blanket x 我会有一个的。如果你屁股把毯子都卷走你为何不睡觉。
38. By the way i have rented a 2 setter just for your ass you can sit on the floor x 此外，我租了一条塞特犬，你可以坐在地板上
39. Well now u r coming over we will have to get a big one so your but dont fil out of place 好，现在你来了，我们必须找个大地方，要不容不下你的大屁股
40. I forgot to say to u i need to make a mold for a turkey tra can we use you but x 我忘了告诉你，我需要为火鸡做个大模具，我可以用你的屁股吗

41. I hace not had so much fun in ages thank x 我好多年没有如此开心了，谢谢
42. Good night. Remember keep away from the edge of the platform as the tran drive will think 晚安。记住远离站台边缘
43. your bum hole is the tunäl to france 你的就是去法国的隧道。
44. What do u mean its real x 你说什么是真的
45. Its good we can joke like this but now take that joke bum and heels off 我们可以这样开玩笑呢，好，现在忘掉屁股和高跟鞋的笑话
46. Pot your feet in the cats bum when u go back up the stairs 当你回来上楼梯时用脚踩猫屁股
47. Dont knock your heels on the stairs as your dad will think your cracking eggs 不要用高跟鞋踩楼梯，你爹地会以为你在打碎鸡蛋
48. Stop it or you will shit teh bed then your dad will have to call the army in 停下，否则你会在床上大便，然后你爹地就不得不叫军队了
49. Maybe but it would not lift your but x 或许，但这不会提起你的屁股
50. You can sweet the road with a ass like yours x 像你这样的屁股会把整条路弄湿
51. Fish lips. Frog toes. No heel 鱼唇、鱼脚趾，没有根
52. I would like to pay it as i ask u down. So u shut uuuuuuuup alion head 我想付款并要求你住手。所以，闭嘴，狮子头
53. If u dont it will upset me so let me pay or leve it you stubbon cow bag 如果不想让我伤心就让我付款，你的手离开你的包

分　析

第一步是要求（你们）将以上文本进行仔细地转录、校对，然后记下在各个文本中所发现的特点。你们也许想以小组形式完成这个任务。以下是我们可能作出的对于这一案件文本的描述的概要。需要特别强调的是，分析者应当考虑到文本材料之间的所有相似点和不同点。同样重要的是，要同时勾画出候选者之间共有的以及没有共同点的特征。

与存疑短信相关的候选者特征的描述

我们在存疑短信中也发现了维多利亚和托尼·考茨曼有一些同样的特征，包括用"i no"代表"I know"，"2 u"代表"to you"，以及"im"代表"I am"。同一个家庭的短信发送者有这些共同特征并不出奇，尤其是他们经常性地在自家人之间发送短信。

维多利亚·考茨曼的短信与存疑短信之间都有以下显著的特征：她使用"iv"代表"I have"，这是不常见的。而在手机语料库与考茨曼先生的信息语料中，却没有出现这种例子。

托尼·考茨曼与存疑短信都有使用"ok"的特征，这本身并不特别。然而，维多利亚·考茨曼总是使用在"o"和"k"之间有句点的"o.k"。这在短信发送中是非常少见的。托尼·考茨曼与存疑短信也都使用全拼形式的"you"，他也使用"u"。同时使用"you"和"u"的特点与存疑短信相同。然而，维多利亚只使用"u"而不使用"you"。托尼·考茨曼和存疑短信同样用"tex"代表"text"。这是一个少见的形式。维多利亚使用的与此最接近的形式是"texin"。而对于"text"她无一例外地这个词的全拼，即"text"。托尼·考茨曼使用"with"的全拼，这也在其中一个存疑短信中找到。维多利亚多次使用"wiv"而不用"with"。在该案的手机短信语料库中,"wiv"相对于"with"而言是十分少见的。

存疑短信的标点使用方式与托尼·考茨曼的更接近而非和维多利亚的接近。一般来说,考茨曼先生要么(1)在句点之前插入一个空格,例如,"u make me upset""that will make me happy",要么(2)在插入了句点的字母之间不再留有空格,例如,"Ill have one. Why cant u sleep""mor. Night"。这些形式都出现在存疑短信当中,即,在句点之前使用空格以及在句点之后省略空格,例如,"its. been""give him my love . iv tex dad"。这些现象没有出现在维多利亚的短信当中。第一个特征,句点之前的空格只出现在大约8%的使用者中,而第二个特征,句点之后缺空格出现在大约10%的使用者中。在存疑短信中出现的由一系列句点连接的多个单词这一特点,即"vick. boo. lol. x"根本没有出现在维多利亚的短信当中,而在考茨曼先生的短信中有稍微不同的形式:"ring. . . . . Ring. Ring."

尽管全拼形式的"is not"在托尼·考茨曼的短信和存疑短信当中都有出现,但由于在维多利亚的短信当中没有与"is not"对应的形式,因此无法作出对比。

维多利亚总在短信的最后写上好几个 x,这是很常见的。她总是在第一个"x"以及"x"与"x"之间留下一个空格。考茨曼先生在末尾通常只使用一个"x"。这在其中一个存疑短信中出现了。在"x"之前使用句点的不寻常方式,即,"x"在存疑短信和考茨曼先生的短信中都有出现,而没有出现在维多利亚的短信中。

维多利亚在她的短信中通常署名"vick"或者"vicky"。第二个存疑短信署名"vick",但其包含了一个似乎是昵称的词,即"boo"。维多利亚在她的短信中根本不使用这个词。然而,考茨曼先生多次使用了这个词，例如，"Boo was youalmost asleep""Boo raaa boo raaa"。

相同点与不同点的表格

至此，我们仅仅描述了主要的相同点与不同点。基于以上描述就形成观点还为时过早。建议你们准备三个表格：一个表格展示存疑短信的特征词，同时在表格的另外几列展示和每一个候选者相同的特征。然后，为每个候选者准备一个表格，展示存疑短信的特征词以及他们共有的特征词。这个表格需要以下不同列标题的几列：未被候选者使用的存疑形式、由候选者使用而未出现在存疑短信中的形式、存疑短信与候选者共有的罕见形式，以及每一个出现在存疑短信和候选者短信中的特征词形态的全部变体是否相同。

在表格 10-4、表 10-5 和表 10-6 中提到的特征词之所以被选择出来展示，是基于这些单词或表达在手机短信语料库中有多种形式，例如，"YOU""I HAVE""AND"。首先，准备一个表格展示存疑短信的特征词，这一表格要有各个候选者的对应分录（表 10-4）。

下一步，准备类似的表格，但只针对每个候选者（表 10-5 和表 10-6）。

接下来，准备一个表格总结以上的发现（表 10-7）。

从表 10-7 中，我们发现托尼·考茨曼除了两处之外与存疑形态都相匹配，他只有 5 种与存疑短信不同的形态，而使用了 4 种与存疑短信一致的特殊形态。在 24 个特征词中，他有 17 个变体范围与存疑短信相同。对比而言，维多利亚·考茨曼在 7 种情况下与存疑形态不匹配，有 9 种形态与存疑短信不同，没有使用与存疑短信相同的特殊形态，仅有 11 个特征词与存疑短信有相同的变体范围。

　　同样重要的是，需要同时观察，这两个候选者之间多大程度上排他性地共有一些特征词，以及他们各自在多大程度上与存疑短信之间排他性地共有特征词（表10-8）。

　　注意，维多利亚与存疑短信只排他性地共有一个特征词，而这是一个少见的特征词。但相较而言，托尼·考茨曼与存疑短信之间排他性地共有 7 种特征词，且其中的 4 种在手机短信语料库中属于少见或者极其少见的特征词。我们也看到，在存疑短信中仅有一个独有特征词在候选者短信中没有被找到。

表 10-4　存疑短信特征词与候选者特征词

存疑短信	维多利亚·考茨曼	托尼·考茨曼

表 10-5　存疑短信特征词与维多利亚·考茨曼特征词

存疑短信	维多利亚·考茨曼	出现在存疑短信中，而没有出现在候选人短信中的形态	未在存疑短信中找到的形态	共有的稀有形态	范围是否一致

表 10-6　存疑短信特征词与托尼·考茨曼特征词

存疑短信	托尼·考茨曼	未被使用的存疑形态	未在存疑短信中找到的形态	共有的稀有形态	范围是否一致

表 10-7　以上发现的总结

	托尼·考茨曼	维多利亚·考茨曼
未被使用的存疑形态	2	7
未在存疑短信中找到的形态	5	9
共有的稀有形态	4	0
变异范围一致的特征词	17	11

表 10-8　在存疑短信、候选者相互之间排他共有的特征词

只出现在存疑短信中的	只出现在托尼·考茨曼短信中的	只出现在维多利亚·考茨曼短信中的	维多利亚和托尼共有的	存疑短信和托尼共有的	存疑短信和维多利亚共有的

因此，综合考虑，托尼·考茨曼的短信似乎比维多利亚的短信与存疑短信之间更加一致。考茨曼先生的短信与存疑短信之间的相似性是显著的。

评　论

相互之间交流频繁的作者的风格会趋同，尤其是在关系密切的作者之间，例如，家庭关系或朋友关系。说话者将自身的风格与他们最亲近的人保持统一是完全正常的。正如交际适应理论（CAT）指出的那样："个体运用策略性的行为来拉进社会距离。"（Shpard et al. 2001：34）相反，关系密切的人之间的言语行为很可能反映出相反的一面，即社会距离的某种欠缺。

除非将这种趋同在分析当中考虑在内，否则就有无法对某一案件中不同候选作者的相似点和差异点的相对重要性作出评估的危险。在"维多利亚·考茨曼案"中，将父亲与女儿之间

亲密的家庭关系考虑在内，并意识到这会对分析产生不可避免的重大影响是尤为重要的。

个体身份和身份认定问题是密切相关的。说话者使用语言等来构建个体身份。（Sahlstein and Duck 2001：377）当模仿者试图模仿另一说话者的风格之时，该模仿者暂时性地扮演了那人的个体身份。如果他们之间有亲近的关系，这种模仿会容易得多——因为在家庭成员、亲近的朋友甚至政治伙伴之间自然会产生风格趋同。由于存在促使个体身份混同的行为，身份认定问题更加难以解决。然而，在"维多利亚·考茨曼案"中，存在着模仿者需要克服的年龄和性别障碍。更明确地说，父亲比女儿年长近三十岁且是位男性。这两个因素都会限制模仿者使其风格成功趋同于模仿对象的能力。然而，下一章节会讲到，关于趋同还有进一步的问题。

社会语言学评论

在社会语言学这一更大的框架内观察作者身份问题会收获颇多。目前，我们已知属于维多利亚的短信和存疑短信之间有着明显的风格转变。将她写给母亲的短信和写给其他人的短信分开来看，我们注意到，在存疑短信中出现了不同寻常的全拼的"you"。使用"u"而非"you"在已知属于维多利亚的短信中并非偶然。在她发给母亲的短信中，这伴随着频繁的爱意表达，兼有她对母亲的想念和她自己的近况描述。除了在第二个存疑短信的结尾中出现的"love you loads"（"非常非常爱你"）之外，我们看到，这类话题在存疑短信中要显著地少于在已知短信中。在第二个短信结尾出现的"love you loads"（"非常非常爱你"）似乎是额外加上的，而在已知短信中，这类爱意表达是和整个信息融为一体的，并且有一种希望她母亲融入其生活的强烈愿望——这显示在那些新闻类型的条目中，例如，提到她的孩子用塑料做了一个狮子、她用光了电话余额（phone credit）、她父亲开车后睡觉，诸如此类。风格的转换不仅包括语言变体的变化，如"u"变为"you"，也包括话题的改变。

　　如果考茨曼先生是存疑短信的作者，那么他必须改变某些社会语言特性来完成更有说服力的模仿。尽管在所讨论到的这类例子中，模仿者不再有机会接触演示该群体风格的谈话对象，模仿者需要适应被模仿者的内群（in-group）。虽然该案中的模仿者很熟悉所要适应的信息接受者，即维多利亚的母亲，但他不属于"母亲-女儿"这一内群。在尝试进行适应的时候，模仿者与该母亲的常规接触如今被一个透镜修改了，即不得不披上女儿这一面具。因此，在该案中，要成功进行模仿的障碍不仅有年龄和性别，还有由于模仿者是圈外人而产生的受众设计的局限性。这一方面，可以参见贝尔（Bell 1984）关于受众设计和高夫曼（Goffman 1981）关于参与架构的论述。模仿不是简单地复制某人的风格——而是为被模仿者的受众重新设计被模仿者的风格：这取决于对被模仿者的受众采取何种看法。这不是纯粹的转变个体用语的语言学操作，而且，还要求在社会语言学和心理语言学上作出调整。

伪造文本

　　有时候，伪造文本的迹象难以察觉。例如，在近期的一个苏格兰案件中，被告被控涉及增值税（VAT）诈骗。被呈上法庭的邮件里都含有她的名字。该被告及同时被指控的丈夫（一个非英语母语者）否认写过这些邮件，但她不能说明这些邮件的来源。其中一封邮件包含以下两小段：

摘录 10-1 对比结构

1. Where I can give you the power of Attorney to act on my behalf.

2. As I am needing this company urgently.

经检验，这两组词句在这里的使用不像是出自母语说话者。互联网搜索显示出，当"the"紧接在"power of attorney"前面出现时，正如以上的（1）中的用法，文本的作者往往是非母语说话者。

摘录 10-2 伪造文本

1. Her stepfather gave me the power of attorney on this girl.

2. Since February 2012, my boss was incarcerated and gave me the powerof attorney for the company and its financials.

3. He gave me the Power of Attorney Papers to handle his legal affairs, Thiscome in handy ...

4. She gave them more than a year She gave me the power of attorney overall medical and legal issues.

5. Prior my departure my father and I went to a notary public which gave methe power of attorney I was talking about earlier.

在摘录 10-1（2）中的"As I am needing this company urgently"，所用的时态并不总是不合语法的，因为进行时形态（needing）而非状态形态（need）在某些情况下是可以使用的。例如，在需要强调或者对比的情形中。然而，存疑邮件的文本内容并未显示出这两种情形中的任何一种情形。以上摘录 10-2 中的

第（5）项是有可能的，但在一个案件中只能用一份委托书（因此这里不能用"the"）。另外，存疑邮件包含了"appriciated"和"appreciated"这两种拼写。而被告是一个教育良好的英语母语使用者。

在庭上，控方放弃了对被告的指控，而其丈夫在之后被判定有罪，图谋诈骗英国税务海关总署五百多万英镑。

合　谋

1992 年，爱尔兰某郡 18 岁的 AB 在回家途中作为加重入户盗窃罪的嫌犯被捕。据目击者指认，他于 7 月 3 日星期五的早上大概 3：30 或者 3：45，在都柏林郡的一个房子里袭击了 92 岁的 M 女士。

B 先生称他没有袭击 M 女士，她显然是自己摔倒的，在听到她的叫喊后，他立刻跑去她身边并试图帮助她。据 B 先生称，M 女士显得很害怕并开始对他大喊大叫。他发现自己无法提供帮助后就离开了现场，此后即被捕、被指控和被判定袭击她。该案中有许多陈述，来自许多不同的目击者，包括在场的警察。特别是来自一对兄妹的陈述与本案密切相关，提供如下。

摘录 10-3　F（男性，20 岁以下）的陈述

1992 年 7 月 3 日周五，在大概凌晨 3：30 的时候，我被妹妹 G 叫醒。她告诉我似乎有人在我们的前门外殴打一个女人。我起床下楼。我妈在楼上的平台而我爸在厨房。当我走到门厅时，我听到外面有个男人的声音叫道"趴下贱人""这样怎么样呀贱人"。我走去要打开前门，但我妈把我拦住了。我然后走回楼上到那个可以看到房子前面的靠前卧室。我从前窗看出去，看到一个男的站在离我家前门大概 10 英尺的地方。我会形容他是大概 18 岁，身高大概 5 英尺 8 英寸，短黑头发。他胡子剃得很干净。他穿着深色裤子、黑夹克和黑鞋子。他然后走了三四步，然后停下。他往回看我家前门，若有所思的样子。我看下去，看到我想是一双腿的东西。它们很纤细所以我觉得是一个年轻女孩的腿。那男的然后走到躺在我家门廊上的人那里，开始用他手上的一根木头殴打她。他在我家车道上的时候就一直拿着这根木头。当他用木头殴打她的时候说道"趴下，你个贱人"，而且他狠狠地打了那人好几次。他然后用那根木头戳着那人说"你觉得这怎么样呀，你个贱人?"他猛吸一口气举起木头，又狠狠地打下。他然后走出我家车道，并带走了那根木头。他把木头放在我家墙外的地上，然后走过我们邻居的车道。他然后停下，又回来捡起那根木头，带走了。他从我家房子走向 J 大道。我没有再见到他。我然后返回下到门厅，告诉爸妈之后打开了门，然后我看到一个人倒在血泊当中。这个人叫到"F 先生"。不一会儿我妈说道"天哪，这是 G_____M_____"，我们和 M 女士一直待在一起，直到警卫和救护车来到。M 女士的左手沾满了鲜血，看起来严重受伤。

摘录 10-4　G（女性，18 岁以下）的陈述

　　1992 年 7 月 3 日周五大概凌晨 3：45 的时候，我被外面一声惨叫吵醒。我睡在房子的靠前部分，能看到前面的门廊和车道。我走到窗户那边偷偷往外看。我看到一只拿着一根木头的手。我然后注意到是一个男人拿着那木头，

而他正在殴打一个躺在地上的女人。那女人正躺在我家门廊的地上。那女人说道"你疯了""住手"。那男人然后说道"闭嘴，你这个臭婊子""低下你的头"。我然后走进门厅，看到了我爸，我然后走进我哥 F 的房间把他叫醒。我坐在楼梯顶部，通过前门旁边的那扇窗户往外看。他然后停手并说道"这下你满意了吧，你这个贱人？"我会形容他大概 18 岁。他当时穿着黑色的光面夹克、不错的深色裤子，身高大概 5 英尺 8 英寸。他有深色的头发和深色的皮鞋。他然后走出了车道。我没有再看到他。F 然后打开了门，我看到那是相隔两家的邻居。我然后陪着她直到警卫和救护车到达。

　　从时间顺序上讲，G 是第一个看到这起所谓袭击的人。根据她的陈述，她是被房子外边的声响吵醒的。她形容她的卧室位于房子的前部，能看到前面的门廊和车道。她说她走到她的卧室窗户往外偷看。她看到一只拿着一根木头的手。她注意到那是一个男人拿着这根木头并正在殴打一个躺在地上的女人。她说这女人正躺在房子门廊的地上。她说这女人当时在抗议而那男人咒骂她，叫她闭嘴，并叫她把头低下。

　　此后，在她的陈述中，G 更详细地描述了所称的袭击者，包括了他的年龄和身高、头发的颜色、裤子和夹克的颜色，以及鞋子的颜色。她甚至指出他的鞋子是皮革的。

　　经验告诉司法语言学者要对提供精细描述的陈述极其谨慎，尤其是当所提供的信息包含了目击者看到某些在案发当时无法看见的细节的陈述之时。事实上，在 1992 年 7 月 3 日，都柏林郡的太阳要到早上 5：03 才升起。在黑暗当中，目击者能在 20

英尺的距离之外看到某人的鞋子是由皮革制成的，这令人生疑。严格地说，这不是一个司法语言学问题。然而，语言学者关注的是，这两个陈述之间出现的几个显著的相同之处。

练习 10-1

找到以上两段陈述之间相同和相似的词句并对其作出评论。对这些陈述中的其他与语言学相关的问题进行评论。

詹姆斯·厄尔·里德

1994 年，在南卡罗莱纳州查尔斯顿市的亚当·朗区发生了一起恐怖的谋杀案。一名叫作詹姆斯·厄尔·里德的嫌犯很快被发现并被起诉。里德的法律顾问请求本书第一作者针对他声称的供述以及调查本案的 D.R. 哈勒警探所做的调查报告发表意见。

该供述如下所示，是一个大约有 1500 个词的文本，由南卡罗来纳州查尔斯顿市查尔斯顿县警察局的 D.R. 哈勒警探手写，日期为 1994 年 5 月 19 日。

> **摘录 10-5　詹姆斯·厄尔·里德的供述**
>
> 1994 年 5 月 16 日周一，我在南卡罗来纳州的格林威尔。4 月 22 日我从肯塔基州曼彻斯特的联邦监狱中释放出来。我不太了解格林威尔，但我问了一些人，最终来到市里一个糟乱的区域，并在格林威尔从一个黑人那里买了一把枪。我为那把枪花了 45 美元，是颜色银白的、有点生锈的、9 毫米的半自动手枪。我不记得枪的牌子了，但那枪挺沉的。弹匣能装 9 发子弹，我买了 10 发。这 10 发子弹都是圆珠头弹。周一晚上我搭便车[1]去查尔斯顿。我找到不同的

人搭我，在路上度过了周一晚上、周二早上、和周四下午。我在 1994 年 5 月 17 日下午大概 6：30 的时候到达查尔斯顿。我到镇上的时候，给芭芭拉·拉法叶特打了电话，她住在亚当·朗区。芭芭拉是我前女友劳瑞·坎布伦的母亲。我和芭芭拉愉快地交谈了 10 分钟~15 分钟。我告诉她我出狱了并可能偶尔会拜访她。我是从 17 号公路上马自达经销商对面的席尔克·K 店给芭芭拉打电话的。旁边是 BP Gas Mart。周二晚上我在席尔克·K 逗留店了一会儿，然后走到西塔多商场，在里面逛了大概两个小时。然后我走去有汽车零件店的购物中心，然后我走回席尔克·K 店。周二晚上，我在席尔克·K 店后面的树丛里睡了一晚。1994 年 5 月 18 日周三早上，我把我的尼龙行李包（里面有一些私人物品）和我的夹克留在席尔克·K 店后面的树林里。在周三我搭便车去亚当·朗区。我叫了车，在下午 1 点左右到达那里，我没有手表不知道确切的时间。我径直去到拉法叶特家里。我敲了敲前门但没有人在。我把约瑟夫的外套从晾衣绳上取下来，在房子后面的树林里等待。我去那里因为我想跟芭芭拉和约瑟夫讲一讲我在监狱里待了两年半之后的愤怒和所受的伤害。我等了好几个小时，然后芭芭拉和约瑟夫停靠他们乘坐的小型双门红色轿车。芭芭拉在开那辆车。她看到我很惊讶。约瑟夫看到我时没有什么反应，和我握了手，然后去喂他的狗。芭芭拉打开门让我进去。芭芭拉进门后把她的包放在厨房桌子上。她问我要不要喝点什么，但我说不用。我们回到电视房间，芭芭拉打开电视。芭芭拉坐在沙发上，我坐在芭芭拉右边的椅子上。芭芭拉告诉我她女儿（劳瑞）已经再婚了，劳瑞的儿子 J.R.

一切安好。他（J.R.）应该已经半岁了。芭芭拉和我交谈了20分钟~30分钟。芭芭拉问我为什么不再开卡车了，我解释说是因为她的女儿劳瑞。我当时站在娱乐中心的附近。我告诉芭芭拉我想告诉她和约瑟夫在监狱里待了两年半之后我有多么愤怒。我告诉芭芭拉我不想闲谈。我叫约瑟夫进房间里来；他当时在洗手间而他告诉我一会儿就会进来。那一刻我把枪拔出来。我站在离芭芭拉六七尺的位置，面对着她。我用右手拿着枪，枪指着芭芭拉。那枪有10发，9发在弹匣里，一发在枪膛里。枪的击锤已经竖起，我想枪左边的保险杠被弄掉了。我告诉芭芭拉"你看到我有多愤怒了吧"，然后用枪指着房子。芭芭拉用慌乱的噪音说了一些话，约瑟夫从洗手间出来。约瑟夫说"詹姆斯，你在做什么呀？"，然后举起了他的右手。我的手指扣动了扳机。枪开火了，子弹射中了芭芭拉。我不知道芭芭拉最开始被射中什么地方，但枪一直在发射子弹，而芭芭拉被子弹射中的时候像中风一样抽搐。约瑟夫跑回洗手间，我对着他开枪。他从洗手间出来，仿佛要扑向我，我再次朝他开枪。突然约瑟夫躺在了走廊地板上，枪的滑盖没有退回，子弹用完了。我把弹壳从地板上捡起来因为我很慌张，不想留下指向我的证据。我把弹壳放进右前方的裤袋里。我跑进厨房，把芭芭拉的手包倒在厨房桌子上，拿到芭芭拉的车钥匙。当我离开房子的时候，芭芭拉还坐在沙发上。她瘫倒在那里，眼睛睁开着，但没有动。约瑟夫像婴儿一样躺在走廊上，肌肉在颤动。我害怕得不敢打电话求助。我走到外面，走去树林里，拿到约瑟夫的外套，然后我走去他们的车那里，开走了。当我开在劳瑞街上时，我路过四个黑人男性，把车停在他们旁边。他们中的一个接近这辆车，开始问我问题。他年纪在三十好几或者四十出头，棕色的肤色，身高在五英尺六英寸到五英尺八英寸，中等身材。他问我枪声是怎么回事，我在他们的车里干什么之类的问题。我径直开走了，右拐进入 I74 公路。我开车经过 I74 公路在亚当·朗区邮局附近的小商店。一个十六七岁叫作卡哈候的男孩朝我挥手因为他认出了我。我继续行驶。我直接开上了 I64 号公路，然后驶上 I62 号公路朝查尔斯顿开去。我想离开那个鬼地方开去查尔斯顿市里。我经过了闪着蓝灯的两辆警车，我决定要摆脱他们。我往右走下 I62 号公路驶进斯科特·怀特路。在我第一次在斯科特·怀特路向左转的时候，我把 9 毫米的弹壳从右前方的口袋里掏出来从窗户（乘客窗户）扔了出去。我在找一个抛车的地方，于是开向左边的一条小路。我把车开进一个焦油纸做的窝棚里。我抓起约瑟夫的外套和枪，然后出去开始朝树林里跑。我把钥匙扔在了车里。有两到四个家伙站在 25 码开外。他们中的一个喊道，"嘿，你想买点什么吗?"（意思是毒品）而我只答"不用"，便跑向树林。我穿过树林跑向 I62 号公路，然后我沿着 I62 号公路回到查尔斯顿。我待在树林里（stayed in the words 误写，应为树林 woods。）可以看到路和车辆的地方，同时，也保持了一定的距离，防止有人能够看到我。在我穿过 I62 号公路之前，我把枪扔在树林里。我没有把它藏起来，只是扔掉了。我然后跑出去公路那里，看到一个树桩。在路的另一边是一个车道，有些很大的白色岩石，附近是一个黑色的木篱笆。再远一些是个白色的木篱笆。我搭了一辆便车回到 17 号公路上马自达

经销商附近的那个席尔克·K店。我从席尔克·K店后面拿
到我的包和外套。我搭了另外一辆便车去蒙塔古出口离开I
-26。我横穿走到斜坡弯道处，和别人搭了另一辆小货车。
他带我在州际公路上走了5英里去到另一个出口，那里有
一家塔克贝尔、一家仓库之家以及一家K马特超市。然后
我搭另一辆车在I-26号路上走了至少20英里~30英里。
最后我来到一家BP超市，走到斜坡弯道并在树林里过夜。
然后在周四早上大概8:30的时候，我被多尔切斯特县警察
局的一个警察抓获。我配合着没有反抗。

　　该供述描述了里德先生如何在1994年从肯塔基州曼彻斯特
的联邦监狱里出来；如何到达格林威尔，买了武器和弹药；以
及随后如何前往南卡罗来纳州查尔斯顿，并在枪击前一天即5
月17号到达亚当·朗区。还说明了里德先生在17号晚上打给拉
法叶特夫人的电话，还讲了他如何度过那个夜晚，以及如何在
18号前往拉法叶特家，遇到拉法叶特夫妇并射杀了他们，然后
开着他们的车离开现场，驶往斯科特·怀特路并在那里（据该
供述所称）抛弃车辆、扔掉枪支和弹壳。该供述以里德先生在
接下来的早上被捕结尾。

　　哈勒警探的报告还讲述了1994年5月18日那晚，查尔斯顿
亚当·朗区拉法叶特夫妇被枪击之后，他应要求前往当地医院
的情况。也包括了之后几天，被告詹姆斯·厄尔·里德被哈勒
警探和考森警探询问的情况。

摘录 10-6　D. R. 哈勒警探的调查报告

1994 年 5 月 18 日

19：10 收到总部通知将亚当·朗区的两起枪击案报告给医药大学医院。

19：43 到达医药大学医院——B 和 M 已死亡。

19：45 通过电话与塔格中士通话——报告 B 和 M 已经死亡。

被害者的伤口穿过头部明显射入 B 的一侧；胸部有两三个伤口：在胸部的一左一右穿过胸部；小腹部位有明显枪伤。看起来被射击了至少四次。

19：54 离开医院前往亚当·朗区。

20：28 到达劳瑞路。

报告塔格中士——建议询问人群以寻找目击者。

随机地询问人群——显然已经询问了所有目击者。由菲尔德警探协助。

22：00 与塔格中士一同离开劳瑞路前往普利茅斯大道的宝特·兰丁（Boat Landing）调查自杀事件（94–040427 B）。

协助副警长普雷斯内尔处理现场：拿码尺、记录测量数据等等。

（5 月 19 日）00：10 与塔格中士一同回到劳瑞路。

01：45（大概）在洗手间里水槽旁边一张报纸下方找到 9 毫米的铜制弹壳（温彻斯特牌）。

02：17 离开现场回家。

09：25 到达总部。

09：50 讯问嫌犯。口头米兰达告知，嫌犯（詹姆斯·里德）签署米兰达弃权书。S. 考森警探在场。I/O 离开了房间并允许考森警探与嫌犯对话。

11：00 考森警探通知 I/O 嫌犯已经承认枪杀了两名被害人并将告诉警方枪被扔在了树林哪个位置。

11：30 与嫌犯一同离开总部。

12：00 到达 I62 号公路涛尔斯路附近，在树林里找枪。路标：白篱笆、黑篱笆、车道附近的白岩石，穿过公路——在 I62 号公路的涛尔斯路东部附近。

协助搜寻：警探菲尔德、利托尔、少尉斯莫科、德普·麦克米金、副警长普雷斯内尔、警探考森。

没能在树林里找到枪。

前往斯科特·怀特路——去嫌犯抛车的地方，有条驶下斯科特·怀特路、连接涛尔斯路的泥路。

在急转弯处前往斯科特·怀特路碎石堆——里德说他在弯道处把弹壳扔出了窗外，没有找到弹壳。

14：43 离开斯科特·怀特路回总部。在肯德基停车给嫌犯买午餐。

16：30~19：50 获得嫌犯的书面供述。

20：00 与里德前往看守所。

20：30 将里德关押在主看守所。

20：40 10-42。

根据警探哈勒的记录，他和警探考森在 5 月 19 日早上 9：50 开始讯问里德先生，当时嫌犯被口头给予了米兰达权利警告。注意，警探哈勒在某时离开过讯问室，而我们得知那是在上午 11 点。警探哈勒告诉 I/O（查案警官，即警探哈勒）嫌犯已经承认枪杀了被害人并将告诉警方他在哪里丢弃了武器。

供述时间记录与警探报告的时间有所出入。记录说早上的询问在 9:50 开始，10:30 结束，而报告说警探哈勒直到上午 11 点才被告知里德先生的认罪。既然讯问结束的原因是需要去搜寻武器，那么讯问到底何时结束就是个重要问题。我们从警探哈勒的调查报告中得知供述本身直到晚上才取得。

警探哈勒的报告说明了警探们如何在 11:30 的时候离开警局去搜寻他们声称里德先生提出要帮助他们寻找的武器。根据供述，里德先生驾驶拉法叶特夫妇的汽车离开他们的居所，开往 162 号公路，然后为了处理掉汽车而转向驶向斯科特·怀特路。

然后他跑进树林，扔掉武器并重回 162 号公路，清晰地看见一个树桩和一个黑一个白的篱笆，然后回到 17 号公路，回到席尔克·K 店。

调查报告何时完成

我们无法确定由警探哈勒写的调查报告是于何时完成的。它可能是在 5 月 19 日事件发生好几天之后完成的。在任何一个事项中，报告中所使用的语言似乎都显示出报告不是当时所做，因为其以过去时态开头，而立即转换成历史现在时，偶尔转换成过去时态。因此，其呈现出了总结式叙述的一些特征。直到 1994 年 6 月 15 日，该报告才在被部门收到后盖章确认。

调查报告由谁写成

尽管报告名义上是由警探 D. R. 哈勒完成的，但他似乎在完成该报告时咨询了警探考森的意见，甚至使用了警探考森的笔记。

在第二页的开头段，在"09:50"打头的段落中，该报告写道"I/O［警探哈勒］离开了房间并允许警探考森与嫌犯对话"。在11:00，该报告写道"警探考森通知 I/O［警探哈勒］嫌犯已经承认枪杀了两名被害人"。

由此，似乎有理由提出疑问为何警探哈勒在他自己的报告中以第三人称指称自己，即，称为"I/O"。我认为，这一词组可能来自另一个书面来源，且该来源或许是警探考森的笔记。例如："I/O 离开了房间"，"我通知 I/O……"如果此事属实，那么既然他写道"I/O 离开了房间"，则有可能甚至连警探考森的笔记也不是在当下完成的。因为如果他是在当下完成它们的，那么他更有可能写成"（时刻）：I/O 离开（leaving）房间"或者"（时刻）：I/O 离开（leaves）房间"。记录中既没有警探哈勒离开房间的时间，也没有其回到房间的时间，这是不正常的。确实，这会让人怀疑他究竟有没有离开过房间。如果他离开过，那么我们或许可以假设他在11:00回到房间，因为那是警探考森告知警探哈勒里德先生认罪的时间。由于这是个重大消息，考森不太可能等着哈勒回来再告诉他，而警探哈勒也不太可能在里德先生认罪的时候在场，因为如果他在场的话就没有必要把认罪这事告诉警探哈勒了。

练习 10-2

注意供述与报告之间的相似之处并对之发表意见。里德供述的语言是否像是由平常的说话者说出来的?

在警局陈述中，有时候在所谓的"警方用语"或警方语域中，会出现警官使用嫌犯用语的情况。这种"警方用语"或警方语域具有机构性或官方性的特征，和大多数话语者所使用的日常语言不同。由于这常常导致陈述的内容遭受争议，美国的许多警察局如今要么用录音记录嫌犯的讯问，要么要求嫌犯和目击者亲自手写完成他们的陈述。

由于警方的工作性质，警察语域有一些显著区别于日常用语的特点。警方用语的主要要求是言简意赅。这形成了一种有着固定词组、紧凑用语的客观而官方的风格，带有精确的时间、地点和顺序以及对物体的精准描述。在该供述中，我们发现有许多语句均体现了这种现象。

📖 **练习 10-3**

列举出里德供述中显现出客观而官方的风格的用语，说明你选择它们的理由和意见。

里德先生自己的用语是否和供述的用语一致？

里德自己的书面语言显示出他语言能力低下。他有时似乎无法分辨形容词、名词以及其他类型用语之间的区别；他的许多句子混在一起，几乎没有标点符号。以下是一个例子：

摘录 10-7　詹姆斯·厄尔·里德的语言的一个示例

THE TRUTH

A INNOCENCE MAN A INNOCENCE LADY TELL THEIR POLICE DETECTIVE INVESTIGATOR THE TRUTH THAT THEY ARE INNOCENCE YET THAT INNOCENCE MAN THAT INNOCENCE LADY NOW GO TO JAIL WERE THEY AWAIT A PUBLIC DEFENDER WHO FROM THE VARIOUS STEREO-TYPES PUT UPON VARIOUS CRIMES MEET YOU THINKING

YOU ARE GUILTY YET I HAVE TOLISTEN WERE THE INNO-
CENCE MAN OR LADY DONT KNOW ANY BETTER THEY
TRUST THE PUBLIC DEFENDER WHILE AWAITING TRIAL
THAN COME TRIAL THE PUBLIC DEFENDER PUT ON A
SHOW IN COURT DOING HIS OR HER JOB WERE THE INNO-
CENCE MAN OR LADY DONT KNOW ANYTHING ESLE YET
THEIR LAWYER MAKE THEM LOOK AND SOUND GUILTY
THAN THAT INNOCENCE MAN OR LADY NOW GO TO
PRISON NOW GO TO DEATH ROW WAKE UP.

事实

　　一无辜男人一无辜女士告诉他们的警方侦探调查者这
个事实他们是无辜而那无辜男人那无辜女人如今都蹲监狱
了他们等着一个来自不同成见的认为你有罪的公共辩护人
把不同的罪名加诸你身上但我得听一听是否那无辜男人或
女人不知道在候审时相信公共辩护人好过比出席法庭公共
辩护人在庭上表演完成他或她的工作是否那无辜男人或女
人一无所知而他们的律师让他们看起来听起来有罪而那无
辜男人或女人如今在他们一觉醒来成了死囚犯。

　　从以上的摘录中我们可以看到，里德先生的书面语言是非
常特别的。第六行"LISTEN"的用法是不确定的。他的意思是
说"你得听一听"还是说"我得说一说（所以你听着）"？
"WERE"的意思是不确定的。比如，这是不是"WHERE"的
误拼？也注意他把"INNOCENCE"用作形容词。在很多时候，
我们无法确定哪里是句子的结束和另一句话的开头，比如
"YET I HAVE TO LISTEN WERE THE INNOCENCE MAN OR LA-

DY DONT KNOW ANY BETTER THEY TRUST THE PUBLIC DE-FENDER WHILE AWAITING TRIAL"。只使用了五个子句连词（"YET"×3；"THAN"［有误］×2。），这更增加了解释的难度。语言风格极度重复，在这一小段摘录中"INNOCENCE"用了不少于八次。历年来对许多文本的统计显示如果在一篇100个词的文段中，某个词被用了三次以上，就会被大多数读者认为是重复的。

对里德用语的总结评论

里德的用语固执而重复。同时也含糊不清。语法上，甚至缺乏进行顺畅交流的基础，因此给读者留下了很多阐释的困难。里德并不是个语言表达清晰的人。

和已知属于里德的书面语对比，阐述用语所显示的是一个表达清晰的人，一个能够绰绰有余地清楚表达自己的人。比如，能进行连贯的、有一定难度和长度的叙述。

写下供述花了多长时间？

据警探哈勒称，供述从 16：30 开始，到 19：50 结束。因此，一份 1500 词的供述花了大概 200 分钟写成，平均每分钟写 7 个词。大多数人誊写被告或目击者陈述的经历中平均大概每分钟 25 个词。

笔者认为，该案中所报告的书写供述的速度之慢，更增加了该供述的语言是在一问一答的情况下产生的这一可能性。

需要注意到，在调查报告中，从拉法叶特家开车到据称丢弃武器的地点这一部分内容的顺序是反过来的，这与供述中提到的顺序一样，这两份文件似乎很有可能是互相参照而产生的。

练习题解答

练习题解答 1

来看 G 的陈述，他和他妹妹用十分相似的词句来描述所声称的袭击者的外貌特征，这似乎有些让人生疑。他描述了 7 个特征，而他的妹妹描述了 6 个（表 10-9）。在他描述的 7 个特征中，有 6 个刚好和他妹妹描述的完全一样。

表 10-9 对所称袭击者的描述

G	F
我会形容他大概 18 岁。	我会形容他是大概 18 岁。
他当时穿着黑色的光面夹克。	他穿着……黑夹克。
他穿着不错的深色裤子。	他穿着深色裤子。
他身高大概 5 英尺 8 英寸。	大概 5 英尺 8 英寸。
他有深色的头发和深色的皮鞋。	短黑头发……黑鞋子。

这种程度的细节不太可能同时被两个独立的目击者观察到。另外需要注意，F 形容袭击者"胡子剃得很干净"。这实质上是一种消极性的描述，即他没有胡子或胡须。为什么一位目击者会提到一个消极特征呢？

以下是关于上面陈述的进一步资料以及该案中的其他数据。并不要求在你做的这道习题的答案中注意到了所有的信息，但这些信息可能会对你有帮助。

"警方语域"这个词用来形容警察在履职时使用的语言。这是一种官方的、机构化的语言，已经由包括考特哈德（1994 年）在内的诸多语言学家所记录。也可参见福克斯（1993 年）。在该陈述中，警方语域的痕迹之一就是"人（person）"的使用：走回那人那里、殴打那人、戳那人、看到一个人、那人喊叫（walked back over to the person，hit the person，poked the person，saw a person，the person was calling out）。这在日常话语中很不寻常。另一个警方语域的特点是然后（then）的使用。在对德雷克·本特利陈述的分析中，考特哈德指出后置的然后（postposed then）是警方语域的特点。后置的然后是指然后这个词被用在主语之后的这种现象。例如，"他然后进入房间"（"He then came into the room"）而不是然后出现在主语之前的这种更常见的形式，例如，"然后他进入房间"（"Then he came into the room"）。

斯瓦特维克（1968 年）在对提摩西·约翰·伊万的供述进行分析时针对高频使用后置的然后的情况发表了意见。伊万由于在瑞灵顿街 10 号谋杀其妻而被绞死，但之后发现约翰·克里斯蒂在该地址谋杀了七位女性并藏尸，因而对伊万发布了死后赦免令。这里有一些伊万的供述中作者使用了"然后"的例子。

摘录 10-8　例子："然后"的后置

我然后发现她因租金负债。

她然后用手打我的背部。

我然后把她带进卧室，放在床上，绳子仍旧缠在她的脖子上。

我然后上楼。

我然后给我的宝宝做了些吃的并喂给它吃。

我然后回到厨房抽了根烟。

我然后在知道一切安静下来后下楼。

我然后从我的厨房橱柜里拿出一根绳子把它绑起来。

我然后溜下楼打开后门。

通过分析本特利的供述，考特哈德发现在 582 个词之内出现了 10 次然后。考特哈德指出，这是一个比正常情况高出许多的频率。例如，伯明翰大学的科比尔德语料库（Cobuild Corpus）给出的数据是 500 个词出现一个然后。更惊奇的是后置的然后在本特利供述中的出现频率。在考特哈德使用的一个口语语料库（BCET 语料库）中，后置的然后比正常放置的然后的出现频率大概少十倍。这显示出，科比尔德和 BCET 这两个各自独立的语料库呈现出近似的然后的出现频率，并显示出后置的然后是少见的。据此，考特哈德总结道，后置的然后，尤其是"我然后"这个词组似乎是警方语域的特征。（考特哈德 1994：32~33）尽管被称为"司法语言学之父"的斯瓦特维克没有使用"后置的然后"这个术语，他也注意到了相同的现象，并得到了与考特哈德基本相同的结论，即后置的然后在口语中不是一个通常的特点。

来看 G 和 F 的陈述，我们找到许多后置的然后，如表 10-10 中的摘录所示。

表 10-10　后置"然后"的使用

G	F
我然后注意到是一个男人拿着那木头。	我然后走回楼上去前面那个卧室。
那男人然后说道"闭嘴，你个臭婊子"。	他然后走了大概三四步。
我然后走进门厅，看到了我爸。	那男的然后走到那人那里。
我然后走进我哥 F 的房间。	他然后用那根木头戳着那人。
他然后停手并说道："这下你满意了吧，你这个贱人？"。	他然后走出我家车道。
他然后走出了车道。	他然后停下，又回来捡起那根木头。
F 然后打开了门。	我然后返回下到门厅，打开了门。

续表

G	F
我然后陪着她直到警卫和救护车到达。	

后置的然后并非只是英国警方语域的特点，事实上，这种现象在世界其他英语语言国家的警方都有发现。除了英国的警局陈述，在美国和澳大利亚的警局陈述中都有这类例子。在当前这个案子中，我们处理的是来自爱尔兰共和国的陈述，而我们看到来自共和国的书面陈述中也出现了后置的然后。

在 G 的陈述中，所有的然后都被后置了。这份 236 个词的陈述包含了不少于 8 个后置的然后。在 F 的陈述中，有 466 个单词，而其中有 7 个然后，所有然后都被后置了。因此，在这两个陈述中，后置的然后的密度甚至比考特哈德在本特利陈述中所发现的还要高，大概每 47 个词就有一个。

三个与 AB 的逮捕有最密切关联的警官也使用后置的然后。

爱尔兰警察 A：
我然后警告那年轻人他没有义务说任何事情

爱尔兰警察 B：
他然后被带进巡逻车并送往 XYZ 爱尔兰警局

爱尔兰警察 C：
我然后开车到 X 大道，在小路和他们相会
我然后继续开往 Y 爱尔兰警局
爱尔兰警察 A 然后警告 B 说他没有义务说任何事情

练习题解答 2

你很可能已经注意到了在供述与警探的报告中，路标的出现顺序完全相反（表 10-11）。

表 10-11 路标

1. 白篱笆。	7. 第一次在斯科特·怀特路向左转的时候……从窗户［将弹壳］扔出去。
2. 黑篱笆。	6. ……在找一个抛车的地方。
3. 车道附近白色沙砾岩石。	……
4. 公路对面的树桩。	5. 把枪扔在树林里。
……	4. ……跑出去公路那里，看到一个树桩。
5. 没能在树林中找到枪。	3. 在路的另一边是一个车道，有些很大的白色岩石。
6. 前往斯科特·怀特路——去嫌犯抛车的地点。	2. ……附近是一个黑色的木篱笆。
7. 在急转弯处前往斯科特·怀特路—碎石堆—里德说他在弯道处把弹壳扔出了窗外。	1. 再远一些是个白色的木篱笆。

我们如何考虑这些相似点呢？

首先，这可能是里德在他们离开警察局之前把这些路标告诉了警探。这些可能已经被其中一个警探记录下来了。如果是这种情况，我们可能会问为什么它们在警察的报告中以倒序的方式出现？是否可能是当时那位警探正从最后一个所提供的路标开始往前调查呢？这似乎不太可能，因为供述显示出里德当时能够在同一个地点看到大多数的路标。

我们也可能会问，里德是否可能记住所有的路标，以及看到这些路标的准确顺序。这似乎不可能，除非他当时特别做了记录。然而，考虑到他当时显然急于离开现场，这似乎是可疑的。在任何案件中路标本身都没有明显特征。

此外，路标只记录在供述的结尾，而根据警探的报告，供述在晚上 7：50 完成。因此，里德在警察带他出去寻找武器之前提到这些路标似乎是不可能的。

在供述与警探哈勒的调查报告之间这种程度的相互匹配，让人不得不质疑该报告或者该陈述或者两者。事件的发生顺序和路标相反这一事实，有力地显示出了警探哈勒试图掩盖他从一个文档复制内容来创建另一文档这一事实。这种技巧也常常被学生用于掩盖其从互联网或者其他来源进行复制抄袭。这些事实有待法庭来断定，并弄清楚促使警探哈勒在编制这些案卷时采用如此非常方法的原因。对原始文档进行静电沉积分析（Esda）检验或许能辅助这一过程，该检验可由任一设备完善的司法鉴定实验室进行。这种检验要用到由警探哈勒持有的所有其他记录、由警探考森持有的所有笔记，以及所有在警察总局由其他人员保存的拘留记录。由于缺乏实际的警探在查看调查现场时的即时记录，我们不太可能确切地知道之前所描述的这种颠倒了的顺序匹配是如何产生的。

可能仅仅是警探当时在他的笔记本里列出了路标，然后，用倒序的方式放在供述当中，以便掩盖供述中用了相同的路标这一事实。

不幸的是，法庭很少有时间对警方证据进行如此细致的检查。另外，在采信警方证据时，很少有法庭有动力做这些检查，而只是轻信它们，这是个让人遗憾的事实。除非辩方律师或代理人异常敏锐和确定，否则这类矛盾之处很少暴露。此处对这些矛盾之处所做的评论并非是对里德是否有罪发表意见。我们并不知道。这是不可接受的。当一个人被以一个可能判处死刑的罪名指控时，法庭应当确保程序和方式的正当。在美国，这是一个宪法性保障。我们会在本书的其他地方研究宪法的语言。詹姆斯·厄尔·里德在 2008 年由南卡罗来纳州行刑。

练习题解答 3

表 10-12　供述中反常用语示例表

示例	评论
是颜色银白的、有点生锈的、9 毫米的半自动手枪。	一个长的名词短语，包含有复合形容词（银白色的 silvery-colored）、量词（"有点"）、质量评估形容词（"生锈的"）、对口径的技术性描述（"9 毫米"）、另一个符合形容词（"半自动"）、一个名词（"手枪"）。大多数日常说话者不会这样使用。许多个词组可能是原有的。也可能是由某个专长于熟悉武器的人作出的技术性描述，比如一个警察。特别注意"9 毫米"和"手枪"（pistol）。
我在 1994 年 5 月 17 日下午大概 6：30 的时候到达查尔斯顿。	说话者更可能说"前天晚上"之类的话。注意，在供述的后面一点，里德说道他不知道时间因为他没有手表。
我是从 17 号公路上马自达经销商对面的席尔克·K 店给芭芭拉打电话的。旁边还有一家 BP 加油站（BP Gas Mart）。	日常说话者不太可能在一句话中给出如此详尽的地理描述。
我留下我的尼龙行李包。	这个短语不太可能说成这样，尤其是"尼龙"这个词。
私人物品。	听起来像是警察局、医院等使用的官方语言。
芭芭拉和约瑟夫停靠他们乘坐的小型双门红色轿车。	包含了一系列形容词和形容词性短语的精确的名词短语句。听起来像官方描述。在当时的情况下，嫌犯或者任何一个平常人能够记住那车是双门的吗？字词的顺序（"红色"的位置）也不正常，让这整个句子有些奇怪。

续表

示例	评论
枪的滑盖被锁定在后面。	听起来像是熟悉武器的人说的。
我把弹壳从地板上捡起来……我把弹壳放进右前方的裤袋里。	对于一个短语而言描述得过于精确和详细。
我路过四个黑人男性。	数字听起来非常精确。"男性"听起来也像是警方的描述。为什么作为非洲裔美国人的里德先生会把那些人形容为"黑人"呢？
我把9毫米的弹壳从右前方的口袋里掏出来。	我们已经知道它们是"9毫米"的了。在这里这是个不必要的信息。这似乎是努力想要把嫌犯与弹壳联系起来。基于同样的理由，"右前方的口袋"也是不必要的。在这段话中，只用"口袋"就足够清楚了。
我然后跑出去公路那里，看到一个树桩。在路的另一边是一个车道，有些很大的白色岩石，附近是一个黑色的木篱笆。再远一些是个白色的木篱笆。	对场景特别细致的描述，而一个平常的说话者不太可能记得那么清楚。同时注意然后的位置。

表10-12所举例子用语的总结

对声称枪杀拉法叶特夫妇的这件事，供述给出了看似连贯的叙述。然而，供述的用语显示出，至少其中一部分内容不太可能出自一个平常的说话者，而其中许多句例与警方语域有很高的相似度。试图对技术、事实或者语言进行精准表述的句例如此之多，这让人感到疑惑。

练习 10-4

　　以下是两份陈述，其中一份被更改了。将存在不同点的地方抄录出来，并讨论这些不同点。这既是一个转录练习，也是一个确定作者身份的练习及对谈话的研究。

摘录 10-9　陈述 A

　　我是一名南约克夏尔警局的警察，目前在罗德哈姆就职。

　　在 1989 年 4 月 15 日周六的 9：00，我在休周假，但由于在希尔斯保罗有一场利物浦对诺丁汉森林的足球半决赛需要出警，所以我在主街警局履职。

　　到达主街时，我和其他几位警官坐公共汽车到达希尔斯保罗球场，在大概 10：00 的时候到达希尔斯保罗球场参加一个情况简介。情况说明开始了，我被分到 14 分队，直接在督察伊利斯手下。我在由来自 C2 的警官肯尼迪所指挥下的 37 号小队中。那天的任务是在瓦德斯里火车站执勤，等待载着利物浦球迷的火车到来。

　　我和其他警官的任务是在球迷离开火车站的时候，在他们被送到中士弗兰斯和他的警官那里之前，进行随机搜查。中士弗兰斯和他的警官也和我们在那里而他们的任务就是护送球迷到希尔斯保罗球场。警察中士弗兰斯是负责 36 号小队的警官。

　　火车到达的时候，只有其中一辆而我原以为车上会有 550 个球迷，这挺让人惊讶因为只有一辆火车来而我估计车上总共有两百个球迷。

这些球迷看起来挺开心且很友好，没有人喝过酒，其中有一些"家庭"类型的球迷。

在这辆火车到达之前，好几百个我觉得是利物浦队的球迷，正沿着哈利法克斯路，经过这个火车站，前往足球场。其中的许多球迷看起来不仅带了六包啤酒和储藏啤酒，还带了 12 包 EACH。

他们看起来也正从一种大号两升的塑料瓶里喝着啤酒。拉格，并且看起来心情快活快乐，有些人还处于狂欢状态。

我的注意力被吸引到瓦德斯里火车站对面的一群 6 个~8 个男性球迷身上。其中一个年轻人十六七岁，完全醉了，于是我和 1429 号警官巴时佛斯穿过马路，和那个陌生的年轻人说话。"He was a very unsteady and worse the wear the drink." 他非常不稳定，喝得烂醉如泥。他当时靠在一面矮墙上，似乎无法独立地站立。警官巴时佛斯跟那群人中较年长的一个说话，并告诉他那年轻人在这种状态下不会被准许进入球场。那比较年长的人是理智并理解的，并说道他会安排一个人和那年轻人待在一起。他们然后继续前行，带着那个年轻人。他没有被捕，首先因为他的朋友一路帮着他，其次由于路过的球迷数量和警力相比而言太多，这样做可能导致警察受伤。

当天非常热，在瓦德斯里铁路大桥火车站的执勤点时，我被问了好几次哪些酒吧开放着。尽管在那附近区域有一些酒吧，但许多都将它们的门、窗围了起来。我无法对这些咨询提供帮助，首先是因为我不了解这个地区，其次看起来他们（即使）不再喝酒，也已经喝了够多酒了。

当火车到达的时候，我估计我们已经在火车站待了3个小时。如前所述，这些球迷品格、举止优良，并在警方的护送下前往球场。1号小队也派了一些警察护送球迷从火车走到足球场，到达勒平路前。

我估计那时刚过14：00，那天勒平路挤满了步行的球迷。我感觉很少有球迷为了进入球场做出积极的尝试，而好几个我不认识的高级警官（尤其是督察级别的）到我这边，还有其他警官喊着让我们把球迷送进球场。

在我们警察小组，要让人群移动到验票闸门处几乎不可能。人们无法形成有秩序的队伍，一直推推搡搡。好几个球迷走上与勒平路入口方向相反的、轮胎装配公司的草坪。警察无法让这些球迷回到路上。这群大概40到50人的球迷喝得厉害，从装着啤酒、拉格等的大号塑料两升罐子和锡罐中啜饮着。

我与仅有的几个警官为了让球迷进入球场做着无望的努力。正如我当时描述的，场面就像"搅动着的粥"。人们随意地到处走。许多球迷会走过来问我怎么进入球场内的某个区域，但很不幸我对球场内外都一无所知。彩色的门票没有任何帮助，因为我看不到在入口验票闸门处的彩色号码板。我觉得他们应该将彩色号码板放在和头一样高的位置，这样人群尾部的球迷就能够看到他们要排的队了。但事实上球迷们见到他们以为是队伍的就排。

大概14：45时，人群变得越来越密，摩肩接踵，推推扯扯。依旧没人看起来知道该往哪里走。我们几乎没有收到来自首长的任何指示。在这个时候，我看到有些球迷带着十岁左右的小孩从人群中走出来。一个男人跟我说这真是"太他妈糟糕了"并说主办方真可悲。人群非常拥挤，要从我的一旁举起手变得困难起来。密密麻麻地挤在一起正变得要让人得密集恐惧症了，因为我们离得如此之近，球迷呼出来的发臭的"麦芽酒"味十分强烈。我带着我个人的收音机但很难听到任何来自首长的指示。

大概 14：50 时，我听到一个近乎是请求控制人员打开"大门"的声音。到现在，球迷们正攀爬入口处的围墙，我看到一个警官正试图阻止这种状况。在这个地方的骑警被紧紧地挤在一起，基本上无用武之地，动弹不得。（督察伊利斯在车上用扩音器与人群说话）。

一小会儿之后我从收音机里听到一个命令，让所有空闲的警察进入球场。我觉得发生了球迷冲进球场的情况，于是我和 36、37 小队的其他警官试着从左侧入口手风琴式折门处进入球场。我是最后进入球场的警官，和 1266 号警官阿德西德一起。

我听到一声从后方传来的呼叫时，正要跟随其他警官。声音是在那个位置的门卫发出的，由于人群把大门挤开了，他在我们入场之后没办法把门关上。我和警官阿德西德返回，强行把涌入的球迷推出了球场并用很大的力气把折门拉上了。事实上那个门卫无法及时地完成他的任务，他看起来身体不够强壮，另外意志上也不够坚强，不能对试图强力冲入的球迷说"不"。

我和警官阿德西德然后想追上 36、37 小队，但由于球场内的人群，只能到平台、座位区域（左侧）边缘的尾部。

一个带着男孩的男人朝我们喊，让我们进球场帮忙。他非常恼怒且情绪激动，但我没有回应。

我们没有再进一步进入球场当中，最后警官阿德西德和我退回到球场外面，到勒平路前方右侧。(我们的后背靠近桥梁和河流)。我仍旧不知道到底发生了什么，许多人从球场出来，有男人女人。他们喊叫着，很愤怒，并朝警方谩骂。

球迷显示出沮丧以及对警方的怨恨。其中的几个球迷在咳嗽和哽咽，非常失落。有些人出来后脚上没穿鞋子，有些没穿上衣。我听到广播要求几辆救护车到勒平路球场边来，还要求救火队带着切割设备来。听到呼叫救火队时，我的感觉是由于人群的拥挤，但我无法理解为什么要求带切割设备。

许多球迷从球场出来，说那里面很可怕，有好几个人已经受伤了。救护车车队和救火队在同一时间到达了。一位高级救火队员到我这边来确定发生了什么事以及警方要他们去哪里营救。我无法提供帮助，让他去问站在附近的一个督察。这种疑惑持续了一阵子，直到我走到球场右侧才被消除 (This confusion went on for some time until I made my way downthe right side of the ground were taken from.) 我然后很震惊地看到并数了地上躺了十个人，一些由警方照看，其他由圣约翰的急救人员照看。此时在这些人体周围没有遮蔽物，而显然他们实际上已经死了。

我记得和警官利普斯基对话，说到我数了在顶部有十人死亡，而他说有谣传此刻恐怕死了60人。我留在这十具尸体旁边，形成人墙把这些尸体与正离开球场的球迷隔开。好几个男性球迷悲痛欲绝，一看到这些尸体就开始和他们的朋友打起来，完全失去了控制。他们的伙伴把他们按住，而实际上挨了他们的拳打脚踢。我听到其中一个男人对我们议论："这次你搞错了，不是吗伙计？"其他议论说："你杀了他们，混蛋。"

我被一个正和某个男人打架的年轻人踢到了右边膝盖，另一个人打了我头部的一侧。甚至在这个时候我也不清楚发生了什么或什么出错了。人群一直想从唯一的、应急服务专用的大门中出去。为了将这些推搡着的人群清出球场，我和另一队的警官（其中没有来自我那小队的警察），在另一位我不认识的、中年的中士的带领下进入外部大门。

我们试着排成一列来让人群离开这一区域，以便为应急服务留下空间，但只要我们试图移动他们，就遭遇到辱骂和暴力。我们试图通过交涉和关怀来转移人群，但他们对我们已经充满了敌意。然而，有两个球迷很棒：一个大概55岁的人呼吁人群迅速离开以便让应急服务进入。另一个大约25岁的年轻人也很棒，也用相似的方式呼吁人群。这个年轻人被另一个男人袭击了，我前去干涉阻止袭击者。

事实上，人群现在更多地注意这两个球迷而不是警方。所以，我们就任由他们去呼吁人群。我随后和那年轻人对话，感谢他在受到辱骂和暴力的情况下仍提供帮助。我没有获取他的个人信息，但相信他在帮助转移人群方面做得很好。事实上通过和这个年轻人的谈话，我才第一次知道什么出了错。（他当时在球场内并顺利逃走了）。

当人群疏散开后，我们返回应急服务专用的大门外面，我看到警方搬运车正从球场外面转运尸体。

在这个地方，不知道过了多长时间之后，警方中士肯尼迪向我走来，我和其他警官步行前往瓦德斯里火车站

（按照计划）。哈利法克斯路上的车辆几乎停滞不前，球迷们离开球场走上公路。

许多球迷都头发凌乱并明显地颤抖着，许多警官也一样。

好几个球迷询问最近的电话在哪里，而由于不是当地人，我无法提供帮助。我感觉一阵受惊的沉默笼罩了大多数回家的球迷。

我和我的小队随后回到科雷维尔路，之后坐公车返回"C1"，再下班。

摘录10-10　陈述B

我是一名南约克夏尔警局的警察，目前在罗德哈姆就职。

在1989年4月15日周六的9：00，我在休周假，但由于在希尔斯保罗有一场利物浦对诺丁汉森林的足球半决赛需要出警，所以我在主街警局履职。

到达主街时，我和其他几位警官坐公共汽车到达希尔斯保罗球场，在大概10：00的时候到达希尔斯保罗球场参加一个情况简介。情况说明开始了，我被分到14分队，直接在督察伊利斯手下。我在由来自C2的警官肯尼迪所指挥的37号小队中。那天的任务是在瓦德斯里火车站执勤，等待载着利物浦球迷的火车到来。

我和其他警官的任务是在球迷离开火车站的时候，在他们被送到中士弗兰斯和他的警官那里之前，进行随机搜查。中士弗兰斯和他的警官也和我们在那里而他们的任务就是护送球迷到希尔斯保罗球场。警察中士弗兰斯是负责 36 号小队的警官。

火车到达的时候，只有其中一辆而我原以为车上会有 550 个球迷。这挺让人惊讶因为只有一辆火车来而我估计车上总共有两百个球迷。

这些球迷看起来挺开心且很友好，没有人喝过酒，其中有一些"家庭"类型的球迷。在这辆火车到达之前，好几百个我觉得是利物浦队的球迷，正沿着哈利法克斯路，经过这个火车站，前往足球场。其中的许多球迷看起来不仅带了六包啤酒和储藏啤酒，还带了 12 包 EACH。

他们看起来也正从一种大号两升的塑料瓶里喝着啤酒、拉格，并且看起来心情快活快乐，有些人还处于狂欢状态。

我的注意力被吸引到瓦德斯里火车站对面的一群 6 个~8 个男性球迷身上。其中一个年轻人大概十六七岁，完全醉了，于是我和 1429 号警官巴时佛斯穿过马路，和那个陌生的年轻人说话。他非常不稳定，喝得烂醉如泥。他当时靠在一面矮墙上，似乎无法独立地站立。警官巴时佛斯跟那群人中较年长的一个说话，并告诉他那年轻人在这种状态下不会被准许进入球场。那比较年长的人是理智并理解的，并说道他会安排一个人和那年轻人待在一起。他们然后继续前行，带着那个年轻人。他没有被捕，首先因为他的朋友一路帮着他，其次由于路过的球迷数量和警力相比而言太多，这样做可能导致警察受伤。

当天非常热，在瓦德斯里铁路大桥火车站的执勤点时，我被问了好几次哪些酒吧开放着。尽管在那附近区域有一些酒吧，但许多都将它们的门、窗围了起来。我无法对这些咨询提供帮助，首先是因为我不了解这个地区，其次看起来他们（即使）不再喝酒，也已经喝了够多酒了。

当火车到达的时候，我估计我们已经在火车站待了3个小时。如前所述，这些球迷品格、举止优良，并在警方的护送下前往球场。1号小队也派了一些警察护送球迷从火车走到足球场，到达勒平路前。

我估计那时刚过14：00，那天勒平路挤满了步行的球迷。我感觉很少有球迷为了进入球场做出积极的尝试，而好几个我不认识的高级警官（尤其是督察级别的）到我这边，还有其他警官喊着让我们把球迷送进球场。

在我们警察小组，要让人群移动到验票闸门处几乎不可能。人们无法形成有秩序的队伍，一直推推搡搡。好几个球迷走上与勒平路入口方向相反的、轮胎装配公司的草坪。警察无法让这些球迷回到路上。这群大概40到50人的球迷喝得厉害，从装着啤酒、拉格等的大号塑料两升罐子和锡罐中啜饮着。

我与仅有的几个警官为了让球迷进入球场做着无望的努力。正如我当时描述的，场面就像"搅动着的粥"。人们随意地到处走。许多球迷会走过来问我怎么进入球场内的某个区域，但很不幸我对球场内外都一无所知。彩色的门票没有任何帮助，因为我看不到在入口验票闸门处的彩色号码板。我觉得他们应该将彩色号码板放在和头一样高的位置，这样人群尾部的球迷就能够看到他们要排的队了。但事实上球迷们见到他们以为是队伍的就排。

大概14：45时，人群变得越来越密，摩肩接踵，推推扯扯。依旧没人看起来知道该往哪里走，而且高级警官基本上没有给出什么指示。就在这个时候，我看到有些球迷带着大概10岁小孩的球迷现在从人群中走出来，一个男人跟我说这真是"太他妈糟糕了"并说主办方真可悲。人群非常拥挤，要从我的一旁举起手变得困难起来。密密麻麻地挤在一起正变得要让人得密集恐惧症了，因为我们离得如此之近，球迷呼出来的发臭的"麦芽酒"味十分强烈。我带着我个人的收音机但高级警官没有几乎没有给出什么指示。

　　大概14：50时，我听到一个近乎是请求控制人员打开"大门"的声音。到现在，球迷们正攀爬入口处的围墙，我看到一个警官正试图阻止这种状况。在这个地方的骑警被紧紧地挤在一起，基本上无用武之地，动弹不得。（督察伊利斯在车上用扩音器与人群说话）。

　　一小会儿之后我从收音机里听到一个命令，让所有空闲的警察进入球场。我觉得发生了球迷冲进球场的情况，于是我和36、37小队的其他警官试着从左侧入口手风琴式折门处进入球场。我是最后进入球场的警官，和1266号警官阿德西德一起。

　　我听到一声从后方传来的呼叫时正要跟随其他警官。声音是在那个位置的门卫发出的，由于人群把大门挤开了，他在我们入场之后没办法把门关上。我和警官阿德西德返回，强行把涌入的球迷推出了球场并用很大的力气把折门拉上了。事实上那个门卫无法及时地完成他的任务，他看起来身体不够强壮，另外意志上也不够坚强，不能对试图强力冲入的球迷说"不"。

　　我和警官阿德西德然后想追上36、37小队，但由于球场内的人群，只能到平台、座位区域（左侧）边缘的尾部。

一个带着男孩的男人朝我们喊，让我们进球场帮忙。他非常恼怒且情绪激动，但我没有回应。

我们没有再进一步进入球场当中，最后警官阿德西德和我退回到球场外面，到勒平路前方右侧。（我们的后背靠近桥梁和河流）。我仍旧不知道到底发生了什么，许多人从球场出来，有男人女人。他们喊叫着，很愤怒，并朝警方谩骂。

球迷显示出沮丧以及对警方的怨恨。其中的几个球迷在咳嗽和哽咽，非常失落。有些人出来后脚上没穿鞋子，有些没穿上衣。我听到广播要求几辆救护车到勒平路球场边来，还要求救火队带着切割设备来。听到呼叫救火队时，我的感觉是由于人群的拥挤，人们开始脱水了，但我无法理解为什么要求带切割设备。

许多球迷从球场出来，说那里面很可怕，有好几个人已经受伤了。救护车车队和救火队在同一时间到达了。一位高级救火队员到我这边来确定发生了什么事以及警方要他们去哪里营救。我无法提供帮助，让他去问站在附近的一个督察。这种疑惑持续了一阵子，直到我走到球场右侧才被消除（This confusion went on for some time until I made my way downthe right side of the ground were taken from.）我然后很震惊地看到并数了地上躺了十个人，一些由警方照看，其他由圣约翰的急救人员照看。此时在这些人体周围没有遮蔽物，而显然他们实际上已经死了。

我记得和警官利普斯基对话，说到我数了在顶部有十人死亡，而他说有谣传此刻恐怕死了60人。我留在这十具尸体旁边，形成人墙把这些尸体与正离开球场的球迷隔开。好几个男性球迷悲痛欲绝，一看到这些尸体就开始和他们的朋友打起来，完全失去了控制。他们的伙伴把他们按住，而实际上挨了他们的拳打脚踢。我听到其中一个男人对我的议论，"这次你搞错了，不是吗伙计？"其他议论说，"你杀了他们，混蛋。"

我被一个正和某个男人打架的年轻人踢到了右边膝盖，另一个人打了我头部的一侧。甚至在这个时候我也不清楚发生了什么或什么出错了。人群一直想从唯一的、应急服务专用的大门中出去。为了将这些推搡着的人群清出球场，我和另一队的警官（其中没有来自我那小队的警察），在另一位我不认识的、中年的中士的带领下进入外部大门。

我们试着排成一列来让人群离开这一区域，以便为应急服务留下空间，但只要我们试图移动他们，就遭遇到辱骂和暴力。我们试图通过交涉和关怀来转移人群，但他们对我们已经充满了敌意。然而，有两个球迷很棒：一个大概55岁的人呼吁人群迅速离开以便让应急服务进入。另一个大约25岁的年轻人也很棒，也用相似的方式呼吁人群。这个年轻人被另一个男人袭击了，我前去干涉阻止袭击者。

事实上，人群现在更多地注意这两个球迷而不是警方，所以，我们就任由他们去呼吁人群。我随后和那年轻人对话，感谢他在受到辱骂和暴力的情况下仍提供帮助。我没有获取他的个人信息，但相信他在帮助转移人群方面做得很好。事实上通过和这个年轻人的谈话，我才第一次知道什么出了错。（他当时在球场内并顺利逃走了）。

当人群疏散开后，我们返回应急服务专用的大门外面，我看到警方搬运车正从球场外面转运尸体。

在这个地方，不知道过了多长时间之后，警方中士肯尼迪向我走来，我和其他警官步行前往瓦德斯里火车站（按照计划）。哈利法克斯路上的车辆几乎停滞不前，球迷们离开球场步行走上公路。

许多球迷都头发凌乱并明显地颤抖着，许多警官也一样。

好几个球迷询问最近的电话在哪里，而由于不是当地人，我无法提供帮助。我感觉一阵受惊的沉默笼罩了大多数回家的球迷。

我和我的小队随后回到科雷维尔路，之后坐公车返回"C1"，再下班。

练习题解答4

你应已经意识到该陈述是由一位在1989年出勤了希尔斯保罗之难的警官做出的。关于那次事件的信息可免费在互联网上获得。

以下是两个陈述的不同点：

·依旧没人看起来知道该往哪里走［而且高级警官基本上没有给出什么指示］（方括号中是被删除的语句）。

·我带着我个人的收音机但［高级警官没有几乎没有给出什么指示］｛很难听到播送｝（方括号中是被删除的语句，花括号内是插入的语句）。

表面上看，这些似乎是非常微小的改变。然而，它们是很严重的改动。因为它们掩盖了这一事实，即高级警官没有给试图维持治安的普通警官以恰当的指示。它们让警方沟通的失效看起来是客观困难或者是由于人群混乱导致的，而不是当权者的责任问题。这种模式在超过一百个希尔斯保罗警察的陈述中被重复，而这些警察自己也不知道。

📖 练习 10-5

在网站上你会找到与希尔斯保罗悲剧相关的其他陈述。对比总警长大卫·达肯费尔德和警长伯纳德·穆雷的陈述。达肯费尔德先生是灾难发生当天主管足球场的警官，而穆雷先生是他的副手。针对你发现的这两份陈述之间的相似点进行评论并批判性地评估其重要性。

练习题解答 5

"希尔斯保罗事件"发生在 1989 年 4 月 15 日。你会发现，陈述的日期分别是 1989 年 5 月 2 日（穆雷）和 1989 年 5 月 5 日（达肯费尔德）。总体上看，你会注意到穆雷的陈述比达肯费尔德的更详细一些。例如，穆雷特别提到了 3 月 22 日的会议（尽管他说该会议是"在或者大致在 3 月 20 日举行"），而达肯费尔德的描述则有些笼统。在 20 世纪 80 年代，一起办案的警官针对在某一事件中发生的事进行笔记的对比是普遍的行为。在实践中，他们会对一种版本的事件达成一致意见，然后，对比他们各自的版本。而这对于那些诸如时间、日期等平常的细节而言，可能是情有可原的。我们注意到，在一些不重要的事项上，达肯费尔德和穆雷用了完全相同的措辞，如以下例子所示：

（一）关于会议的相似措辞

达肯费尔德

在 1989 年 3 月 22 日（220389）周三上午 10：00（1000），我在罕默顿路警察局参加了由警长摩尔主持的计划会议。

穆雷

在 1989 年 3 月 22 日（220389）上午 10：00，我在罕默顿路

警察局参加了由总警长摩尔主持的会议。

这可能显示出：可能达肯费尔德没有保留恰当的会议记录，或者他需要穆雷的陈述来确认是关于哪一个会议的。

(二) 关于卡米欧事故的相似措辞

达肯费尔德

我不知道任何无线电讯息，但随后看到警长格林伍德高高地站在目标身后的人群上方，可能是站在广告墙上面，并挥舞着他的手臂。

穆雷

我听不到任何无线电讯息，但看到警长格林伍德高高地站在目标身后的人群上方，通过挥动他的手臂来打手势。

这可能显示出：达肯费尔德想表明当时没有收到无线电讯息。通过加入警长格林伍德挥舞手臂这一细节，他大概想让人觉得他当时是留心和警惕的。

(三) 关于意外事故问题和讨论的相似措辞

达肯费尔德

当时是下午 2：30 （1430），而他说还剩半个小时开球，我们应该按时把他们弄进去。

穆雷

并对总警长达肯费尔德说道外面有一大群人，但我们还有半个小时才开球，而我们能在 3：00 之前把他们弄进去。

这可能显示出：达肯费尔德想表明他们已经考虑过要让球迷按时进入球场的问题。这会更广泛地反驳那些关于缺乏对突发事件的防备和计划的批评。

（四）关于"事实检查"的相似措辞

达肯费尔德

大概在这时我让警长穆雷向我说明我们可能会考虑推迟开球的几种情况。我们已经事先达成了一个统一意见，即如果发生了某个可确认的问题，例如，在高速公路上发生了一个严重的突发事故，或者在奔宁山脉出现了大雾，使大量球迷无法按时到达，我们就会考虑推迟。

穆雷

大概在这时，总警长达肯费尔德让我提醒他我们有哪些已经决定的会推迟开球的情形。我报告说，我们已经同意如果发生了某个可确认的问题，比如在高速公路上发生了一个严重的事故，或者奔宁山脉出现了恶劣天气，使人们无法按时到达，我们就会推迟。

这可能显示出：达肯费尔德希望那些读到这个陈述的人相信他已经考虑过了推迟开球的事，但读到的人有理由放弃这个想法。作为主管人员，他需要询问穆雷这件事让人震惊，而更让人震惊的是，他还得从穆雷那里复制这点。

（五）关于"细节观察"的相似措辞

达肯费尔德

他们看起来在轨道上漫无目的地站着，没有方向。站在1号大门的女警官，距离他们只有几码远，但对他们的存在却毫不知情。

穆雷

他们然后看起来在轨道上漫无目的地站着，而站在1号大门那里的女警官，距离他们仅几码远，但对他们的存在毫不知情。

这可能显示出：达肯费尔德想要强调，由于他们当时在警方控制室，很难意识到某些事出错了——"在轨道上漫无目的"站着的粉丝不是什么需要担心的问题。

考虑一点：在他们所处的地方，真的能够注意到这种程度的细节吗？

注　释

1. 所包括的陈述没有经过修改或修正。也请注意对这些材料的转录永不是证据，只有原始陈述才能保证没有作过任何修改。

📖 进一步阅读

M. Coulthard, "On the Use of Corpora in the Analysis of Forensic Texts", *Forensic Linguistics*, 1994, 1（1）：27~43.

G. Fox, "A Comparison of 'Policespeak' and 'Normal Speak': a Preliminary Study", in J. M. Sinclair, M. Hoey and G. Fox（eds.）, *Techniques of Description: Spoken and Written Discourse*, London: Routledge, pp. 195~183.

E. Sahlstein and S. Duck, "Interpersonal Relations", in W. P. Robinson and H. Giles（eds.）, *The New Handbook of Language and Social Psychology*, Hoboken, NJ: Wiley, pp. 82~371.

C. A. Shepard, H. Giles and B. A. Le Poire, "Communication accommodation Theory", in W. P. Robinson and H. Giles（eds.）, *The Newhandbook of Language and Social Psychology*, Hoboken, NJ: Wiley, 2001, pp. 33~56.

J. Svartvik, *The Evans Statements: a Case for Forensic Linguistics*, Göteborg: University of Göteborg, 1968.

第十一章
调查自然数据中的作者变化

第四章中提到了一个手机短信语料库。在这一章，我们会介绍一项研究，该研究使用这一语料库来检验作者一致性。之所以提出这个问题，是因为其他法律语言学者提出了一些假设（在上面报告过），即个人写作者有着可识别的个人语型。换句话说，基于选定的一些特征词，他们有着可识别的写作风格。然而，这一假设忽略了变化的问题。我们的主张是，要检验风格相似的有效性，首先需要调查变异程度。在之前的章节中，我们给出了在所报告的案件中发现的变体种类的例子，控方的语言学家没有对这些变体发表意见。

开展这项研究的目的之一是检验关于个人语型的说法是否站得住脚。有人怀疑在语言学理由方面，这些说法不成立——参见雅克布森（Jakobso 1956）、拉博夫（Labov 1972）及陈伯斯和楚德吉尔（Chambers and Trudgil 1998："个人语型"）的论述。尽管该检验是针对手机短信进行的，但变异程度的结果被认为可适用于其他自然文本类型，例如信件、邮件和日记。

语料库

一个手机短信语料库被设计和建立起来。本书作者通过 53 个不同的志愿者作者（这里称为"发信人"）收集了总共 950 条短信。对于通常的语料库规模而言，这不是一个很大的语料库，但用在此处是合理的。

短　信

不同的发信人提供的短信数量有很大的差异，有几个人只提供了 1 条短信，而有个发信人提供了 104 条。短信提供的平均数量为 17.92 条。总共收到了 950 条短信。一经收到，那些没有匿名的短信就会被编辑，以保护调查参与者和他们写信对象的身份和位置信息。所有的短信都是写给发信人家人、朋友和同事的。总体上，语料库的主题呈现出日常性质：它们会谈到会议、回家日期、对家庭事务的担心、对同伴的抱怨、工作、孩子、汽车、对没做某事的辩解、要钱或要求还钱、争吵或对争吵的谈话，诸如此类。

变　量

在这 950 条短信的语料库中，总共有 295 个变量，一共产生了 894 种变体形式。有些变体形式十分罕见，其他则出现过许多次。有些多态词（polymorphs）只出现了两种形态。例如，表示介词或不定式助词（infinitive particle）"to""2""to"。尽管有 295 个变量，但有些发信人自始至终只使用某一变量的一种形式。然而，这是少数情况。

实验的目的是检验发信人呈现风格变异的程度。例如，他们是否使用了字符"你"（you）和"to"的不同形态。

研　究

收集手机短信花了超过 2 个月的时间，从第一作者工作地点附近和其他地方的 53 个发信人那里获得（如前所述）。参与者知晓进行手机短信研究是为了司法鉴定。人们可以将他们的短信发送给一个手机号码，而有些人则发到笔者家中，并使用不同的软件将材料上传到笔者的电脑上。有几套短信以纸质拷贝形式提供。参与者所发送或提交的短信必须是在收集这些短信之前已经发送出去过的，且只能提供 12 个月内的短信。

所用变量

首先要确定的是，在这 53 个发信人当中，有多少人在他们的短信中对同一变量使用了至少两种形态。可以认为，那些写了较多短信的人比那些写了较少短信的人更有机会使用到更多的变量。在 53 个参与者中，只有 19 人没有就同一变量使用一种以上的形态。换句话说，64% 的人对同一单词使用了其一种以上的形式，而他们中的一半对 10%~50% 的（他们的子语料库中的）所有潜在变量使用了多种形式。更明确地说：一个发信人可以使用被发现（在语料库或其它地方）有多种形式的某个词（例如"you"）。有些发信人只使用像"you"这样的某个变量的一种形式（未必是标准形式），其他人使用多种不同的形式。这个实验显示出，绝大多数发信人至少对一个词使用了一种以上的形式，而许多人在很大比例的潜在变量中使用了一种以上的形式。

最年轻的发信人，贡献了 72 条短信，显示出了最高程度的变异：在 61 个出现在她所写的短信中的潜在多态词中，32 个出现了一种以上的形态。该发信人使用了不少于 5 种形态的

"you"、四种形态的"yes"、三种形态的"tomorrow"以及多种形态的其他词语。一位16岁的男性参与者，贡献了少得多的21条短信，有着87个潜在多态词。其中18个出现了多种形态，包括四种形态的"chicken"[在"chicken pox"（水痘）这个词组中]。这种变异程度也并非只在年轻的发信人中出现。一位较年长的发信人（女性，44岁）使用了三种形态的"and"和四种形态的"have"。一些发信人在同一条短信中就使用过某个多态词的两种形态。例如，一位参与者（女性，62岁）只提供了一条短信，而其中同时包含有"u"和"you"。而另一位发信人（女性，26岁）也只提供了一条短信，她在里面不仅使用了两种形态的"you"（"u"和"ya"），也使用了两种形态的"good"（"good"和"gud"）。该结果以数值形式呈现在表11-1中。每位作者的变异比例计算为所用变量的数目比上单一形态变量的数目（如前所述）。

表 11-1 展示 53 个发信人群组的变异程度

作者编号	年龄	性别	短信总数	字符总数	类型总数	单一形态多态词	多种形态多态词	单一形态/多种形态
1	44	F	104	1905	627	134	44	0.33
2	70	F	2	47	43	17	0	0.00
3	32	F	11	83	63	33	0	0.00
4	45	F	4	35	28	15	0	0.00
5	50	F	5	53	34	12	2	0.17
7	17	M	30	259	177	73	11	0.15
8	45	M	93	1125	393	124	9	0.07
9	16	M	21	428	231	87	18	0.21

作者编号	年龄	性别	短信总数	字符总数	类型总数	单一形态多态词	多种形态多态词	单一形态/多种形态
10	25	M	4	52	44	18	0	0.00
11	32	M	9	236	116	47	3	0.06
13	25	F	2	32	30	16	0	0.00
15	35	F	1	58	54	26	1	0.04
22	42	F	26	202	147	56	6	0.11
24	46	F	85	934	339	109	25	0.23
26	25	F	39	766	367	116	22	0.19
27	22	F	2	66	55	22	1	0.05
28	37	F	13	245	149	54	4	0.07
32	40	F	42	460	270	82	13	0.16
33	35	F	6	109	73	26	0	0.00
35	18	F	9	191	118	54	4	0.07
36	45	F	3	31	26	6	1	0.17
37	26	F	1	32	30	9	3	0.33
38	35	F	1	25	21	7	1	0.14
39	38	F	6	130	97	37	0	0.00
40	50	F	1	18	14	4	0	0.00
41	20	F	22	309	172	67	7	0.10
42	25	F	5	92	65	25	2	0.08
44	23	M	7	78	64	35	4	0.11
45	32	M	6	99	69	37	1	0.03

续表

作者编号	年龄	性别	短信总数	字符总数	类型总数	单一形态多态词	多种形态多态词	单一形态/多种形态
46	32	F	41	905	330	134	3	0.02
48	45	M	1	24	23	10	0	0.00
49	56	M	27	230	133	42	4	0.10
50	11	F	72	627	285	61	32	0.52
51	15	F	3	35	30	15	2	0.13
52	26	F	8	119	72	32	4	0.13
60	17	M	1	34	30	17	0	0.00
61	40	M	32	249	152	58	2	0.03
63	39	M	2	15	10	5	0	0.00
65	36	M	3	38	32	14	0	0.00
66	58	F	1	43	38	25	0	0.00
67	25	M	48	749	307	105	11	0.10
69	70	M	2	17	16	6	0	0.00
70	45	M	2	51	42	21	0	0.00
71	16	F	94	2323	508	144	42	0.29
73	45	F	1	1	1	1	0	0.00
74	56	M	6	104	72	34	0	0.00
75	70	F	3	15	13	4	0	0.00
77	45	F	4	95	71	21	1	0.05
78	55	M	11	254	146	44	1	0.02
79	26	M	19	276	125	59	4	0.07

作者编号	年龄	性别	短信总数	字符总数	类型总数	单一形态多态词	多种形态多态词	单一形态/多种形态
80	24	M	1	6	6	2	0	0.00
81	62	F	1	15	15	7	1	0.14
82	38	F	7	168	124	50	1	0.02

结　果

多种形态多态词的平均比例为 0.09（9%）。然而，其中的差异较大（0~52%）。男性显示出的变异似乎明显地少于女性（5%:11%）。变异似乎会随着年龄的增大而减少：18 岁及以下的发信人呈现出了平均为 20% 的变异，18 岁~30 岁之间的为13%，30 岁~40 岁之间的为 4%，40 岁~50 岁的为 9%，50 岁~70 岁之间的仅为 7%。因此，年轻女性在所有的子群组中显示出了最高的变异。在发信人年龄和短信的平均长度之间几乎没有相关性：事实上，存在轻微的负相关（-0.08）。类似的，发信人性别和短信的平均长度之间也基本没有关联。在 53 位参与者中，26 位呈现出 5% 及以上的变异。就连那些贡献了 10 条或更少短信的人，通过计算，甚至也呈现出平均为 5% 的变异。

另外，笔者还发现，如预想中一样，随着作者子语料库中短信数目的增加，变异也在增加。因此，在作者发送的短信数目和他们所呈现出的变异程度之间存在着高度的相关性（$p<0.005$，$n=53$）。这点可通过表 11-1 进行确认。这意味着，对每位作者短信数量较少的语料库进行分析，很可能会出现变异程度较低的结果。如果表 11-1 中的数据是可靠的变异度指标，那么每位作者短信数量偏少的语料库很可能无法代表手机短信

这一媒介中作者变异度的真实情况。

注意，在前面提到的这一实例中，尽管短信的数量偏少，但仍然呈现出了较高的变异程度。之前我提到了年轻女性发信人群体中的变异比其他群组高。这可能是在前一章节中被害人短信存在变异程度的原因。目前，我们尚不知道为何年轻人，尤其是女性，比其他群组呈现出更多的变异。

该研究的司法鉴定意义

尽管这是一项小型研究，但它揭示出了大多数发信人出现显著变异程度的可能性，因此，像作者一致性（authorial consistency）这类断言需要谨慎评估。这项研究没有基于所谓的稀有性或重要性对字符进行选择，而是基于它们是否为多态词进行选择。这意味着该实验报告的是变异的实际水平，而非变异的选择性结果。正如在讨论过的实例中，仅仅通过忽略那些被认定为不那么重要的词句中的变异，就断言变异程度低。

我们认为，这一分析所呈现的结果揭示出，如果事先对内部变异（internal variation）进行了评估，那么，正确识别出作者身份的可能性就能大大提升。因此，关于是否可能进行作者身份识别，一些案件会比其他案件有更大的困难。

对自然数据进行实验的结论

在这一分析中，我们试图阐释，在一项司法鉴定分析中，诸如手机短信这类自然数据的作者变异应当被纳入考虑范围。迄今为止，变异大多都被法律语言学家忽视了。在此，笔者重新引用此前给出的报告中的一句话，"对于大多数字词，大部分人在大多数时候都只使用其一种形态"这确实是真的。此报告的实验显示出，尽管只有 5% 的字词是真正的多态词，但他们代表了人们所使用字词的 20% 左右。

因此，从其字面意义上讲，"在大多数时候都只使用其一种形式"这一断言是真的，但 20% 在字词使用中是很大的比例，这种水平足以混淆一项针对作者身份识别的分析。另外，虽然哪些字符会变成多态词几乎是可预测的，但是，人类在对待语言时有着无穷的创造力。因此，由以上的结果可见，不仅个体在使用多态词时会受到其某种形式的"内部"不稳定性的影响，而且手机短信环境下的多态词本身也会受到包括历时性演变（diachronic change）在内的不同形式的社会变化的影响。在考虑手机短信变异时，巴赫金的概念——众声喧哗——被认为尤其有用。根据巴赫金的理论，尽管有序的、标准形式的语言是离心社会力量的证据，但向心力影响着非标准形式。(See Morson and Emerson 1990：30) 在某个以高度变异为常态的媒介中——例如手机短信——可能存在着变异本身也变得不稳定而难以预测的情况。

为了补救这项研究的语言学者所揭示的这种问题，建议司法鉴定文本至少应满足以下要求：

（1）某个案件中的所有文本都彻底经过内部和外部变异性检验。

（2）对于文本集内任何数据稀少性的断言，都经过了一个诸如语言语料库这类外部来源参照的证实。

如果不这样做，就有得出瑕疵结果的风险，可能导致在那些使用了法律语言学鉴定证据的案件中得出不可靠的定罪。

我们不仅应当避免使用不恰当的技术策略——例如个人语型——我们也要毫不犹豫地利用当代语言学的资源，诸如语言语料库、几十年来社会语言学的研究，以及巴赫金、巴瑟斯和其他语言与文化方面的理论家的研究成果。

第十二章
法庭上的法律语言学鉴定证据

　　本章所讨论的案件与英格兰北部一位 19 岁的女性在 2005 年的失踪有关。在她失踪后不久，她的几个朋友和家人收到了发送自她手机的短信。在 2005 年 8 月，警方提供了包含存疑短信在内的一套短信给本书第一作者，并希望知道在该短信集中是否存在一种以上的风格。如果存在，则试着确认发生风格转变的日期。在那时，我们不可能知道所查看的是 15 个同一作者的短信还是有两个作者。

案件中的短信

　　对手机短信中某种情况下的作者身份确认应如何处理，取决于所进行的调查的类型。在当前这个案子中，寻求的是能帮助办案的意见，而非是在法庭上使用的作者身份比对。这个时候还只是怀疑被害人失踪了，被害人可能是自愿的，也可能不是。由于尚无嫌疑犯，因此，不存在对已知作者身份的短信和存在身份争议的短信进行匹配的问题。不如说，当时的任务是看在该短信集内是否在某一时刻发生了风格转变。那么，在这种情况下，最合适的方法似乎是记录下所有非标准形式，并将之予以归类。在当前这个案件中，识别出了 11 个具有 2 种以上形式的特征词。（例如，表示"see you"的"cya"和"cu"以及表示"phone"的"phone"和"fone"。）我们可以观察到，其中一些词的某种变体只出现在最后几条短信中，因此可画出一个特征词序列表。

表 12-1　本案手机短信内容表

短信序号	短信内容
1.	Sum black + pink k swiss shoes and all the other shit like socks. Wer goin2the indian. Only16quid. What u doin x
2.	Yeah shud b gud. i just have2get my fi nga out and do anotha tape. wil do it on sun. will seems keen2x
3.	Happy bday! wil b round wiv ur pressent2moz sorry i cant make it2day. cu2moz xxx
4.	Shit is it. fuck icant2day ive allready booked2go bowling. cant realy pull out. wil go2shop and get her sumet soon. thanx4tdlin me x
5.	No reason just seing what ur up2. want2go shopping on fri and2will's on sun if ur up2it? x
6.	No im out wiv jak sorry it took me so long ive had fone off coz havnt got much battery
7.	Sorry im not out2nite havnt seen u 4a while aswel. ru free2moro at all x
8.	Only just turned my fone. havnt lied bout anything. no it doesnt look good but ur obviously jst as judgmental than the rest. cu wen i cu&ihope its not soon
9.	I havnt lied2u. anyway im off back2sleep
10.	I know i waved at her we wer suppose2go at4but was a buffet on later on so waited. anyway he had a threesome it was great cu a-round

短信序号	短信内容
11.	Im tierd of defending myself theres no point. bye
12.	Thought u wer grassing me up. mite b in trub wiv me dad told mum I was lving didnt giv a shit. been2 kessick camping was great. ave2 go cya
13.	Hi jen tell jak i am ok know ever 1s gona b mad tell them i am sorry. living in scotland wiv my boyfriend. shitting meself dads gona kill me mum dont give a shite. hope nik didnt grass me up. keeping phone of. tell dad car jumps out of gear and stalls put it back in auction. tell him i am sorry
14.	She got me in this shit its her fault not mine get blame 4everything. i am sorry ok just had 2 lve shes a bitch no food in and always searching me room eating me sweets. ave2 go ok i am very sorry x
15.	Y do u h8 me i know mum does. told her i was goin. i aint cumin back and the pigs wont fi nd me. iam happy living up here. every1 h8s me in rich only m8 i got is jak. txt u couple wks tell pigs i am nearly 20 aint cumin back they can shite off form poly-morphs

短信中的特征词

在最初观察到的 11 个特征词中，其中 9 个似乎有某种模式。看到表 12-2 的最后一列，我们发现最小的数字是 12，最大的是 15。因此，特征词似乎从第 12 条短信开始发生变化。"shit" 或 "shite" 是个例外，在 2 个明显的子集中都有出现。

表 12-2　短信集中的特征词表

特征词	短信用词	最后出现的位置	对比特征词	首次出现的位置
have	to	have2	2	ave2
ing/in morpheme	Inconsistent throughout			
off	written	as	of	as
phone/fone	fone	8	phone	13
shit/shite	shit	12	shite	13
see	you	cu	8	cya
good/gud Two forms occur early in set, nowhere else				
doesn't/don't	doesnt	8	dont	13
I	am/not	Im/im	(not)	11
my/me (self)	my (self)	11	me (self)	me
2 not followed by space suppose 2 go 9 ave 2 go 12				

　　基于此，本书第一作者得出了可能存在两种风格的结论。但失踪这件事可能是产生差异的原因，即这位所谓的被害人离家出走，很可能是在生气，也可能是她非常年轻，可能是（根据其中一条短信）她有一段新的恋情等。因此，尽管可能确实存在两种风格（从第 12 条短信开始），但同样可能的是，这两种不同的风格也未必意味着两个不同身份的作者。基于这么少量的短信就作出判断，也显然是存在风险的。

　　大概一年之后，本案的一个嫌犯被发现，并进行了审判，该被告被判定犯下了谋杀罪。尸体没有被找到。尽管委派了一位控方的专家证人，但辩方没有证人。在本书第一作者观察到的 11 个特征词中，控方专家找到了 8 个。而且，他找到了一个之前（第一作者）所没有找到的，他将之形容为在"i amsorry ok"和"ave2 go ok"（短信14）中的"交互式OK"。他评论了词素"ing/in"，但没有把它列举出来。

控方报告摘录

在已知的样本中［被害人］使用的一些缩写和词汇与嫌疑人样本中有好几个重大的不同点。在同一个人的语言选择中发现变异并不稀罕，例如，［被害人］在"goin"和"bowling"中使用了两种版本的"-ing"语素。但尽管如此，对于大多数字词，大部分人在大多数时候都只使用其中的一种形式。

口头证据，庭审，2008：6（A）

关于以上的论述，至少有三方面让人忧虑。首先，尽管在手机短信的情境下，"大部分人""在大多数时候"使用"一种形态"是真实的，但在司法调查中，这实在太含糊了。第二点是在某个人一生的写作中，那些只占很小一部分的形态会有大量的变异。在2008年6月（Olsson 2008）进行的一个手机短信实验中，超过65%的参与者呈现出至少5%的变异，平均变异程度为9%。有趣的是，在所有的年龄–性别群组中，年轻女性（21岁以下）呈现出了最多的变异。变异程度与年龄直接相关：较年长的参与者，尤其是男性，在实验中呈现出较少变异。第三，已知的短信集只包含11条短信。在以上报告中的论述里，其观点是该被害人没有产生什么变异。这点可由该专家的下一句话证实。

在已知短信和嫌疑人短信这两套展现了两种用语选择的短信内容中，对于这9项重要词汇的每一项，［她的］用法是固定的：她只使用其中的一种形态。对于其中6项，嫌疑人短信的发送者只使用另外一种用法。

口头证据，庭审，2008:6(B)

　　"固定"这个词意味着缺乏变异。与之前的句子相比，这显然暗指该作者的习惯是固定的。然而，尽管短信数量较少，并且是在很短一段时间内写的，其中显示出的变异的标志却比显示一致性的要多（如表12-3所示）。

表12-3　受害者短信中的不一致特征词

特征词	短信序号	短信序号
"ing" as – "ing"	3, 4, 4, 10	
"-ing" as "-in"		1, 3
"tomorrow" as "2moz"	11, 11	
"tomorrow" as "tomoro"		6
"are you" as　ru	6	
"around" as "around"	9	
"around" as "round"	9	
"wh" word spelled "wh"	1, 4, 6	
"wh" word spelled "w"		7
"other/another" as "other"	1	
"other/another" as "otha"	2	"other/another" as
"just" as "just" 4	4, 7	
"just" as "jst"		7
"some" as "some"	9 threesome	
"some" as "sum"		1, 3 (sumet)　＊

　　前面的段落从此处开始为报告奠定了基调。在引用被告的

已知短信时，该专家只比较了那些与嫌疑人短信相似的特征词。而在引用被害人的短信时，他只对比了那些与嫌疑人短信不同的特征词。

例如，该专家声称：

对被告先生从 2006 年 6 月起发送的短信进行研究，发现了另外的缩写例证，这些例证在嫌疑人短信中也被用到，有"cumin""goin""gona""txt"以及对"my"的（错误）拼写"me"，和对"off"的（错误）拼写"of"。

（口头证据，庭审，2008：8）

由此可以看出，该专家认为使用的"me"是个所有格代词（即，用以代替"my"）。其含义是，被告在他的短信中一直使用"me"而非"my"。而在他的口头证据中也提到了"me"和"my"的转换，他说道：

（在他的［被害人］短信与存疑短信中不同点列表中）下一个是"my"或"myself"，在［被害人］短信的 3 个例证中，这些词以正常的形态拼写。在嫌疑人短信中，我们看到 1、2、3、4、5 个把"my"或"myself"拼成"me"或"meself"的例证，以及一个"my"的例证。本案中，［被害人］短信中的 3 个例证又是具有一致性的。在嫌疑人短信中，大部分是一致的"me"和"meself"，而有一个"my"的例证。

口头证据，庭审，2008：9（C）

然而，该专家的意见存在一个明显的小错误，以及一个严重的遗漏。这一潜在的小错误是他似乎算错了用以代替"my"的"me"的数目。其中之一出现在第 13 条短信中的短语——"shitting meself dads gona kill me mum dont give a shite"。他声称这里的"me"实际上是"my"。但他似乎没有考虑到这样一种可能，即这里的"me"实际上是宾格代词"me"。按照该专家的思路，这句话应被念成："Shitting meself dads gona kill me mum. Don't give a shite."（"爸会杀了我妈的。管他呢。"）笔者则认为应该读成："Shitting meself dads gona kill me. Mum don't give a shite."（"爸会杀了我的。妈根本不在乎"。）这就能够和之前的短信联系起来："told mum I was lving didnt giv a shit."我认为作者在这里的意思是："Told mum I was lving.［Mum］Didnt giv a shit."（"告诉妈我还活着。［妈］没在乎。"）所谓的"爸"会杀了"我妈（me mum）"的担忧，以及这是引发该作者深切担忧的一件事，都没有在短信中的其他地方得到证实，"she got me in this shit"（"她让我卷进这个屁事儿中"）、"its her fault not mine"（"这是她的错不是我的"）、"shes a bitch"（"她是个贱人"）以及"Y do u h8 me i know mum does"（"Y 你恨我吗我知道妈恨我"）。

　　然而，更严重的遗漏是根本没有提到在其已知的信息中，被告在使用"me"和"my"这组词时并不总是一致的。事实上，在其已知的短信中，其用"my"表示"my"和用"me"表示"my"的次数是一样的（每种各四个）。辩方律师对该专家提出了这点质疑（第 39 页，口头证据），但只提到短信中用"my"表示"my"的一个例子（辩方的律师团队显然没有仔细地观察短信）。因此，尽管被告使用"me"代表"my"，但这不能说明他一直这样做。在法庭互动中，这很容易让陪审团产生某种印象。在上面引用的他的口头证据中，该专家没有指出在被告已知的短信风格中存在不一致性。通过强调被害人的一致性，以及存疑短信的基本一致性，他暗示了一个重大的不同点：该被告提供了将近 90 条短信息，而被害人只提供了 11 条。

随后，辩方律师指出，尽管该专家观察到了在受害者短信和存疑短信之间存在九个不同点，但他（该律师）发现有五个相似点，可这些都没有被该专家提到。该专家回应说："不，因为在短信之间总会存在相似点，所以我更在意的是重大的不同点。"（第28页，口头证据）这让人有些震惊——只在意不同点？司法语言学者的任务不应该是只"在意"相似点或者不同点，而应该同时观察这两者，并评估它们的相对重要性。

当语言学者作为专家证人时，一方面，应对被害人短信和存疑短信之间的相似点和不同点进行比较；另一方面，对所谓加害者的短信和存疑短信进行同样的对比。最后，在已经进行了这些比对的前提下，要对相应的相似点和不同点进行权衡。事实上，这正是本书第一作者在所举反例中所做的事。总的来说，把被告与存疑短信联系起来的证据并不比那些将被害人与存疑短信联系起来的证据更显著。

尽管该专家并没有在他的证据中明确地说明个人言语方式是存在的，以及被害人和被告有各自的个人语型，因此互不相同。他却通过展示他的书面证据和口头证据，着力指出被害人在使用语言时是前后一致的。因此，在她的短信与存疑短信之间的不同点降低了她是存疑短信作者的可能性。专家证人没有对这些不同点和它们的相似点进行权衡。表12-4展示了被害人短信和存疑短信之间的相似点。

从表12-4中可见，在已知短信和存疑短信中有许多相似点。其中的一些与该专家提到的大多数类别同样重要。特别的是，我们要注意到，在已知语料库中的"present"这个词和在存疑短信中的"kessick"这个词，都是用相同的拼写"ss"的形式来替换元音之间的辅音（inter-vocalic）/z/。我们也要重视代表"were"的"wer"和代表"with"的"wiv"。这些词要在网上搜寻，因为常规语言的语料库不能总是准确地代表误拼。英国国家语料库 BNC 根本没有公布这些词。在为了该分析而建立的、包含着从 53 位发信人那里获取的 950 条短信的手机短信语料库中，把辅音/z/写成"ss"形式的例子只出现过一次；把"were"写成"wer"没有出现过；而把"with"写成"wiv"出现了 3 次（两次都是来自同一个参与者）。因此，一个专用语料库显示出这些特征词是罕见的。然而，这一问题只在交叉询问中进行了处理，而并不那么令人满意。要记住的一点是，一个更大的手机短信语料库可能会产生不同的结果。[1]

表 12-4　在已知和存疑短信之间的共同特征词

特征词	已知短信（1~11）	存疑短信（12~15）
把"I"写成小写的"i"*	2, 3, 5, 5, 6, 7, 7, 8, 9, 11	12, 12, 12, 12, 12, 12, 13, 13, 15, 15, 15
把"Jacqueline"写成"jak"	5	12, 15
把"you"写成"u"（包括"cu"、"ru"和"ur"——除了有些地方"ur" = "your"）	1, 4, 4, 6, 6, 7, 7, 7, 8, 11, 11	12, 12, 14
把"with"写成"wiv"	5, 11	14, 15
把"were"写成"wer"	9	13
"shit"	1, 3	13, 14, 15（shitting）
把"know"写成"know"	9	15
把"for"写成"4"	3, 6, 9	13
缺失元音字母	7-"jst"	13 - "lve"；14 - "lving"

特征词	已知短信（1~11）	存疑短信（12~15）
两个元音之间的/z/写成"ss"	11 - "present"	14- "kessick"
把"-ight"拼成"-ite"	6- "nite"	14- "mite"

*除了短信的第一个字母.

之后，在该专家的口头证据中，在交叉询问阶段，其确实承认，被告并不像被害人那么前后一致，并将此归结于被告比被害人提交了更多的短信。然而，当陪审团被告知被告的短信风格并非总是前后一致时，当天的庭审就快结束了。而陪审团已经被请求过延长听审时间，以便让专家证据得以完整呈现。而事实上，到那个时候，他们大概已经形成了这样的观点，即由于被害人在用语方面前后一致，因此意味着她不可能是存疑短信的作者。然而，如前所述，有许多的证据显示出，在短信风格方面，被害人并不比被告更加一致，并且她和存疑短信之间有许多显著的共同特征。另外，仅基于 11 条短信就作出一致性的断言，同时又没有提到不一致性或者相似性，会让证据呈现出误导性的一面。

结　论

如以上的评论所述，本书第一作者作出结论认为该专家过于偏重一致性的问题。然而，在上诉中，这些论点被法官驳回了。法官认为，由这两位专家选择出的特征词之间的相似，就意味着这两种观点没有实质性差别。

司法语言证据的学术价值

在其报告中，该专家十分谨慎地证明其判断可靠。他显然十分有力地指出，被害人前后一致，因此足以证明她不是存疑短信的作者。他被断言没有同样呈现以下的事实：他在口头证据中说道，由于不同点更加重要，所以他寻找着被害人短信和存疑短信之间的不同点。但当他在对比被告短信和存疑短信时，我们看到他考虑的并非是不同点而是相似点。不那么严重的是，他对好几个特征词归类错误或者没有观察到。综合考虑，这几点向自信的人暗示出被告就是存疑短信的作者。然而，在他的报告结论中，他说道："在被告短信和存疑短信中所识别出的语言学特征词相互可兼容，是同一人写出的。"就其本身来说，这并不是个很绝对的论断。事实上，它似乎试图说得含蓄、保守。尽管严格来讲，在被告短信和存疑短信之间确实存在某些相似的特征词，它们相互"兼容"。但其中的一个特征词可能被错误识别或错误计数了，且没有一个就其重要性进行过实证检验。

也没有任何对相似点和不同点进行权衡的尝试，例如，通过运用一个语料库进行比较。被认为同样严重的是，该结论如此自信地低估了其他地方提到的东西。它也没有给出任何概率值。因此，尽管它看似是经过了慎重考虑的科学意见，却没有给出太多信息。实质上，为了看起来具有试验性和"合乎科学的谨慎"，它最大化地降低了别的专家给出的意见的重要性。然而，该报告正文和口头证据的论述看起来都与此矛盾。

注　释

1. 参见上一章节中使用手机短信语料库进行的变异实验。

法律程序：语言与法律

第三部分序言

在法律语言上，法律程序中法律职业者与公众之间所使用的语言通常被称为"语言与法律"。包括与警察的交流、在法庭上接受质询以及其他接受拥有一定司法权限的个人的审问（如避难者所经历的）。这与法律职业者相互之间所使用的语言有明显的区别，后者指语言在法律释明中的作用（本书第四部分"法律语言"将对此做进一步论述）。

在这一部分，我们将考虑语言学分支"语言与法律"领域已经出现的许多重要问题。如律师与被质询的证人互动的方式以及这些方式是如何根据预期要达到的效果或目的而调整的；沉默权以及这项权利改变出现的语义分歧；英格兰和威尔士认为是"弱势的"的证人群体的语言表现，以及对该群体成员使用的语言；证人向警察陈述时出现的"诱供"现象；最后还有，判断个人母语时采取的做法（避难者案件中涉及的重点问题）。关于上述各个问题，不仅有充分的研究，还有鲜活的实例，本书对此也有所涉及。

这部分的章节结构如下：

第十三章"法律背景下的权力：法庭"将首先解决权力及其如何在庭审程序中表现的问题。本章开头先较为全面地介绍了法庭是如何运作以及权力是如何变现的；接下来，从总体上考虑律师在这一背景下提出的那些影响（甚至可能决定）证人后续回答的问题的本质；最后，简要分析法庭体系认知实质的哲学基础——也就是，外行人不会是"身家清白"地进入法庭，但法律程序预设了法庭语境下包含了所有相关信息。

下一章，第十四章"法律背景下的权力：警察"将对外行人与警察的交流进行了较为全面的论述。本章开头也是分析警官与证人（询问人与被询问人）之间的权力动态。所谓的动态是指证人与警察之间的这种交流有哪些典型特征，而这些特征又会对证人产生何种影响，他们是自愿还是被强制接受警察审问。接下来，我们将考虑"沉默权"以及当代在各文化区域出现的有关这项权利的改变。我们还会考虑被询问人或证人充分表达自我的（语言）权利，以及警察收集的证人证词中出现"口头语"的情况，因为不同国家对这一问题均有记录。

在最后一章，第十五章"弱势证人"中，我们将考虑什么是弱势。在判断谁可能会被认为是或谁不会但可能应该是"弱势的"（或"受胁迫的"）时，不同国家是如何适用脆弱性标准的。我们还会详细分析涉及儿童和强奸案受害人的一个重要问题，特别是关于"同意"的问题。本章最后将考虑避难者需要接受语言测试以确定其母语的情况。

第十三章

法律背景下的权力：法庭

　　与法律和法律职业者打交道——从接受警察询问到出庭作证——都涉及权力的天平明显向法律职业者倾斜的情况。这种权力首先表现为对行动的限制：即使你不喜欢自己受到的对待，你也不能随意走开。（cf. Cicourel 1988）你还需要注意自己与他们说话的方式，但他们与你说话的方式却没那么受限。对抗警察和司法人员天然权威的后果取决于你所处国家的传统，轻至口头训斥，重至监禁，在一些国家甚至会受到肉体伤害。

　　本章将先分析公众与法律职业者之间的权力动态的本质，然后概括国际上出现的法庭体系的主要类型，包括它们的运作机制及典型的行为特征。其后，我们将全面回顾出现在西方法律诉讼程序中的质询动态。

法庭中的权力

　　权力是指一个人或多个人基于权威、操控力、说服力或强制力而对他人施加预期影响的能力。（Kramarae et al. 1984：11）法庭的运作有其自身的规则，任何私人的或自发的规则都是不被允许的（cf. Penman 1987），而且会被视为"藐视法庭"，甚至可能会受到监禁等处罚。外行人与法律职业者之间的权力不平衡主要源于情境和语言。情境产生的权力确保证人必须出庭并按指示行为。他们如果没那样做，则会面临被监禁或遭受其他传统上被认可的报复的风险。情境产生的权力还包括律师设计问题和根据情境作出要求的语言上的权力，但证人和其他外行人却不享有这种权力。在证人作证的任何阶段，话题的选择、证人提供信息的能力都在律师的掌控之中；决定证人的回应能否作为回答的权力也在律师和法官的掌控之中。(cf. Briggs 1986)

　　本质上，律师因此有权掌控接下来要讨论的内容，并且几乎控制证人能够在其证词中提供多少可以使法庭了解"发生了什么"的信息。尽管每位证人通过证词作出的犯罪叙述基本上都是回答律师问题的产物，但每位证人的证词被允许提供的信息形式和内容都在提问律师的掌控之中（很像单人陈述）——见示例 13-1 所列示例。(Luchjenbroers 1993：308)

示例 13-1——进行交叉询问的律师

　　假设去年 11 月你在作证时被问到这个问题：

　　"你在有关烧烤叉的书面口供中提到，Y 先生把烧烤叉留在那里以备防身之需?"

　　答："是的。"

　　问："你还说他把烧烤叉放那里，是因为你觉得他遇到危险时可以去车里拿烧烤叉防身?"

　　答："对的。"

　　"你在口供中提到以上内容是因为你认为他在遭遇枪击时，要么是往车那边走，要么是赶着到车上去拿烧烤叉?"

　　你是不是回答"去拿武器"?

之后你是不是被问道"你向警察局做口供时也是这么想的？"

你是不是回答"对的"？

之后你是不是被问道"你有这样的想法是因为你和 Y 先生很熟稔?"

答："是的。"

"好，现在我带你再过一遍上述口供，你在去年 11 月作证时是不是被问到那些问题，你是不是作出了那样的回答?"

证人："是的。"

"那些回答都是真实的?"

证人："是的。"

抛开情境产生的权力不说，律师能够有选择性地削弱证人向法庭呈现的罪案描述在很大程度上是因为他们对案件事实了如指掌。事实上，律师预测证人回答的性质和内容的能力是如此之大，以至于他们能够在提问中使用特定的细节来引导证人作出更加肯定的回答（例如，通过在某些本以为会用"任何"的场合使用"一些"的表述）：

示例 13-2　你是不是喝了一些酒？

示例 13-3　你是不是喝（任何）酒了？

在上述例子中，示例 13-2 预设证人确实喝了酒，并意图引导证人解释喝了多少酒，而示例 13-3 则预设证人没有喝酒。

如果对案件没达到如此熟悉的程度，提问律师很难控制每位证人证词中的信息成分，使其相互一致，似乎事实就是如此。提问者是知道答案的人，而被提问者是了解提问者知道答案的人。然而，真正的"受话者"（即法律职业者为"赢得"案子需要去说服的人）是整场审判中沉默的旁观者——陪审团。

这一动态是一种虚拟的互动形式（cf. Pascual 2002，2006），发言者（即提问者）与受语者（给出所需答案的人）之间的对话结构看起来模仿了普通情境下发话者与受话者"正常"互动的特征。然而，不同于普通情境，法庭审判是一种演出，沉默的陪审团必须观看该表演并据此作出裁决。主角已经练习过自己的台词，并且在低一级的法庭进行了若干场彩排（预审环节）。证人也需要以特定的方式表演，这样，整个审判过程才可以成功演绎一个可被理解的"故事"，陪审员才可以顺利作出裁决。

法庭体系

世界上的法庭体系基本上分为两大类：(1) 一类采用以询问为主的"对抗制"（也称"控辩制"），如美国、英国和澳大利亚的模式。(2) 另一类采用由一个或多个法官（取决于所指控犯罪的严重程度）参与的"纠问制"，这也是欧洲传统使用的模式。（Certoma 1982）

对抗式法庭

对抗制是对立双方之间的一场"竞争"，双方分别展示自己的论点和证据，并且有权询问对方。对抗的双方通常是：(1) 作为控方的皇家（或国家）检察院。(2) 由辩护律师代理的"被告"（或"辩方"）。对抗制也被描述为包含"程序真实"（Certoma 1982），其预设真相会在控辩双方间的协作中浮现，尽管这一过程更多地表现为"挑战"而非"协作"。此外，被告无须提供证据，并且可以得益于"无罪推定"。（即陪审团会受到这样的指示：除非能在"排除合理怀疑"的情况下相信被告有罪，否则应认定被告"未犯"所述罪行。）

对抗制常常受到这样的批判：只在乎能否赢得诉讼，却不一定能发现真相。对抗制有时也被称为"辩论式"的智慧之战，陪审团要决定谁的仗打得更漂亮。（Brower 1981）庭审由独立、客观的法官主持，法官一般不提问，其主要任务是确保所有程序规范和证据规则都得到严格遵守。证据完全掌握在控辩双方手中，法官事前不会接触任何证据。

研究者曾批评所谓的"法庭上发生的"和"法庭上应当发生的"之间荒谬的差别。（Carlen 1976；McBarnet 1981）语言研究者曾描述这样一种概念上的差异：一方面，证人应当能够在法庭上"讲述他们的故事"；另一方面，他们所能向法庭贡献的证词却少之又少（因为权力受限）。（Luchjenbroers 1993，1997；Eades 2000，2003，2008a，2008b；Aldrige and Luchjenbroers 2008）

纠问式法庭

在纠问式法庭中，所有的询问均由主审法官完成。主审法官不仅可以控制向证人提问的量，还可以决定进一步可能需要采取的询问路径。在这种情况下，律师的角色更为被动。除了向审判席（此情况中即指法官）建议进一步的询问路径，他们只能在法官结束询问后进行提问。律师的提问应简短，因为法官会提出所有相关的问题。

程序上，纠问制法庭与对抗制有实质区别。表现在被告是第一个作证的（且必须在看完所有对其不利的证据后作证），而且纠问制中没有"无罪推定"原则。相反，其预设的如果是本就不存在显示有罪的证据则无需审判。

有关纠问制的批评包括语言学上的这项发现：法官无法避免形成法庭偏见，而这些偏见可能会对庭审结果造成不公正、不适当的影响。例如，沃达克发现，证人在庭审中的表现会影响庭审的结果，他们的"表演"能力取决于法庭能在多大程度上接受他们维持适当"语域"的能力。例如，沃达克发现，中产阶级发言者在整个庭审程序中都保持着一种语言风格（即有教养的、正式的语域）。而工薪阶层和较低的中产阶级发言者则经常改变语言风格，并且会因为恐惧、不安和未经历过某些场面而显得矫枉过正。这会导致社会阶层高的被告有机会讲述自己遭遇的不幸，而不仅仅是回答法庭提出的问题；然而社会阶层较低的证人却不断被法官打断，更没有机会陈述犯罪事实。（Wodak 1985）

以下有关交通肇事案件的庭审结果证明了这种程序差异的意义：一案中，被告（男性，大学教授）驾车撞死路人，却仅需承担轻微罚金；而另一案中，被告（家庭主妇，无业）撞到另一辆车，未造成伤亡，却被判处 3 个月监禁。（Wodak 1985：189）那位大学教授承认有罪，并且有机会以叙述的形式解释（自己）当时发生了什么，而通过这一过程，他成功引起了法庭的同情。相反，那位家庭主妇声称自己无罪。法官问了她一些问题，她在尝试叙述事件经过时却经常被打断。她在回答问题的过程中频繁改变说话风格，也不怎么能控制自己的证词以及法庭对她的评价。对这些庭审结果产生决定性影响的因素是证人在法庭上的语言表现，以及法庭从既有偏见（有关哪种证人能够比较可靠地提供有用信息）中产生的看法。

尽管沃达克的研究阐释了纠问式法庭中存在的这种偏见，但对抗式法庭也需要处理所有诉讼参与者的偏见：从警察，到律师的提问，再到法官和陪审员。

情境特征与行为规则

情境特征（如法庭的布局、法庭设施的尺寸和质地）会强化权力的不平衡。通常，证人处于中心位置，所有人都看着他（她），听着他（她）说话（一般在法官和陪审团之间、庭上的其他人能清晰地看到的地方）。庭上的设施通常也会突出权力的不平衡，比如法官通常坐在稍高的位置，法官席通常由更厚重的木头制成。罪行越严重，这些差异就可能越显著。陪审员通常分排而坐以便于观察庭审程序。而在刑事审判中（英国和澳大利亚），被告可能会被要求坐在庭上所有人都能看清的"被告席"（有时是防弹的）上。而在下级法庭，他（她）可以坐在代理律师身旁，如美国的做法。

证人作证时，律师是站着的，但在一些国家（如英国和澳大利亚）律师需要穿特制长袍或制服，在某些重要的庭审中还要戴假发。这些明显标志着律师的相对权力，以及他们与法庭的密切关系。在美国，尽管律师要穿律师袍和戴假发，但他们能够在法庭上走动自如，还可以走到证人席上。然而证人却没这么自由。这些特征共同构成了律师与证人（和陪审员）某种程度上的显著对比：相比之下，证人（和陪审员）不会穿着满足特定场合需要的复杂服饰，也不能在法庭上随意走动。然而，根据被指控犯罪的性质，被告可能会被警察带入法庭并且身穿囚服。尽管在某些法庭（尤其是美国），为了消除这身行头对有罪推定的影响，囚服已经被正常的服装所取代。

庭审从控方（或非刑事审判中的原告）传唤证人开始。这当中包含了"指控在前，辩护在后"的社会准则。每位证人提供"主要证据"（通过回答控方律师的提问）后，可能要接受辩方律师的"交叉询问"。这一过程通常被称为"询问证人"或"询问"。如果交叉询问中展现了更多似乎会对控方不利的细节，控方律师可以"再次询问"证人。之后，辩方律师如果认为在控方再次询问之后还有更多的细节可以被挖掘，可以选择进行"再次（交叉）询问"。

当控方问完所有有助于搭建对自身有利的案件事实的证人后，辩方律师可以传唤己方证人。这些证人需要回答辩方律师的提问，之后再接受控方律师的交叉询问。在许多案件中，辩方律师可能只会传唤品格证人。尽管辩方律师可以构建自己的案件事实版本，但他们只需要对控方的事实版本提出质疑。事实上，向陪审团提供另一版本的故事是有风险的，因为陪审团可能会选择一个他们最喜欢的版本。

当证人被控方或辩方传唤时，他们应该会被"友善的"律师询问，被"敌意的"律师交叉询问。但事实并非总是如此。控方的主要责任在于构建一个不利于被告的、可信的案件事实。他们需要传唤每个拥有关键信息的证人，无论证人是站在控方还是辩方（如被告的直系亲属）。如果控方没有传唤那名证人，那么辩方也没有义务这样做。在这种情况下，控方没有什么选择的余地，只能传唤那名证人。如果证人表现出不愿意回答控方的提问，法官可以宣布证人是"敌意的"，并允许控方律师在该证人提供主要证据时使用交叉询问的提问方式。

典型的证词结构

询问的程序一般是先确认证人姓名，然后是她的住址或职业，以便于向法庭及该场庭审的书记员说明这名证人的身份。（参见示例13-4和示例13-5的庭审示例）

示例 13-4 控方律师

"这是你的全名（姓名）吗?"

证人:"是的。"

"你是一名巡警,对吗?"

证人:"对。"

"你现在在哪个部门?"

证人:"州法医实验室下的摄影室。"

"在（日期）你在那个部门么?"

证人:"在。"

"那天,晚上 9：30 左右,你在（地点）吗?"

证人:"在。"

示例 13-5 控方律师

"你能不能对着法庭大声、清楚地回答下列问题,让所有人都能听到你在说什么? 你的全名是 Z 女士,对吗?"

证人:"对。"

"你的职业是什么?"

证人:"我是一名人事顾问。"

"你住在哪里?"

证人:"在（地点）。"

"在 1986 年你是本案死者 Y 先生的女友,对吗?"

证人:"对。"

"在他去世前,你是不是还住在（地点）的 X 公寓?"

证人:"是。"

"你在那里住了多久?"

> 证人：“差不多 11 个月。”

　　在上述例子中，值得注意的地方是，证人不用回答自己的姓名或职业，而只需要确认自己的姓名和职业。这种询问技巧掠夺了证人自己提供必要信息的权利，在某种程度上还是对她不同意律师意见的一种挑战。律师由此将自己设定为公认的权威，也不怎么会将时间和注意力浪费在诸如照顾证人面子等微妙的人际关系处理上。(cf. Archer 2011)

　　上述例子反映出，在确认证人身份后，律师的下一步工作就是明确这名证人（及其证词）是如何与向法庭展示的案情相关联的。在示例 13-4 中，证人与所述罪案之间的联系是她收集证据的工作职能；而在示例 13-5 中，相关联系是证人与死者之间的社会关系（她是他的女朋友）。这些开放性的问题与法庭"此时此地"的情况相联系，并且需要在律师通过询问深挖过往罪案的细节前予以说明。之后，律师将定位于某一特定时点，他们后续提问涉及的罪案发生期间的某一时点，如"如果现在我把你带到 Y 先生死前的一小段时间，你当时是不是和他去斐济度假了？"这是证人证词如何在法庭形成的典型示例。

询问规则

　　律师对于掌控局面的需求促成了法庭语言的单边属性。为了以最优的顺序提取证人的信息以达到阐明事实的最佳效果，律师不允许出现任何可能影响他表达的论点，或他希望向陪审团构造的犯罪情节的差错。这通常涉及按照尽可能严格的时间顺序展示材料，包括证人证词本身的语句次序，以及不同证人被传唤出庭作证的次序。然而，询问的基本规则中有一项是，应当允许证人以自己的方式陈述他们认为的案件事实：越少打断越好。实践中，前述引导证人作证的目标与证人应当用自己的话作证的理念是不相符的，而证人和询问律师在提供犯罪情节信息中的占比便可以证明。为了说明这一点，同时明确律师和证人庭上行为的本质特征，研究者对法庭语言中询问和回答的类型做出了分析。

问题类型

1980 年，布伦达·达内（Brenda Danet）根据她对美国庭审互动的观察，首次综合阐述了律师在法庭上的提问。达内在她的长篇论著中对律师使用的所有问题形式进行了大量的类型化分析，并且对特定语句类型的目的和功能作出了描述。例如，她将律师的提问描述为用以检验或挑战证人陈述的"武器"；或作出指控的"工具"。她还指出了一些可能用来博取陪审团同情的语言技巧：如使用代词"我"；以昵称或本名称呼被告，却以姓氏加头衔（或单独的姓氏）的方式称呼证人。这样一些技巧造成了"我们"对"他们"的模式，而这样的标签可能会促发对证人的同情或敌意。（Danet 1980；Lakoff 1985）进一步的技巧包括：（1）使用法律术语，以确立庭审情境下的权威，同时提醒陪审员律师承担着代表法庭从事职责行为的角色。（2）使用俚语，在陪审团面前将自己塑造成有素质的、值得信任的人。（cf. Lakoff 1985）

方法学上，分析者如对律师和证人在法庭上贡献的信息进行分类，第一步要做的就是先确定必要的分析单元。如此可以保证分析的一致性和透明度，并且能够基于对研究发现的数据测试需要进行量化分析。

由于贡献（尤其是律师作出的）可能极其冗长和复杂（示例 13-1），如果分析者选择以"转折"为分析单元，那么许多细节可能会丢失。即使以"语句"或"语句类型"为单元，也

可能会遗漏某些细节，因为有些语句包含着不止一项功能。（见示例 13-6）

示例 **13-6** "你能告诉我他什么时候到吗?"

主句是一个"能或不能"的问题，但如果对主句问题的回答是"能"，那么配合的证人很可能会一并回答主句中嵌入的问题"他什么时候到?"。因此，分析者需要决定（在编号之前）分析过程中是否应捕捉这一可能性，以及什么样的分析单元能够最有效地捕捉这种可能性。

一旦做出了决定，假设律师的主要任务便是通过提问来构建证人的证词，那么，分析者就需要勾勒出律师可能会使用的问题类型。（英语中）律师所贡献信息的一个简单分类可能是使用不同功能的句式："疑问句"对"陈述句"。疑问句式与提问有关，以某一助动词开头，如"你能……"（Can you…）、"你会……"（Will you…）等等，或以某一疑问词（"如何""何时""何地""为何"。）开头，如"何时……"与此不同，陈述句式主要与作出陈述有关，通常以主语开头，如"你……"。

证人的证词是表达证人所认为的案件事实的主要工具，这似乎是需要关注的一类。然而，还需要关注第三类，即律师那些完全不以引导证人回答或回应为目的的贡献，如说明或背景信息。（示例 13-7）

示例 **13-7** 控方律师

"又一次，没有确切告诉我们说了些什么，

"你和他们简要讨论了一些问题。

> "他们那个时候是否进入公寓或是否离开?"

在这个示例中,第一行是一个说明,第二行是对此前所提供信息的重述(=下一个问题的背景信息),第三行则是问题。类似的例子说明,选择主句作为分析单元比起以转折或整个句子为分析单元要更为有用。然而,即使选择主句作为分析单元也不是直接明确的。因为通过"或"连接的问题虽发挥着一个独立单元(即问题)的作用,本身却包含着两个问题。这说明了需要进一步厘清问题类型,并列式问题仅仅是众多类型中的一种("二选一"式问题)。

形式与功能之间的区别非常重要,因为在法庭询问中,陈述句通常发挥着这样一类问题的作用:律师等待证人对其所陈述内容进行确认或反驳。(见示例 13-8)在这一示例中,一系列的陈述句(一般与作出陈述有关)被用作问题的载体(需要证人回应),但这比律师所期待的回复更丰富。

示例 13-8　控方律师

"那些门是如何开关的?"

证人:"遥控。"

"怎么遥控?"

"是不是你在靠近入口时使用车上的某个装置?"

证人:"对的。"

"也就是说,需要启动遥控装置才能进入院子?"

证人:"对的。"

"那个社区每个单元的业主都有打开安全门的装置?"

证人:"是的。"

　　卢奇杰布罗尔斯指出，在她收集的数据（6 天的谋杀案庭审，涉及 31 名证人）中，律师话语中使用的疑问句式不足 1/2，超过 1/3 为陈述句式，其余 17% 为言语行为而非问题或陈述。根据作证阶段的不同，这一分布会有所变化：疑问句在询问中的占比（53%）要大于在交叉询问中的占比（48%）；而陈述句在交叉询问中的占比（48%）可能是询问（24%）中的 2 倍。（见表 13-1）（Luchjenbroers 1993，1997）

表 13-1　语句类型×作证阶段的大致分布

	疑问句	陈述句	非问题或陈述	合计
询问	1094 53%	497 24%	497 23%	2051
交叉询问	692 42%	795 48%	163 10%	1650

注：尽管疑问句毫无疑问被用作问题（无论带修辞的或本身如是的），但在本文分类中陈述句也通常被用作问题。

　　下述例子（示例 13-9）说明了这样的概况，陈述句（用作问题或陈述）被大量使用，而证人贡献的信息量却很少。

> **示例 13-9　交叉询问的律师**
> 　　"现在，我推测，当 Y 先生进到院子，被要求从车里出来并且不要关上车门，他的回应将会是：'我每周交 115 美元的租金，我可以随心所欲'？"
> 　　证人："我完全不知道他当时的回应，我也没注意。"
> 　　"我要提醒你：你在那片公寓居住期间，被告一家生活得很平静，是吗？"
> 　　证人："是。"
> 　　"他们看起来是非常平和、有礼貌的人，你同意吗？"

证人："同意。"

"我猜，在那个公寓里你和 Y 先生比较熟络，是吗？"

证人："是的。"

"1986 年初被告家的小儿子结婚时，你被邀请参加他们的家庭派对，是吗？"

证人："是的。"

"被告家庭成员从未跟你说过一句话，是吗？"

证人："不是。"

"那么我要问你几个关于 Y 先生的问题。首先，他是空手道黑带，是吗？"

证人："是的。"

"他曾经在公寓中练习空手道，对吗？"

证人："对的。"

"他对于自己是空手道黑带的事实非常自豪，是吗？"

证人："是的。"

"他有六尺高。"

证人："是的。"

"他很健康？"

证人："是的。"

"他会举重，是这样吗？"

证人："是的。"

"他是个很壮硕的人？"

证人："是的。"

"我猜他还是个拳击手？"

证人："不是，I-EDIT"

"你有没有听他说过他是拳击手、他会打拳击的事？"

证人："没有。"

"你是否同意：他是一个热衷于武术的人？"

证人："是。"

．．．．．．．．．．

"告诉我，他有没有枪？"

证人："没有"

"他用枪吗？"

证人："我不知道。"

"但他确实在他的车里放了一件武器，是吗？"

证人："他车里有武器？"

"他车里有武器？"

证人："不，我不知道。"

"是这样吗？那好，他是不是在车里放了什么东西，在需要时可用作武器？"

证人："我不会把烧烤叉叫作武器。"

"好，是不是武器取决于它如何被使用，但他是不是在车里放了把烧烤叉用以在必要时的自我保护？"

证人："那个烧烤叉是在烧烤后留在那里的，Y 先生应该是要把它还给他弟弟。烧烤叉不过是搁在那里，但 Y 先生不是，也应当不会把它留在那里用作武器。"

"看，Z 女士，在（日期）之后的一段时间，你是不是向警察做了口供？"

证人："是的。"

"在你向警察做的那份口供中，最后一段你是不是这样说的：'Y 先生在他轿车的乘客座上放了一把很大的不锈钢烧烤车，仅仅是以防遇到麻烦时可以用到。'"

> 证人："是的，我是这样说的。"
>
> "你这样说了，你说的是事实吗？"
>
> 证人："是的，那是事实，但我当时说这话的方式，并不是要暗示他把烧烤叉放那里52年当武器用。"

从语义上说，上文的例子还阐释了引导儿童证人作证时用到的"小步走"策略。（cf. Aldridge and Lunchjenbroers 2007；Lunchjenbroers and Aldridge 2007）使用这一策略的律师会先提出一些看似无害的、证人愿意回答的问题，然后，通过一系列的问答最终构造出一幅逆向发展的画面。证人可能会及时意识到事态严重性，但已经无法提出反驳，因为后续的否认等同于自相矛盾。

通过对律师问题的基本分类（疑问句式和陈述句式）作详细分析，我们可以进一步挖掘法庭提问的全部特性。律师所使用的问题包括那类捕捉说话者偏见的问题，如对立性问题——律师提问时使用的谓语是肯定式还是否定式？例如，"你是不是晚上7点到的？"和"你是不是晚上七点还没到？"的区别在于，前者预期那位经纪人的确在晚上7点到达，而后者则预期她没到。卢奇杰布罗尔斯指出，询问阶段中否定式问题仅占1%。尽管这一比例在交叉询问阶段有所提高，但也仅仅是8%。（见表13-2）（Lunchjenbroers 1993）

表 13-2 作证阶段语句类型的整体分布

	主询问		交叉询问		合计	
肯定式问题	1278	62%	1240	75%		
是/否式问题	690	34%	690	26%		
反问式问题	43	2%	43	3%	2518	68%
陈述句式问题	545	27%	545	46%		

续表

	主询问	交叉询问	合计
否定式问题	18　1%	135　8%	
是/否式问题	0　0%	15　1%	795　4%
反问式问题	5　5%	64　4%	
陈述句式问题	13　1%	56　3%	
"何"式问题	368　18%	150　9%	518　14%

问题分类的另一标准是律师在多大程度上允许证人完整地或有限地作答。例如，像"你是否按时到达?"这样的问题（是/否式问题）只会获得有限的回答（即要么"是"，要么"否"）。但像"接下来发生了何事"这样的问题（"何"式问题或开放式问题）则会获得详细的回答。

然而，鉴于律师需要完全掌控证人作证所提供的信息含量，像"接下来发生了什么"这样的问题给予证人的作证空间是律师所难以承受的。在卢奇杰布罗尔斯收集的数据中也未发现这类问题。相反，限制性的"何"式问题，如"你的车是何颜色?"，只需要一个简略的回答（如"蓝色"），就较为常见：询问阶段占18%，交叉询问阶段占8%。（Lunchjenbroers 1993）

卢奇杰布罗尔斯进一步介绍了据以对证人进行分类的变量，即预期证人对审判结果可能持有的偏见。那么，对于可能支持有罪判决的证人（如死者的女友）和可能支持无罪判决的证人（如被告的兄弟），询问的方式会有所区别。（见表 13-3）（Lunchjenbroers1993）

表 13-3　以预设的证人同情程度划分的语句类型分布

主询问	有同情心的	无同情心的	警察
背景介绍	52　14%	63　18%	264　22%

主询问	有同情心的		无同情心的		警察	
是/否式问题	141	39%	117	33%	439	36%
陈述句式问题	76	21%	80	23%	376	30%
"何"式问题	93	26%	95	27%	150	12%
交叉询问						
背景介绍	18	8%	40	7%	63	8%
是/否式问题	110	50%	185	33%	225	29%
陈述句式问题	61	28%	315	57%	392	51%
"何"式问题	32	14%	18	3%	92	12%

注：有同情心的证人包括那些接受控方询问时肯定支持"有罪"判决的人，以及接受辩方询问时的品格证人。

正如上文所提到的，"何"式问题（即使是限制性的）在询问阶段证词中出现的比例为18%，在交叉询问阶段证词中的比例则为9%。然而，如果把证人的同情心考虑在内，这一比例会发生显著变化：结果显示，在（询问阶段）向有同情心的品格证人提问时大幅增加（至30%），但在辩方交叉询问控方证人以及控方交叉询问品格证人时却降至仅仅3%。

除了分析者了解的问题类型外，证人所能提供的回答的范围和类型对于相关分析也有重要意义，这在下一章中将有所涉及。

回答类型

这一变量包括对问题作出简短的、详细的和逃避的回答，以及那些证人毫无回应的情况——无论是否有回答的机会。（注意，并非所有的回应都构成回答。如，"我不知道"是一种回应，但并非回答，因为它没有提供所需要的信息。）根据预期证人对被告的偏见，律师提出的背景性问题在不同的证词类型中的占比差别很大。例如，背景介绍在询问阶段占到律师贡献信息总量的1/3（36%），在交叉询问阶段则占到将近1/2（48%）。（见表13-4）（Lunchjenbroers 1993）然而，从证人偏见的角度说，上述比例在律师交叉询问有敌意的证人时高至57%，而在询问有同情心的/无敌意的品格证人时则低至7%。

表13-4　以预设证人同情程度划分的回答类型

主询问	有同情心的	无同情心的	警察	合计
背景介绍	112 31%	107 30%	495 40%	736 36%
简短回答	184 51%	137 39%	135 35%	805 41%
详细回答 ＊"何"式问题	66 18% ＊24（7%）	111 31% ＊32（9%）	299 24% ＊79（6%）	510 25% ＊145（7%）
交叉询问				
背景性	70 32%	319 57%	356 46%	793 48%
简短回答	99 45%	182 33%	230 30%	549 33%
详细回答 ＊"何"式问题	52 23% ＊17（8%）	57 10% ＊2（0%）	186 24% ＊25（3%）	308 19% ＊24（3%）

＊此处未包括一类证人（矛盾的证人＝那些无法预测其是否同情被告的人，如医生）。

关于证人通常给出的回答，简短型的（即单单一个"是""否"或限制性"何"式问题要求回答的点）最多，这一情况在询问阶段（41%）表现得比在交叉询问阶段（33%）要更为明显。律师询问有同情心的证人时，证人证词中有一半是简短回答（51%）。然而，对警察证人进行交叉询问时，情况截然不同，证人做出的简短回答不足其证词的1/3。

从询问阶段证人做出的各类回答看，如提问律师是有敌意的，那么证人证词似乎会更多地表现为详细的回应；如提问律师是有同情心的，情况则有所不同。（cf. 18%：31%）这也反映了证人对与提问律师之间敌对关系的典型反应。而在交叉询问阶段，这一发现则出现了反转，有敌意的证人提供的详细回答比其他证人在任何作证阶段提供的要少得多：低至10%［其中只有2%（整体的0.4%）］的回答是针对"何"式问题的。

下面，我们将讨论如何衡量律师提问与证人回应之间的互动程度。

话题连贯性

与这类对话有关的另一个因素是，律师提出的问题通常与前一位证人回答的内容在主题上不甚相关。意思是，这种似乎与其他事情有关的后续提问，会使证人感到疑惑并可能因此在回答时出现停顿（可能会被认为是不诚实的表现），还可能促使法官和陪审团对该证人证词的可信度产生怀疑。并且，证人回答与律师后续提问之间缺乏连贯性，对陪审团而言还可能是一种负担（迫使他们跳跃性地思考和推测其中的关联性）。卢奇杰布罗尔斯表示，从她收集的数据看，有时候向证人先后提出的问题显得有些生硬，且缺乏语境。（见示例13-10和示例13-11）（Lunchjenbroers 1993）

> **示例13-10 控方律师**
>
> "在此之前你认识他多久？"
>
> 证人："差不多4年。"
>
> "在（地方）有7间公寓，是吗？"

在示例 13-10 中，证人认识死者有多久和他所居住的地方有几间公寓之间没有明显联系。而在示例 13-11 中，证明证人与被告是同事与证人了解被告的兴趣爱好之间没有明显联系。律师的这种前后提问缺乏连贯性的情况，在其所有提问中占到63%。（Lunchjenbroers 1993）除了那些某种意义上算是与证人的互动（例如说明）外，律师所有的话语中似乎只有 12% 是对证人之前所回答内容的反馈。

示例 13-11　交叉询问的律师

"他曾经与你共事，对吗？"

证人："是的。"

"他是否跟你谈论过他喜欢射鸭？"

（没有回答……撤回提问）

关于证人偏见，在询问阶段，律师提问可能对其目的有敌意的证人时表现出最高程度的互动性（高至27%），提问可能有同情心的证人时则程度最低（辩方律师询问品格证人时低至2%）。同样，在交叉询问阶段，有同情心的品格证人接受着最低程度的问题互动性（5%），与有敌意的控方证人相反（15%）。

总的来说，上述结果显示，在证人偏见方面，相比于敌意性提问关系，律师–证人的提问关系敌意性越弱，律师对证人此前回答的互动性可能就越强。这意味着，有同情心的证人可以在无需太多帮助的情况下更迅速地跟随律师的推理路径。而在有敌意的询问关系中，互动性程度越高，可能暗示着律师对证人所反馈信息的质疑程度越高。

总 结

上文所述的分类模式说明，文本分析可被用于揭示法庭内的权力动态以及有关所有参与者的情境动态。这阐释了律师和法官控制庭上对话的方式和程度，以及如何向陪审团展示犯罪情节。分析者接触到的问题类型可以揭示律师在多大程度上细化和限制证人提供的证词，而回答的类型同样反映了提问律师允许证人回答多少内容（在向证人提出他们可回答的问题前进行背景介绍），以及证人在更具敌意性的情况中——提问律师期望争取的审判结果与证人不一致时——可以尝试获得多少反馈。最后，律师在多大程度上通过先后提出的问题建立连贯性，是决定法庭上提问动态及其如何区别于其他对话类型的另一重要因素。

除了之前观察到的以及法庭上可能出现的对话特征外，语言学家又转向关注当证人来自不同国家时，其文化和语言差异可能引发的问题。这些证人在法庭上都面临语言劣势，而且他们的需求只有在某些时候才会得到满足。

法律面前的语言弱势

语言学家研究了文化或种族不同的团体在以不同语言进行的法律环境中的表现。研究结果有力证明了这类团体在这样的法庭中、在法律面前处于弱势地位。具体而言，语言学家主要从如下两个方面进行了分析：(1) 不同于法庭语言规范的本土用语规范。（cf. Bell 1984；Cooke 1996；Eades 2000, 2002；Evans 2002；Ketley 2000；Walsh 1999, 2008, 2011；Wootten 2003）(2) 法庭翻译与解释。（cf. Berk–Seligson 2007a, 2007b；Hale 1996, 1997, 2004；Collin and Morris 1996）

文化差异与法庭

本节将考虑如下两者间的差异明显产生的结果：（1）来自不同族群的证人可能在法庭上使用的语言和社交习惯。（2）通常与法律程序中使用语言相关的语言和社交标准。这项研究工作大部分在澳大利亚进行，特别是针对在英文法庭中审理的澳大利亚原住民入狱比例相对较高的案件，以及要求澳大利亚原住民证明其与争议土地存在"传统联系"的土地权属纠纷案。（cf. Bell 1984；Cooke 1996；Eades 2000，2002；Evans 2002；Kteley 2000；Walsh 1999，2008，2011；Wooteen 2003）研究的这部分主体内容已清楚表明，这类有着明显种族特征的成员在法律面前处于弱势地位，因为他们的交流方式与英语法律环境所需要的不一致。

特别是，社交、交流的差异包括：原住民在社交场合中一般如何看待和使用眼神交流；如何解释原住民同意对方的提法，即使在他们不应当会同意的情况下；词汇语义的差异；个体原住民对于自身是否有权报告的理解；性别考虑；等等。例如，说英语的人一般倾向于对转移目光的人给予否定评价——认为那个人不真诚或不诚实。（cf. Sitton and Griffin 1981）但原住民在其对话者从不转移目光的场合中却通常会转移目光并感到不适。（Eades 1992；Walsh 2008）原住民团体社交行为方面的文化习惯导致了这一现象，但这在法律审判中会引起法官和/或陪审团的误解。

原住民在接受询问时无理由地同意对方的提法，是另一个关于该族群成员的热议问题。原住民"无理由地"同意，有时候是因为他们没有完全理解问题（由于语法的复杂性，如大量的从句）；其他时候则是因为他们被提问律师反复干扰而不得不表示同意。（Eades 2002，2004，2007）这一情况已引起关注。

伊兹还阐述了对原住民的沉默应做相反理解。在说英语的国家，沉默通常与有罪相联系，并且可能会被解释为"被事实逼得走投无路"。相反，伊兹已敦促澳大利亚法庭尽快意识到这可能是沟通障碍的证据。（Eades 1992，2004）与之类似，本土对用词的选择也会引发问题，例如证人用"杀"来表示"撞"或"打"。沃尔什解释，在原住民英语中，"杀"和"杀死"之间是有区别的，后者意指伤害的对象已经死亡，前者则没有这层含义。

沃尔什还整理了一些重要的文化差异，正是这些差异导致原住民无法完全达到他们需要作证的英语司法体系的要求。（Walsh 2008，2011）例如：证人可能觉得不应该由他们提供被问及的信息（即需要问部落里辈分更高的成员）；以及文化禁忌，如做出的回答不能含有最近去世的人的名字或异性同胞的名字（cf. Neate 2003；Walsh 2008）；或者不能在男性面前谈论"女人的事"。尽管男性法官可能会让"名誉女性"来提供这类证据，但这样的措施可能被理解为说话者没那么"传统"，这在上述土地权属纠纷案中将对她不利。沃尔什解释，原住民证人尽管非常了解被问到的土著传统，却通常表现得沉默寡言甚至不善言辞。因此，这些原告成了"第二十二条军规"分裂性理论的受害者："如果你说话了，你就显得不那么'传统'，如果你不说话，你可能显得'传统'，但法庭难以评估你主张土地传统所有权的诉求。"（Walsh 2008：239）

虽然在 1992 年，伊兹（Eades 2004）出版了一本手册，专门帮助法律职业者更好地理解土著英语，但律师们却被发现用手册中的信息来弱化跨文化间的交流，从而促成自己预期的审判结果。

这项对澳大利亚原住民证人所遭遇困难的研究代表着来自其他族群或文化群体的人在特定司法体系中可能会遇到的那类

问题。所谓特定司法体系，是指使用特定语言，并按照该语言群体的沟通方式、法律制度（除了包含该语言群体的规范外，还有自身的规范）运作的司法体系。对此，笔者第十五章"弱势证人"中会再次涉及上述问题。

法庭翻译与解译

提供翻译服务的法庭试图尽力满足证人的需要，通过将证人证词转化为法庭所需要的语言形式，从而使他们能够用自己的语言作证。但这一举措削弱了律师完全控制证人证词的需要。如果不存在歪曲的情况，作为中介的翻译者可以影响提问律师解释论点的进度。更可怕的是，他可能并没有意识到这一点。这一顾虑会延伸至整个法庭，因为翻译还会影响法庭对庭审中呈现的所有信息的理解，并由此影响法庭对庭审经过的记录。

法官对上述结果是如此不屑一顾，以至于他们宁可不去了解翻译是否存在问题。因为按照惯例，法官会指示那些恰好理解法庭语言的陪审员（美国）忽略外文证词，并只关注英文翻译。此外，如果某位潜在陪审员被发现懂得法庭上待翻译的外语，律师可以申请取消这位陪审员进入陪审席的资格。(Berk‐Seligson 1989)

尽管法庭采取了这样一些措施来避免听到任何问题，但译者在道德上有义务明示他们在准确提供翻译方面是否存在困难，或（之后）他们是否发现了已经犯下的错误。而且，如果翻译出现了错误，法庭上的其他人也有义务向法庭说明情况。尽管考虑到上文提到的法官指示和陪审员挑选标准，难以想象谁可能会有立场去这样做。相关研究者（cf. Berk‐Seligson 1989, 2002；Hale 2002, 2004；Fraser 与 Freedgood 1999；Lee 2009）认为，低质量的翻译造成了不公正的结果，并且如果翻译使证人的可信度受到质疑，那么这样的翻译不仅会影响法庭对证人的看法，还由此影响法庭程序。（cf. Lee 2009）因翻译问题提起的上诉取得了成功。然而，这并不意味着问题解决了，因为法庭记录没有包含外国证人说的话，而只有被翻译成供法庭使用的语言文本。

　　这个问题的核心在于翻译是否可能保持真实性和（总是）准确性。也许有人会假定能够将一种语言的各个方面自然、迅速地翻译成另一种语言，且不出现任何语义缺失的情况，但这样的假设肯定是极端傲慢的。原则上，这强调了翻译者与解译者之间的区别：后者负责抓住外语说话者所述内容的本质，并将其转化为目标语言中对应的概念，或解译者认为与该外语概念最相近的一些概念。以下示例来自数年前荷兰电视台播出的一部美国电影的译文，其正好解释了这一区别［第二行是荷兰电视台提供的译文，第三行（标亮）是如何将该译文又译回来］。

示例 13-12

　　［电影场景：两个坏人在车上说话；一个小男孩骑单车经过，在乘客车窗旁停下后往里看］坏人说：

　　嘿，小屁孩……去你的！（Hey kid…fuck a duck!）

　　Hoi jongen…hoepel op!

　　嘿，小屁孩……走开！（Hey kid…run along!）

　　示例 13-12 说明，在某些案件中，译者需要在如下两者间做出选择：一是说话者为完成自己的预期目标（即让小孩走开）说了什么。二是他为了这样做而实际用了什么词（这在英语中也是相当难理解）。可能有人会说，这是合理的翻译。将原文的实际用语翻译成荷兰语对荷兰观众而言并不受用，还可能破坏

电影的后续发展，并且无法体现说话者想要赶走那个小孩的意图，尽管缺少了原文的侮辱色彩。然而，这种翻译程度的选择会使法官感到不适，并可能会破坏法律程序。

事实上，所有选择都可以反映词语相关含义的重要方面。例如，不愿意花钱的人在某种语言中可能被描述为"吝啬的"，相应地可能被译为在花钱上很"小气""节俭"或者"谨慎"。每一种翻译都包含着对指示物的不同态度，这就使得译者对证人的态度成了一项可能影响翻译结果的因素。

翻译程序更深层次的问题（cf. Berk - Seligson 2002；Lee 2009；Rigney 1999）体现在英语法庭（如美国）中对诱导性问题的使用方面。柏克-塞利格森发现，她所观察的美国律师提出的 504 个诱导性问题中，大概有一半没被翻译出其语用含义——也就是说，经过翻译之后，这些问题（差不多都）显得没那么有胁迫性。（Berk-Seligson 2002）律师经常使用英语中的这些技巧，因为它们给了询问者用问题引导证人回答的机会。然而，这种技巧并不总能翻译好，而且可能会因为对使用外语的证人造成无礼而没有被翻译出来。柏克-塞利格森也承认，大部分错误的产生是因为译者也未察觉到律师问题中的胁迫要件。

考虑到所有的这些因素，一般而言获得翻译服务对证人来说是有利的。然而，法庭如果认为外国证人语言能力足够好，就可能不会给他配备翻译（cf. Gibbons 2001），而且，这样的外国证人也不会被认为是"弱势的"，因此无法适用那些通常针对弱势证人的规定。对此，笔者在第十五章还会提到这个问题。

结　论

在本章中，我们分析了体现司法程序特点的语言、程序和情境因素，并描述了该程序中所有参与者的行为特征。这些特征都与法庭中证人自身使用的语言，以及对证人使用的语言有关，尽管其中的一些因素可能对证人有利，但通常不是其本意为之。下一章，我们将概述与警察相关的权力维度（通常是将来的证人、原告或被告与司法程序打交道的初始经历）。

第十四章

法律背景下的权力：警察

警察拥有法官在法庭上行使的大部分权力，他们有权拘禁妨碍其执行任务的公民（尽管时间很短）。本章将分析证人向警察做出供述的经历。

情境特征与行为规则

压力是对所有面对警察的人迅速产生影响的一个重要情境因素。尽管正门入口处可能并不吓人，但做出供述时可能需要越过门槛进到警察窝里。也就是说，这对于那些从未去过那里的人来说是很吓人的。从那之后，询问一般会在相对简陋的空间里进行。证人可能会发现自己被逼到一个角落里，而警察则在靠近入口的地方（防止证人逃跑）。

舒伊指出，如果对询问和讯问过程进行非正式记录，以缓解这种情境中的压力，那么询问和讯问的效率将会提高。(Shuy 1998) 然而，正如第一部分中多个著作权案例所说明的那样，警察在这种情况下会使用特定的记录模式，而且，很显然，他们觉得很难放弃这种记录模式，即便放弃可能对他们有利。警察会按照一般预设的方式控制询问的过程，尽量涵盖须涉及的内容，由此通常会形成"警察发言"影响证人供述的特征。根据警察在询问中坚持采用的不同方式，这一过程可能会缓解或加重证人的压力。舒伊还建议，警察的提问应明确、简洁，避免出现推断。但正如第九章所讨论的，所有选择都会透露相关含义的重要方面，因此难以确定能否达到这一目标。

研究者还发现，警察经常会根据过于简单化的、业余的心理学提示来决定嫌疑人是有罪的还是无辜的。(Shuy 1997, 2005) 如证人是否与自己保持眼神交流，像"我不知道"这样的回答是否呈现出逃避性和归罪性。然而，正如第八章所讨论的，这些因素忽略了文化差异性。但这种程度的错误理解会增加被询问人的压力，不利于他们在询问中的表现或警察对他们的看法。

警察证词中的"诱供"

警察对嫌疑人的有罪预判所产生的一个重要后果是，警察制造虚假口供的行为，即所谓的"诱供"。这种情况往往发生在警察明知比起被告的供述，自己的证词会因为其公职人员身份的可信性而更加被看重，仍通过声称被告已经认罪并且在法庭上接受质询时说谎来强化对被告的不利指控。(Syed 1997 CSVR) "诱供"的另一种形式发生在警察"帮助"证人按照一种最终会无意识自证其罪的形式书写供述。与之类似，我们在警察的报告、询问过程和证人陈述中都可以看到"诱供"的身影。其中可能涉及词汇选择、用语选择、语法结构和人文信息。尽管这涉及证人与司法机构成员之间的交流，因而属于语言和法律的范畴，但这是语言和法律演变为司法语言学的重要领域（正如"德里克·本特利案"及"蒂莫西·埃文斯案"——见第一、二部分）。

在警察看来，这种做法是警察展开调查程序的核心：这使得警察可以"帮助"证人说出发生的事情，记录那些证人自己不会泄露的已知与被告有关的事实。这种方式还能保护被询问人事后可能改变的供述，如庭审前家暴案件的相关证词。由此，警察可以决定是否为"被诱供"做出的证词寻找和获取支持性证据。

与诱供相关的著名案例包括"罗纳德·瑞恩案"（1967 年，澳大利亚）。该案中，罗纳德·瑞恩（Ronald Ryan）已经口头承认自己在越狱过程中开枪射击了一个名叫哈德森的人，但瑞恩在作证时则表示自己是被诱供的，并且否定了之前向警察所作口供中承认的所有指控。法官相信了警方，并以谋杀罪判处了瑞恩绞刑。其他著名案例还包括英国的"蒂莫西·埃文斯案"（1950 年）、"德里克·本特利案"（1952 年）、"伯明翰·西克斯案"（1975 年）、"布里奇沃特·弗案"（1979 年）及"温斯顿·西贝斯科案"（1987 年）。蒂莫西·埃文斯因谋杀其妻子和幼女被判处有罪并施以绞刑，后来却证明是一名连环杀手所为，他在招供时承认犯了上述罪行。德里克·本特利因谋杀警察被判处绞刑，依据的是对一句模糊的话"训他一顿"的特定理解。"伯明翰·西克斯案"中，6 名爱尔兰共和军成员因参与伦敦轰炸活动，被宣告为"不安全"分子并被判处无期徒刑，但该罪名却在 1991 年被撤销。"温斯顿·西贝斯科案"中，有 3 人被认定共同谋杀一名 13 岁报童罪名成立，该判决却因存在伪证被推翻。布里奇沃特·弗，作为"托特纳姆三人组"的成员之一，被认定谋杀 P. C. 布莱克洛克（P. C. Blakelock）罪名成立，而该针对三人的判决后来却因存在伪证被推翻。

20 世纪 60 年代后期和 70 年代初期，当局掀起了对伦敦缉毒扫黄队的大规模调查，导致大量警察遭到检控。这最终推动了规范警察对待和询问嫌疑人的立法，一部全新的规则——1984 年《警察与刑事证据法》（Police and Criminal Evidence Act，PCEA）被制定出来。PACE 其中一项重要目标是消灭各种形式的诱供行为，包括制造供述（如据说在警车后座上就对好了之后要说的话）及完全伪造询问过程和口供。（Blaxland 1997）PACE 引入了对询问过程的强制录音制度，并且极大地完善了嫌疑人获取律师意见的渠道。尽管 PACE 强化了警察制止他人行为和搜查的权力，但警察觉得 PACE 使他们的工作变得更加困难。"坏人变得一言不吭并且要求律师到场。"（Blaxland 1997）

警察与"沉默权"

在英格兰和威尔士，嫌疑人接受审判时有权拒绝回答问题（即不得强迫自证其罪的权利）。这项权利在普通法中得到牢固确立，其历史可以被追溯到 17 世纪。然而，有人认为，1994 年《刑事正义与公共命令法》中的这项警告——"但是如果你在接受询问时不提及日后可能在法庭上使用的事实，这可能对你的辩护产生不利影响"——损害了这一最基础的权利。该法（英格兰和威尔士）还要求警察在嫌疑人做出任何承认前都要口头提醒其享有的权利（见示例 14-1），以及要求个人必须回答司法复审成员的提问，如不回答则可能遭受惩罚。

示例 14-1 警察的提示

"你可以不说话。但是如果你在接受询问时不提及日后可能在法庭上使用的事实，这可能对你的辩护产生不利影响。你所说的一切将可能成为证据。"（1934 年《刑事正义与公共命令法》）

这种口头提示必然导致的结果是：沉默将被视为自证其罪，因为嫌疑人已经被提醒过了。此外，从实践角度看，在作证席上改变你的故事往往会被理解成"不可靠的"证据，而且对证人没有任何好处。

在其他国家，与警察讯问相关的公民权利也发生了一定变化，如美国的"米兰达权利"（1966 年）。根据最高法院以 5 票赞成 4 票反对做出的一个具有里程碑意义的判决，只有当控方能够证明在询问之前及询问过程中被告已被告知享有向律师咨询的权利，被告做出的"可予归罪"（有罪证据）和"辩明无罪"（无罪证据）的陈述才会被法庭所采纳。"沉默权"（接受警察询问时）、"律师帮助权"以及"在无力聘请律师时请求指定律师的权利"都是"米兰达权利"的一部分。后两项权利是美国独有的，因为其他国家通常不会在嫌疑人无力支付律师费时主动提供律师服务和意见。

嫌疑人还有一项权利——被"提醒"他们所说的一切或所做的一切可被用作对他们不利的呈堂证供。这种提醒较其前一版本发生了较大调整，而这一改变饱受研究该领域的法律职业者及语言学家诟病。（Cotterill 2005；Kurzon 1998；《法律社会报》1988 年）由于感觉选择保持沉默的人大幅增加，内政大臣对沉默权的相关立法演变予以认可。警察调研发现，超过 20% 的嫌疑人选择保持沉默。尽管皇家专门调查委员会经研究表示（1979 年），5% 的嫌疑人是完全沉默的，而 8% 则是部分沉默（《法律社会报》1988 年），但这足以反映当事人行使沉默权的变化。

不同于那些支持或反对前述变化的法律争议，语言学家关心的是嫌疑人是否真正理解自己的权利，以及他们是否理解警察关于其权利的提示。在英格兰和威尔士，警察必须评估嫌疑人对该提示的理解程度，而这种评估是通过一个简单的是/否问题完成的，依赖于嫌疑人可能出错的自我评估。如果嫌疑人表示不理解提示的意义，那么警察可以决定向他重述提示的内容，但重述本身可能需要超出警察能力范围的语言灵活性。

克罗索恩认为，这种变化使提示变得更复杂，也更难以为警察和被羁押者所理解。（Kurzon 1998）科特果尔的研究证明了这一观点，其发现在42%的著名案例中，对权利的提醒不够明确、不够完整或语速过快，以至于嫌疑人无法完全理解。尽管在无压力的情况下，提示可能足够清晰。但除非嫌疑人有过被逮捕的经历，否则嫌疑人被逮捕时所承受的压力将影响其理解复杂指示或提示的能力。本质上，如果嫌疑人不能将所接收的信息理解为一种提示，或者无法理解提示的意义，那就不能说他们已被提醒。（Cotterill 2005）

结 论

本章中，我们试图结合嫌疑人在与警察打交道的过程中，警察对嫌疑人使用的语言和嫌疑人自己使用的语言，对一些相关的考虑进行了概述。本书其他章节对其中的许多重要方面做了阐述，如第一、二部分中从著作权归属的角度解释诱供的现象，以及第四部分从法律角度分析沉默权。因此，本章对相关问题的介绍就有所减少，但我们希望能够在适合的文本内充分讨论这些特征。关于接受警察询问的法律语言，还有一个重要方面是如何对待"弱势"证人。这需要较为详尽的论述，下一章将一一道来。

第十五章

弱势证人

弱势与法律

近年来，世界各国都试图调整自身的法律制度，以满足社会不同层级人群的需要，增强他们充分参与法律程序的能力，由此寻求法律正义。当人们处于一种有压力的谈话状态，如接受警察讯问或在法庭上接受交叉询问时，他们的言语表现可能会受到影响并因此被认为是弱势的。这类证人的范围已经有所扩展，那些很可能因社会、文化、宗教、种族或家庭问题而感到恐惧或遭遇不幸的人也包括在内。这些人在法律程序中尤其处于劣势，以至于他们在作证时可能会做出极大的妥协，因为法律程序中的谈话状态要求他们理解对方提供的信息，并根据自身对这些信息的理解做出决定。

在英格兰和威尔士，以下社会团体在法律上被认为是弱势的：儿童（18岁以下）；心灵受创的人，包括那些患有精神疾病的人（1983年《心理健康法》所做的定义）；身体残疾的人；从某种特定角度看，强奸案的受害者、持枪或持刀行凶案件的证人也可能被认为是"受恐吓的"证人，并可以申请特殊保护措施。还有其他类型的证人也会被认为是有权申请特殊措施的"受恐吓的"证人，包括：家暴受害人；种族性犯罪和重复性欺骗的受害者；自杀受害者的家人；自我忽略/自我伤害的证人，或年老的和/或虚弱的证人。

可能被认定为弱势或受恐吓的证人，可以向法庭申请特殊措施。然而，法庭在做出准予申请之前，需确信这些特殊措施将提高（在某些案件中，可能提高）证人证词的质量。如果法庭同意了证人的申请，证人可能获得的"特殊保护措施"包括：使用屏风（为了防止证人看到被告）；现场（视频）连线（如此，证人就可以坐在一个单独的房间或建筑内）；非公开作证；法官律师不戴假发、不穿长袍；将询问录像（警察）用作证人主张的证据；通过中间人询问，协助"解释问题或答案，只要这有利于证人或提问者理解，但又不改变证据实质"；使用其他有助于交流的方式，如提供翻译。

这些向证人提供的特殊措施可能不适用于嫌疑人。此外，实践中可能还会使用其他一些做法。例如：被告不能对证人进行交叉询问；限制关于原告性生活史的问题；限制媒体报道可能使证人身份暴露的信息。

总体上，在英格兰和威尔士，可以向弱势证人提供的保护措施如此引人瞩目，而可能因这些特殊措施得益的证人类型又是如此令人印象深刻。然而，事物并不总像它看起来那样。例如，年老的证人如想获得弱势证人应有的特殊保护措施，实践中需要提供对其认知缺陷的诊断证明。尽管少数民族似乎也在弱势证人的范畴之中，但实践中对这类群体的协助仅限于提供翻译，而且一旦法庭认定他们拥有足够好的庭审语言水平，这种形式的协助也会随之停止。除非证人能够被归入其中一类"受恐吓的"人，否则他们不大可能成为特殊措施的潜在受益者。儿童是唯一一类可以被自动归为弱势证人的团体，本章我们将从他们谈起。

作为弱势证人的儿童

正如上文提到的，在英格兰和威尔士，儿童是唯一可以自动被认定为弱势证人的群体。在英格兰和威尔士，"弱势"的定义以及归入此类别的人受到的待遇均被赋予了法律效力。最初是以《良好实践备忘录》（1992年）以及《少年司法与刑事证据法》（1999年）的形式，后来在内政部2001年首次发布的《取得最佳证据》中得到了拓展和阐释。《取得最佳证据》这份现行有效的文件曾分别于2004年（威尔士联合政府）、2007年（国家政策改善局）和2011年（司法部）经历了修订。上述文件记录了司法机关需采取哪些步骤，来强化弱势证人按照法庭需要的形式提供证词的能力。

在此前提及的特殊措施中，一般会认为，儿童最初接受警察询问的过程会被录像，该录像可能会作为他们主张的证据被呈交给法庭；法庭上，法律职业者不会像惯常一样戴假发、穿长袍。2010～2011年，英格兰和威尔士有超过33 000宗案件涉及青少年儿童，其中又有近24 000宗要求儿童出庭。可惜的是，无法确定这些案件的定罪率有多高，也没有文件记录其中有多少宗案件在庭审时使用过警察的录像。据悉，1993年警察询问儿童的录像有14 000个，其中只有6%被用于庭审。（cf. 医疗质量委员会的报告，Aldridge and Wood 1999）然而，现在无论是内政部还是皇家检察院均未记录这一数据。（Luchjenbroers and Aldridge 2013）

不过，很重要的一点是，考虑到法律程序会对儿童造成的压力和创伤，评估让儿童参与法律程序的实践意义应当能够衡量相关庭审成功与否，尤其是结合儿童被要求参与法律程序时的年龄衡量庭审相对成功与否。（cf. Troxel et al. 2009；Aldridge and Wood 1998，1999，2000）

　　儿童在这种法律程序中所承受的压力远不止于（单个）争议案件本身所带来的。从一开始，当警察介入时，儿童保护服务机构通常会对儿童进行保护性拘留。儿童不仅要接受警察和社工的询问，如有必要还需接受负责这起案件的侦探和公诉人的询问。在刑事审判程序中，一些国家还会指派"受害救助者"去指导儿童及其家庭，期间"受害救助者"也可能对儿童进行询问。（cf. Troxel et al. 2009）在人身伤害案件中，儿童需要接受药物测试以及心理和/或社会评估。有时候，儿童还需要参加多个法庭程序（如家事法庭，涉及儿童个人安全时），以及取证和/或预审程序。儿童被反复地询问，而每一次的询问都会让他们有重新体验创伤的感觉。如涉及儿童安全，他们还要被迫离开熟悉的环境，进入政府安排的抚养计划，而这样的抚养计划无论对儿童保护有多么好，但肯定会给儿童造成巨大的烦恼和压力。除此以外，庭审日期有时会推迟，而且推迟的次数有时还不止一次。每一次成人们都可能会安排儿童作证，这些儿童需要候在法院好几个小时。（cf. Troxel et al. 2009）

　　除了面对由情境因素引起的压力，儿童证人还需要应付（通常是）外国警察、按照自身规则运作的法庭环境，以及警察调查阶段和后续庭审中的各种提问。相关研究主要从法律职业者如何利用及经常性地操控对儿童不利的社会评价，揭示了儿童在这方面遇到的许多障碍。（cf. Aldridge and Luchjenbroers 2007，2008，2011，2013）

　　例如，奥尔德里奇和卢奇杰布罗尔斯介绍了法律职业者（包括法官）在告诉儿童"改变主意也没关系""别人不会跟你争论"的时候，是如何表现成了一个"虚伪的朋友"。（Aldridge and Luchjenbroers 2007：102）在法庭上，所有的法律职业者都很清楚，对证词的任何改动都会让人觉得说话的人是个"不可靠的"证人，他的证词也是不可信的。这样的问题和建议源于向儿童提问过程中通常反映的一种普遍观点，即儿童无法辨别什么是真实的、什么是虚构的；他们会编造一些情节；他们很容易困惑，并且很可能误解某些情形以及他人对自己的行为；当然，儿童会说谎。（cf. Aldridge and Luchjenbroers 2007，2011；Luchjenbroers and Aldridge 2013）这种观念在警察询问录像中已表现得足够明显，警察经常问儿童证人"是不是他们编出来的"，但这种观念在法庭交叉询问时往往还会有所强化。

　　另一个与儿童证词有关的重要因素是，在他们自经历或见证犯罪起将遇到的各种混乱中，比起其他类型的证人，他们更多的是在自己构思证词。起初的警察询问"允许儿童讲述"发生了什么，"不打断"儿童说话，以减少儿童证词被警察提问"污染"的可能性。（cf. Bull 1996）事实上，那些连贯讲述或组织论点能力最弱的人反而要在尽可能少的"帮助"下描述自身经历。实际中，儿童提供前后不一致的信息会削弱自己的观点，还会使"受害者"形象沾上共谋和/或共犯的色彩（控方可以这么解释）。奥尔德里奇和卢奇杰布罗尔斯主张，不应允许这种情况发生，因为其中涉及的观点和概念根本上违背了法律有关儿童不能做出同意的规定。（See Luchjenbroers and Aldridge 2013）

　　儿童通常会被要求讲述他们见证或经历的事情，包括意外事故、盗窃、绑架、猥亵以及刑事和家事法律诉讼涉及的案情。然而，正如之前所说的，他们的可信度常常会受到质疑，他们也常常会被认为是不合格的证人。有人对他们的作证能力进行了大量研究，尽管在美国的一些州，10岁以下儿童（其他州是

14 岁以下儿童）被认为不具有作证能力。除非法官另作裁决，3 岁~4 岁的儿童也可以作证。为了成为证人，儿童需要接受测试，证明自己能够对发生的事情有"合理"的印象；能够在没有引导的情况下回忆这些事件；有足够的口头表达能力，让对方能够充分理解自己的话；理解说真话和说假话之间的区别。（cf. Troxel et al. 2009）

法庭上的交叉询问可能被认为是儿童证人的致命弱点，儿童之前做出的（措辞不当或考虑不周的）陈述会被审查及被辩方律师质疑。然而，研究发现，这一过程早从最初警察询问这类证人的时候就已经开始了。（Aldridge and Luchjenbroers 2007，2008，2011）例如，不能在法庭上问强奸案受害人的性行为史，但在警察询问中，儿童却经常被问到这些问题（这可能会作为儿童主张的证据呈交法庭）。这不仅违反了证据法，还把未成年人对性的理解"正常化"，并因此站在成人而非儿童自身的角度去过度解读儿童的想法。

在以"固定"方式处理犯罪的司法制度中，这种从成人的角度对待儿童及其证词的做法并不在意料之外。特罗克塞尔（Troxel et al. 2009）还指出，当儿童被称作证人时，他们通常被当作成年证人对待，因为证据规则并不会考虑他们的不成熟而做出任何让步：他们要面对被告（以某种方式）并接受交叉询问，更可怜的是，他们要回答的可能是那些以成人的思维模式组织的、他们可能无法理解的问题。（cf. Luchjenbroers and Aldridge 2013）可能惠及儿童证人的"特殊措施"主要考虑的是如何使那些证人在成人主导的环境中更好地发挥作用，它们预设儿童做出充分的、成人化的行为时能够获得真正的帮助，但这无疑是"刚出油锅又掉进火坑"，情况只会越来越糟。

儿童与"同意"

同意与儿童的问题肯定是各国司法制度要解决的最棘手的问题之一。许多（如果不是大多数）国家都对儿童从事特定行为设定了最低年龄限制，如发生性行为、购买武器和订立合同，在许多国家还包括吸烟。例如，如果发现非适龄儿童吸烟，那么受惩罚的不是儿童，而是给他烟或卖给他烟的成年人。这看起来非常清楚，但说到非适龄性行为，一般认为儿童在这种行为中是共谋者，除非能够证明存在强奸的事实，尽管英格兰和威尔士的法律否定了他们同意的权利：

"……立法目的在于保护 13 岁以下儿童免受自己行为带来的伤害，以及他人故意造成的伤害。"［2 Cr. App. R（S）73 - 2005］

尽管有这样立法目的，CPS 指引明确规定对伤害者判刑时，儿童的同意可以作为"减轻"情节，即使该儿童还不满 13 岁："受害者在犯罪发生前或过程中自愿与罪犯发生性行为"。实际上，这种无同意权下的明显的（或"被认为的"）同意是衡量（被指控的）攻击者犯罪严重性的因素，可以据此减轻他的刑罚。此外，在警察询问过程中，儿童可能被问到过去的性经历，如"你以前发生过性行为吗"（cf. Aldridge and Luchjenbroers 2008；Luchjenbroers and Aldridge 2013）这样的问题与前面提到的将儿童成人化如出一辙（即性行为史会暗示受害者是自愿发生行为），而且，这也违反了证据规则中有关不得在法庭上向成人提出这类问题的规定。而且，这种询问模式还有一个问题，那就是非适龄性行为（在法律上）被定性为伤害，因此现在与有过非适龄性行为史的儿童发生的非法性行为只能证明长期的虐待（对儿童），不能证明同意。司法机关是否采纳这一观点仍不得而知。

"受恐吓的" 证人与强奸

可能归入这一类别的社会群体范围相对较大，不仅包括被强奸的受害者、被配偶（或伴侣）虐待的受害者，还包括那些考虑到参与法律程序产生的社会反应而对自己的生命安全感到忧惧的人。（因此，包括生活在危险社区的人以及这样一些人，他们提出某些文化习俗虽被自己所处的社会团体所接纳，但在法院所在的国家却是不合法的。）实际中会采取什么措施取决于恐吓的实质，其本身证明了法院可以尽力满足公众的需求。因此，担忧自己生命安全的人可以在非公开的情况下作证，强奸案受害者可以在另一个装有视频链接的房间内接受询问和交叉询问。

然而，关于强奸案受害人的问题可作进一步讨论，因为这是司法机关检控成功率最低的一个法律领域：在英格兰和威尔士，警察立案案件中只有不到6%的案件被告最终被判强奸罪名成立。（Stern 2011）导致这一结果产生的一个重要因素是长期存在的"强奸神话"，即真正的受害者应当对性不感兴趣（如修女），绝对没做过任何诱发攻击者犯意的行为，并且因为反抗攻击者受到明显创伤；真正的强奸犯只能是一个暴力的甚至可能是癫狂的陌生人，他藏在暗处并突然出击。（See Ehrlich 2001；Estrich 1987；Larcombe 2002；Matoesian 1993，2008）新闻媒体还持续传播这种神话，将强奸犯报道成"衣冠禽兽"（《日报》2006年）、"吸血鬼精神病人"（《快报》2006年）。

卢奇杰布罗尔斯和奥尔德里奇还提到了另外一个备受认同甚至可能是主流的神话："自控睾丸素"的神话。意思是如果妇女和女童（无论是什么年纪）激起了男性的欲望以至于他无法控制，那她们应当对此负责。他们指出，只有这样的神话才能解释为什么要在强奸案中问关于受害者性行为史及其着装的问题。(Luchjenbroers and Aldridge 2013)

然而，除了这些神话以外，强奸案受害者在法庭上看起来很像儿童。因为在对成人和儿童的交叉询问中，大部分提问都依赖于这样的共同观念：指控强奸的人（通常）在说谎。尽管成人可能会遭受另外一种偏见，即"灾难降临在那些应该遭遇灾难的人身上"。(Aldridge and Luchjenbroers 2012) 然而，最近的一项调查显示：大部分强奸都是有预谋的（如果行为人不止一个，那强奸通常是有计划的）；强奸犯一般会在同一座城市以同一种方式反复实施强奸；被定罪的强奸犯中，60%在实施犯罪时是已婚或者有稳定性伴侣。诸如此类的研究发现与社会对强奸、性和性行为的观念截然不同，但只要警察和法庭的提问从概念上引入这些根深蒂固的社会观念，我们就难以期待陪审团能够抛开这些错误的想法。

残疾与法律程序

残疾人属于另一种在法庭上的表现受自身弱点限制较大的社会群体，他们可以获得"特殊措施"保护。对法庭而言，须解决的问题包括提高对学习障碍的认识以及改善辨别犯罪嫌疑人存在学习障碍的方式。然而，有人对法院为满足这类群体需求所作的努力进行了研究（Hayes 2012；Ward and Hayes 2007），但结论显示法院在这方面还有很长的路要走。

哈德和海因斯认为，有学习障碍的人感觉自己受到了特殊看待，并没有被看作是成年人，而警察在应付有学习障碍的人方面几乎没有接受过任何培训——如基于一个人的步态推测他喝醉了。(Ward and Hayes 2007) 他们询问的效果很差，提供的信息也不明确，被询问人往往无法理解他们提出的问题。总的来说，残疾人的肢体信息经常被误解，如坐立不安、拒绝眼神接触、改变姿势、捂嘴和转移目光。我们在第十三章讨论肢体信息的模糊性时曾提到它与文化差异的关联，实际上，它与这类群体成员的关联也不少。如何对待本不在司法机关最初设定的相对人范围内的社会成员，再一次给司法机关出了个难题。

法庭口译与翻译

尽管在英格兰和威尔士，定义弱势证人的现行法律相对较多，但是仍然有一些弱势群体错失了基于其语言劣势应得的补救手段。如语言能力足够强（一般而言）的移民不用翻译，但他们要在法庭程序中努力用第二语言为自己代言。考虑到意外的手势、语言的转换（第十三章中已作讨论，cf. Wodak 1985）以及说话者用语的选择可能会导致不利推定，这些人因缺乏特殊措施保护而无法在证词中更充分地表达自己的想法，似乎尤为不公平。

下一节讨论的最后一个案例涉及这样一些人，他们不仅没有资格获得特殊措施，而且承担着比在主流法院更重的举证责任。他们通常被一些不能用他们的母语或选择的语言跟他们说话的人评估。此外，除非评估者完全确信他们说的是实话（关于他们的历史和原住国），否则他们不会被相信。

LADO 评估与司法语言学家

LADO 或"判断母国的语言评估"（Language Assessment to Determine Country of Origin）旨在确保只有那些有"真实"避难诉求的人才能获得庇护。《世界人权宣言》第 14 条规定："人人有权在其他国家寻求和享受庇护以避免迫害。"难民是指已经逃出其母国，害怕回去会遭受迫害的人，而被给予庇护的团体包括国籍、宗教、政治和社会团体成员。

问题在于，提出避难申请的人远远超过基于合理事由应当获得庇护的人，因为声称自己来自一个众所周知发生动乱的国家太过容易了。然而，人们逃出他们的母国后通常先住在难民营，这些难民营可能跨越可给予庇护的国家边境的两边。在难民营中，人们需要与营中其他人交流，在等待的过程中（有时可能长达一年多）可能会学到部分其他语言。不幸的是，如果LADO测试中出现语言转换，语言专家可能会认定你不是真的来自避难国，而是来自边境另一边的非避难国，因此不能取得避难资格。

这一现象引起了司法语言学家的关注（Eades 2005，2010；Eades and Arends 2004；Patrick 2010a，2010b，2012），他们开始研究避难申请者的基本语言权利是如何得到尊重的，以及公正的（语言评估）程序又是如何实现的。根据帕特里克的说法，LADO的核心是一个社会语言学问题：根据人们所用的语言判断他来自什么地方，有过什么语言经历。那些实施评估的人饱受诟病，因为他们可能并没有确定他人母国的相关语言学背景。这些测试通常会包含某些关键词，评估者希望申请人能够理解或发出这些关键词，评估者就可以借此断定申请人来自他声称的国家。然而，即使是在相对稳定的语言社区，语言和社会因素也会导致特定言语发生变化。兵连祸结的国家就不稳定，而难民营正是这种不稳定性的缩影。

结　论

在本章中，我们对多个不同团体进行了讨论，分析在司法制度面前什么叫"弱势"，什么样的团体会因为"弱势"证人的定性而获得司法机关的一些让步。我们还关注到一些社会团体，基于与那些被认定为弱势的人相同的原因，他们也可能是弱势的，却得不到特殊保护措施。本章最后，我们对寻求庇护者做了简要分析，这些人可能是最弱势的，却要接受最难的测试，有时候这种测试并不具备相应的语言条件。在处理这些概念时，语言学家的终极目标通常是参与法律程序，而不是在法庭上充当专家证人。

法律语言

第四部分序言

　　本书最后一部分将从几个重要方面分析法律语言是如何写出来的，特别是与语义学（第十六章"法律与我们"）、沉默权和律师帮助权有关的方面。并非所有国家都会把沉默权规定为权利，但这些法律都会涉及如下问题，即个人在警察面前是否应当沉默，以及实施违法行为（要看该人所在国家的法律）的人是否比普通人更应受到这些权利的保护。

第十六章
法律与我们

 普通人接触到法律时，需要消除一定的交流障碍。这不仅是因为法律使用自身专属的词汇，还因为法律有其自身的语言表达模式。在很长一段时间内，语言学家一直在研究法律职业者与普通人在试图与对方交流时会遇到的困难。

 关于普通人与法律打交道的例子，斯特拉特曼和达尔（Stratman and Dail）提到了临时限制令的语言以及普通人理解该语言时可能遇到的困难。他们援引了这样一个案例，一名接受临时限制令的男人开车到他伴侣的公寓，并把一封信从她门缝中塞进去，希望她告诉自己他们的关系出现了什么问题，以及如何解决这些问题。法院认为他违反了临时限制令，即不得"骚扰、干涉或威胁"他的伴侣。（Stratman and Dahl, 1996：212）显然，起草该法令的人与本案被告对"骚扰、干涉或威胁"等词的概念有不同理解。因为大部分人很可能都不会认为把信塞别人门缝是一种骚扰或威胁。

词语的含义

 法庭上，法官通常要用字典查询法律条文中的词语含义。

然而，这种做法受到了批评。一般而言，语言学家认为字典是不准确的、有局限性的。词语的最佳含义可能不是来自字典，而是来自对该词语用法的检验和观察。人们普遍认为，词语有一个核心含义和若干个"模糊"含义。(See Goddard 1996：254)核心含义可能很容易被"大多数"人所理解，但当词语触碰到其语义边界时，问题就会出现。我们可能都会认为狗、猫和仓鼠是宠物。但是如果公寓里允许租户养宠物，而某一准租户打算把鸡或鳄鱼带过来并声称它们是宠物，那又会怎样？这种词义理解障碍是如何与对前述例子中"骚扰和威胁"等词的解释等同起来的？

日常用语与法律术语

因此，"宠物"一词包含我们印象中熟悉的很多家养动物，可能包括、也可能不包括鸡或鳄鱼这样的生物，但是像"骚扰"和"威胁"这类词还具有法律术语的属性。尽管如今立法者有义务尽可能地使用与日常用语意义相近的词语，但使用这样一些词语的确存在特殊问题。因为这些词在法律语言中可能已经被使用了数百年，或多或少形成了固定的用法，但在日常用语中，它们的含义很可能发生了相当大的变化。

为解决这一难题，语言学家想出了许多方法，其中包括进行语义调查。然而，这种方法并未受到语言学家的普遍青睐。例如，索兰说过："人类无法解释为什么把'蛇'称之为'蛇'，'游戏'称之为'游戏'，'车辆'称之为'车辆'"。一般分类是归纳和直觉的问题，我们很难做出描述。"(Goddard，1996：259)。戈大德提出，要求司法语言学家把自己变成精通法律用词含义的专家是很荒唐的，因为这应该是法官的分内之事。比如通过调查来决定词语的含义，很有可能得出相反的结果。他指出，如果语言学家只研究非法律词汇，这可能会更有意义。但无论如何，他认为语义学相对而言仍然是在语言学中尚待挖掘的领域，语义学家们在研究方法论上仍存在较大分歧。

语料库语言学家愿意采用语义调查法，因为在科技时代，大量搜集词语日常用法的样本是非常容易的。然而，另一个重要的现象相伴而生，那就是语义弱化（"简化释义"——Goddard 1996：269），恰恰实践了柏拉图的格言——给词语下定义时必须使用比这个词语更简单的词。

"恶意"的含义是什么？

很多人认为"预谋的恶意"的含义就是预先谋划，但事实上并非如此。在英国法中，谋杀不是法定的犯罪，而是普通法上的犯罪，它要求存在"预谋的恶意"。具体来说，就是犯罪者在实施致他人死亡的行为时，脑海中肯定已经出现致人死亡或重伤的意图。"恶意"一词在英国法中也并非只有一个含义。例如，涉及对人犯罪时，"恶意"是指犯罪者意识到自己的行为可能会造成伤害。"恶意"还与放任有关——如果某人放任伤害的发生，那他的行为就是恶意的。另一方面，在民事案件中，"恶意"仅指行为人罔顾事实真相诽谤或诋毁他人。

与词语含义相关的另一争议可能发生在法官向陪审团作出的指示中。常有人说，这类指示充满了法律术语，其中的某些词还可能被用作普通的日常用语。被定义为"普通居民"的陪审员该如何辨别某个单词是作为术语还是普通用语出现，更别说理解法律术语了？某个案件中的全体陪审员是否可能对特定词语含义的理解达成一致？近年来，至少在英格兰和威尔士，有人建议法官用图像演示的方式来解释陪审团指示，从而避免做出与法律相关的指示，并且在陪审团指示阶段反复提醒陪审员案件涉及的问题。如今，美国的一些辖区会就如何与陪审员交流对法官进行培训。这些是非常可喜的进步。

说到语言学家在法庭上作证的问题，律师与语言学家的目的显然是不一致的。律师的职责在于说服陪审员相信被告有罪或无罪。而语言学家的职责则是提出并解释自己的观点。律师可能会打断专家证人，使用修辞、"绕弯子"甚至耍滑头，也可能选择忽视专家证人说的一切。可以这样说，律师的目的不一定是为了发现"真相"或推动"真相"浮出水面。相反，语言学家则心无旁骛，只想着格莱斯的著名合作原则，尽力保证陈述的内容信息量大、真实、相关。然而，如果证据对律师代理的当事人——控方或辩方——不利时，语言学家肯定该想到律师会用各种计谋来抵制或歪曲该证据。律师也需继续"合作"。语言学家通常尽力配合，但对于实践中"配合"在特定情形下的含义是什么，语言学家和律师之间可能存在争议。这仍然是由于律师与语言学家的话语实践不同。律师很可能给"配合"下一个俗语式的定义："你怎么就不能配合法庭？毕竟，这只是个简单的问题。"另一方面，语言学家如注意到律师正试图将对话带离证据本身，就会质疑律师提出的"配合"的概念：对语言学家而言，此处"配合"的意思是律师与语言学家应共同"合作"，发现真相。然而，我并不是说所有的律师都会使用这种计谋——我们应当记得他们肩负着艰巨的任务，而且结果会影响对他们的评价。不过，律师和语言学家确实把不同的"世界观"带到了法庭。

结　论

法律与司法语言学二者的关系总会处于紧张状态，主要是因为律师与语言学家在法庭上的目标是不一致的。尽管如此，双方共同努力减少误解也相当重要。语言学家不能一味指责律师无法理解语言学的原则，而应尽力向律师解释自己的理论。

第十七章
立法语言

立法语言与法庭语言

正如本书其他部分提到的，那些与法律打交道的人，无论是原告、证人还是被告，通常处于语言劣势。因为法律职业者使用语言的方式与一般的日常用语截然不同。本章将对可能需要人们理解和处理法律语言的一些情形进行分析。

此外，值得引起关注的是，普通公民可能还会发现自己的行为与法律相违背，不一定是因为自己做错了事，而只是因为近期宪法作出了修改。可以这么说，近年来，英国历届政府以各种方式破坏了宪法的权威。

这种破坏包括：侵蚀沉默权（《刑事司法与社会治安法》第3部分第34条）限制接受陪审团审判的权利（《刑事司法法》第44条），取消免于双重危险的保护制度［《刑事司法法》（2003年）第75条］，扩大传闻证据的使用范围［《刑事司法法》（2003年）第114（1）（d）、116、117、121条］，限制获得法律代理的权利（见"麦当劳案"——McDonald's Corporation v. Steel & Morris），威胁要终止庇护权案件中的司法审查（《庇护与移民法案》；《庇护与移民法》修改了该提案），引入或恢复拉姆原则（网上查询"Grancille Ram"可见），以及试图通过《立法与监管改革法》从而将国会剥离于立法环节。请注意，美国国会已在《爱国者法》（2001年）第412条中终止了寻求庇护者提请司法审查的权利（然而，该条款有限地规定了特定例外情形）。本章，我们将考虑人们与法律打交道时处于语言劣势的一些情形。

下一节"我有权请律师吗？"中，我们将观察在美国法庭上，被告寻求充分的律师代理时曾经面临的某种程度上仍在面临的困难。我们会看到在一些案件中，部分法官的所作所为——大部分是利用美国宪法语言——使得低水平、不充分的律师代理被法庭所容忍。

第二节"我能保持沉默吗？"中，我们将讨论英国警察向犯罪嫌疑人作出的提醒是如何措辞的，以及对于与被指控罪名有关的问题，该提醒允许被告在多大程度上保持沉默。

最后，我们将考虑在英国犯罪情境中的"意图"问题。有"意图"意味着什么？是否存在不同类型的"意图"？在"恐怖分子的意图是什么？"一小节中，我们会特别关注恐怖分子实施袭击行为的意图。

我有权请律师吗？

英国辖区的法律对被告人请求律师代理的权利有相当明确的规定，而美国在这方面却差强人意。就此而言，在美国的庭审中，被告面临着代理水平低、完全缺乏代理或在代理不当时无法寻求救济等较大风险。

律师代理问题产生的背景

美国宪法第六修正案保障了所有刑事检控的被告获得律师帮助的权利。但至少在过去的 80 年中，法庭一直局限于对修正案作狭隘的文本解释，仅仅意识到权利的其中几个方面每次也只是往前迈出极小的一步，且经常改变思路，慷慨散播着疑惑的种子。

这一修正案明明是政治启蒙时代极好的装饰，为何在司法机关手中却遭到了如此之多的文本滥用和语言滥用？桑杰·柴德拉尼（Sanjay Chhadlani）教授发现：法庭采用了很多明显与第六修正案文意相悖的解释，逐渐减少了对个人自由的保护。（Sanjay Chhadlani 2008：488）

读者如果由此推论司法机关的某些组成部门会做出限制公民宪法权利的事，是可以被理解的。本应为宪法的守护者，而事实上那些司法机关的组成部分似乎更像是宪法的守门人。语言上的处理失当及与其相伴而生的法理上的处理失当，大约可追溯到大萧条时期，并延续至今。正如阿尔弗雷德·加西亚（Alfredo Garcia）所说："最高法院近期对修正案的解释存在原则错误，且违背了修正案内在的功能价值与象征价值。"加西亚进一步指责道："法院接受了犯罪控制的'思想论'，过于强调效率，却忽视了公正审判的核心理念，然而保护后者才是修正案确立的初衷。"（Alfredo Garcia 1992：ix）

众所周知，修正案已实施了 220 年，其规定：在一切刑事诉讼中，被告有权由犯罪行为发生地的州和地区的公正陪审团予以快速和公开的审判，该地区应事先由法律确定；得知控告的性质和理由；同原告证人对质；以强制程序取得对其有利的证人；并取得律师帮助为其辩护。

不止要求律师到场

读到本文的人都会惊讶于语言的简明和直接。对于很多 18 世纪的法律英语，现在已经很难理解其意图。即便如此，1789 年首次在大众媒体刊发的《权利法案》无论是在当时的读报者看来，还是在今天的我们看来仍然非常易于理解。

然而，即便是该法案最基础的条款也备受争议。贾斯汀·玛索（Justin Marceau）教授指出，人们并不认为"有效的"律师帮助是实现修正案的承诺所必需的，想要落在实处无法行得通。事实上，这距离美国国会批准修正案近 200 年后，美国最高法院才幡然醒悟，意识到帮助应当是有效的帮助。（Justin Marceau 2012：1161）但令人难以置信的是，这么一个简单的概念竟然经过如此之长的时间才得以被理解：怎么会有人把"帮助"定性为缺乏有效性的帮助，还认为这种帮助是有意义的？简单地说，如果帮助是无效的，它还能被称为"帮助"吗？然而，法院最终在"Strickland v. Washington 案"中作出了回应，"庭审中碰巧出现在被告身旁的律师……不足以满足宪法的要求。"

"斯特里克兰案"以前所默认的解读，的确遵循着一种违背常理的文本主义原则：立法者没有说帮助必须是有效的，因此显然不能做出这样的推断。这并不是说"斯特里克兰案"的结果令人满意。柴德拉尼指出，审理"斯特里克兰案"的法庭重新定义了公正审判，更注重结果的可靠性，而不只是程序的公正性。此外，"斯特里克兰案"中，被告需要证明律师帮助缺乏有效性因而对审判结果造成不利影响，这样的举证责任相当沉重。（Chhablani 2008：543）

但是极端的文本主义往往是违反常理的，而且，令人极其厌恶的是文本主义实际上会引起对文本的大量误读。司法机关胡乱解释修正案的其他例子，也能证明文本解释存在缺陷。

快速和公开的审判

律师帮助权是否适用于辩诉交易听审程序一直是个备受争议的问题。直到近期"Missouri v. Frye 案"和"Lafler v. Cooper案"（合并审理）作出判决，这一问题才最终得以解决。几十年来，大部分刑事定罪都是辩诉交易的结果，这习惯上被视为审前程序。如今，"弗莱案"和"拉弗尔案"已正式许可各地法庭在日常审理中坚持："辩诉交易……是刑事司法制度。"因此，被告在辩诉交易听审中享有的律师帮助权直到现在才被官方所认可。

最后，这一缺陷之所以存在了数十年，直接源于对修正案的文本主义误读，把关注的重点放在了庭审本身。似乎在解释修正案时，法官将重点放在了庭审和庭审的各个阶段，仅仅因为他们对修正案的主题性短语"在一切刑事诉讼中"的理解是基于认为庭审与诉讼相等同的学说。

因此，对修正案的标准司法解释似乎一直是这样的：

在一切刑事诉讼中，被告有权接受快速且公开的审判：

——由犯罪行为发生地的州和地区的公正陪审团予以审判，该地区应事先由法律确定。

——得知控告的性质和理由。

——同原告证人对质。

——以强制程序取得对其有利的证人。

——并取得律师帮助为其辩护。

上述格式将重点放在了"庭审"上。这在某种程度上是可以理解的，因为从历史的视角看修正案，它当时试图挽救的不幸，正是一个人可能在没有接受审判的情况下就被剥夺生命或财产。然而，我认为对修正案更合理的语法解析应当是这样的：

在一切刑事诉讼中，被告应享有如下权利：

（1）接受（a）快速且（b）公开的审判，该审判由犯罪行为发生地的州和地区的（c）公正陪审团进行，该地区应事先已由法律确定。

（2）得知控告的性质和原因。

（3）同原告证人对质。

（4）以强制程序取得对其有利的证人。

（5）取得律师帮助为其辩护。

因此，我们实际上把多个权利融合成了一个权利，并将其统称为"权利"。换句话说，这是一个集合的权利——整体大于部分；部分之间互不可分。兰多夫·加纳凯尔（Randolph Jona-kail）教授曾指出，对于第六修正案，"不能孤立地解读各个分句，而应把它们作为第六修正案整体中的一部分。"（Randolph Jonakail 1992：713）

第六修正案的权利总结了立法者眼中的为犯罪嫌疑人提供公平的辩护机会的程序，也就是"正当程序"。该权利，正如同它规定的那样，列举了辩护中的关键要素。这一权利的各个方面都与诉讼有关，并不局限于庭审：在诉讼当中及贯穿诉讼始终，因此是"在一切刑事诉讼中"。而且，它们适用于所有刑事诉讼阶段，因此是"在一切刑事诉讼中"。

在一切刑事诉讼中

基于前文所述，如果有人认为律师帮助权一直以来就适用于所有诉讼并且这是个固定的原则，也是可以理解的，然而事实并非如此。例如，根据"Powell v. Alabama 案"，该权利只适用于死刑诉讼。尽管"Johnson v. Zerbst 案"取消了对仅适用于死刑案件审理的限制，但仍然将该权利限于联邦诉讼。在"Betts v. Brady 案"来自马里兰州的人身保护令上诉案中，法院认为被州起诉的贫困被告没有律师帮助权。法院举例说，很多州都针对贫困被告是否有律师帮助权的问题制定了政策。因此，"在大多数的州，为贫困的刑事案件被告指定律师不是一项基本权利，这是当地公民、他们的代表和他们的法院经过深思熟虑后作出的判断。"

然而，在这个例子中，法院似乎忽略了一件事，马里兰州宪法的确保障了律师帮助权（第21条）。在"贝茨案"中，只有雨果·布莱克（Hugo Black）大法官考虑到了第十四修正案规定各州有义务遵照第六修正案的要求，保障"其辖区内的所有人受到平等的法律保护"。但是法院一直认为，从"Barron v. Baltimore 案"起，宪法的头八个修正案就只适用于联邦政府，并不适用于各个州。在很久之后的"Gideon v. Wainwright 案"中，法院才意识到第十四修正案确实将第六修正案保护的权利扩大适用于所有被州起诉的被告。

换句话说，从1791年到1963年，经过了一百多年的时间才实现一切刑事诉讼的被告，包括联邦和州，均能享有律师帮助权。之后过了23年法院才坚持这种帮助必须是有效的，再之后过了28年，法院才意识到庭审以外的诉讼阶段中也需要这种帮助。

这是否意味着每个被告在整个刑事诉讼过程中都得到了保护？哎，并不是，因为尽管第六修正案的法理基础已经历了各种磨砺，但是顽固的司法阴谋家从来不会放过其他扭曲立法者原意的机会。

走进关键阶段原则

根据这一原则，除庭审本身以外，诉讼还包括其他多个核心阶段。该原则尽管与第六修正案的法理精神相契合，但在第十四修正案判例法中也能找到其根源。特别是在"汉密尔顿案"中，法院裁定被告传讯期间律师缺席，是对第十四修正案规定的正当程序权的侵犯。在"汉密尔顿案"中，法院援引了"Powell v. Alabama案"，指出在死刑案件中，"诉讼程序的每一步"都需要律师发挥引导作用。

关键阶段包括起诉阶段、某些辨认程序及特定预审程序（但注意，不包括决定合并审理的听证程序，见"Van v. Jones案"）。"US v. Wade案"中，进入起诉阶段以后，被告曾在没有律师在场的情况下站在待辨认人员队伍中，接受受害者辨认。法庭认为列队接受辨认是诉讼程序的一个关键阶段，因此必须有律师在场。然而，如果身份辨认发生在起诉之前，律师缺席就不会违反修正案（"Kirby v. Illinois案"）。因此，从某种意义上说，"柯比案"推翻了"韦德案"的判决，因为警察完全可以推迟诉讼程序的启动。他们可以说，根据法庭在"柯比案"作出的判决，他们并没有违反修正案，因为诉讼程序还没开始。这样的逻辑存在严重缺陷，甚至有点荒谬：一个如果发生在起诉之后就会被认为是关键的阶段，怎么可能会仅仅因为发生在起诉之前就不再是关键了？如果我们要坚持关键阶段原则，那么权利之所以需要得到保障，仅仅是因为进入了某个关键阶段，而这一关键阶段本身证明了诉讼程序正在进行。如果不这么做，那就是在强化非理性的形式主义。

此外，制定修正案的初衷为了确保犯罪嫌疑人不会在诉讼中受到各方面的侵害。诉讼是追究个人刑事责任的法律活动。一旦个人被盯上，他便站在了社会公权力机构的对立面——实际上，他将被起诉，因此肯定享有受法律保护的权利。这只是审理"柯比案"少数法官的意见。他们遵循"韦德案"的推理逻辑。起诉前身份辨认引发的风险丝毫不亚于起诉后的风险。这些少数法官进一步作出了推论，一味依赖于诉讼程序仅始于正式提起公诉这样的抽象观念，是对犯罪嫌疑人应受修正案保护的否定。

"US v. Ash 案"中也出现了同样的问题，该案中身份辨认程序是通过排队拍照的方式进行的。由于不存在控方与被告的实际接触，所以这样的辨认程序不被认为是关键阶段。基于这一原因，律师缺席尽管存在损害被告利益的可能性，但并不构成对修正案的违反。然而，这样的狭义解释忽视了一个基本事实，即排队拍照的辨认方式本质上是控方与被告利益的交锋，尽管当时被告并不在场。

因此，从司法角度看，只有发生在整个检控程序中的特定事件才是检控程序的关键阶段。只有关键阶段才受修正案保护：如果出现了可能损害被告利益的事件，除非该事件发生在关键阶段，否则被告无权受修正案保护。然而，这纯粹是归纳推理：法庭并没有从事实中推导出构成关键阶段的要素，而是"预先"把关键阶段的范围限定在特定的结构性事件，并由此认为不属于关键阶段的事件在法律上也是不重要的。相反，如某一事件存在损害被告利益的可能性，则足以确认该事件"本身"就是关键阶段。

众所周知，修正案并未涉及诉讼程序的关键阶段。其语言表述已经非常明确："在一切刑事诉讼中"在该语境下应指整个诉讼程序。关键阶段原则是一把双刃剑，一方面保障了被告在诉讼程序内的一系列关键事件中享有的权利；另一方面又排除了这些权利保护在所谓的非关键阶段中的适用。

权利的获得与行使

当刑事诉讼程序启动，通常是犯罪嫌疑人了解到自己被指控的事实并且自由受到影响时，一般认为犯罪嫌疑人与第六修正案的律师帮助权"关联"上了。然而，获得聘请律师的权利并不意味着犯罪嫌疑人有权获得律师帮助，因为只有在诉讼程序进入到关键阶段时才可以行使这一权利。有人可能会认为，诉讼的启动本身就证明进入了关键阶段，此时嫌疑人"应当"或"必须"享有该权利，并且权利的"获得"就意味着有权行使该权利。在 18 世纪的英语中——有些在现存的法律文本中还能找到——"享有"意指对某物拥有利益、使用权或所有权。因此，被告"应当享有该权利"，说明修正案规定了被告对该权利拥有利益。除非他选择不行使，否则这毫无疑问是他的权利。该权利的行使适用于整个诉讼过程，即"在一切诉讼中"。

然而，实践中，获得聘请律师的权利与获得律师帮助权是两个独立的事件：律师帮助权发生在关键阶段。在"Jackson v. Michigan案"中，一旦被告获得该权利，警察就不能在律师缺席的情况下对被告进行讯问，即使讯问期间被告放弃了要求律师在场的权利。这是因为公诉机关和/或警察与被告的任何直接接触都属于关键阶段，因此都需要律师帮助。该限制的唯一例外是被告主动挑起话题并打算自首。

在"Montejo v. Louisiana 案"中，法庭否定了"约翰逊案"的判决，因为相关做法不具有可操作性。正如迈克尔·米姆斯（Michael C. Mims）指出，他们作出了这样的推理：因为一些州要求被告主张自己的权利从而获得该权利，而另一些州则认为这种权利的获得在法庭主动为被告指定律师时就已经开始了，所以不同的州在适用"约翰逊案"判例时也可能有所不同。尽管有机会消除"约翰逊案"中那些主张第六修正案权利的被告与那些从主审法庭获得该权利的被告之间的差异，但最高法院拒绝了，认为该做法违背了"约翰逊案"的原理。法庭认为，"约翰逊案"表明主张权利与不主张权利的被告之间是有差别的：前者不大可能放弃自己的权利，更不会在起诉后继续接受讯问；而后者连自己的权利都不主张。

因此，正如路易斯安那州最高法院在"蒙特霍案"中的解释，根据"约翰逊案"的判例，如果被告既不主张其律师帮助权，又放弃了要求律师在场的"米兰达"权利，则执法机关有权在律师不在场的情况下对他进行讯问。然而，如果他之前已经主张其律师帮助权，那么他所做的任何供述都不具有可采性。

审理"蒙特霍案"的法庭不仅考虑到对"约翰逊案"判例的不同适用将导致该判例变得难以操作，他们还发现该判例预期实现的核心利益，即防止刑事诉讼的被告被迫放弃第六修正案的权利，远不及其潜在成本，即犯罪分子逍遥法外的风险。法庭认为，米兰达、爱德华兹与明尼克案所确立的证据排除规则已构建起组合性预防机制，足以保护被告免于警察的胁迫。然而，第六修正案的立法目的远不止于保护被告免于警察的胁迫：其旨在全面优化现有司法制度，以确保整个刑事诉讼程序的公正性。

尽管这一事实是不言而喻的，但法庭没有将"约翰逊案"确立的规则扩大适用于被告未主张自身权利，但主审法官准予其获得该权利的情况；而是推翻了"约翰逊案"判例并由此取消了其确立的规则：如今，被告是否主张了权利或是否从法庭获得了该权利已不再重要。如果他放弃了米兰达规则下要求律师在场的权利，那么即便在正式提起诉讼之后，他也可能在没有律师在场的情况下接受审问。但是，正如迈克尔·C. 米姆斯（Michael C. Mims）指出，米兰达保护这种预防性措施仍无法完全满足行使第六修正案权利的需要。

　　米兰达规则的产生是为了避免出现警察胁迫的情况：第六修正案的存在是为了确保对抗制的完整性。然而，"Patterso v. Illinois案"已明确，放弃米兰达权利并不违反第六修正案。换句话说，放弃第五修正案的权利足以被视为放弃第六修正案的权利。（应注意，在"帕特森案"中，被告从未要求获得律师帮助。而且，值得关注的是，"帕特森案"的少数意见并不认同放弃米兰达保护的人能够满足第六修正案的要求，因为接受讯问期间放弃律师在场的权利与放弃律师帮助的权利难以同日而语。）

　　法庭可以从这个角度抨击"约翰逊案"，因为在蒙特霍上诉早期，路易斯安那州最高院认为基于"约翰逊案"，被告必须要求律师在场或主张其律师帮助权，以行使其第六修正案的权利（援引自"Montoya v. Collins 案"）。根据路易斯安那州最高法院的判决，由于蒙特霍没有以其他任何方式提出这样的要求，也没有主张其律师帮助权，因此他无法受到修正案的保护。这显然是个极其细微的诡辩：当蒙特霍被告知法庭将为其指定律师时，他如何知道自己无法行使第六修正案的权利？此外，根据"Johnson v. Zerbst 案"，被告没有"故意放弃或抛弃已知的权利"。"沉默不语"不能被描述为自愿、明知或有意的放弃。

　　而且，正如"蒙特霍案"的异议者提到，律师-客户关系是如何形成并不重要，关键是在"蒙特霍案"中被告必须获得了律师帮助，即使是由法庭指定。

　　如果"应当享有该权利"意味着一切，那么坚持必须主张该权利必然是对修正案立法意图的曲解。在此语境下——这不是主观解释的问题——"应当"意味着"必须"。犯罪嫌疑人拥有该权利是强制性的，除非其在自愿、有意或明知的情况下放弃该权利。

此外，正如迈克尔指出，从"Edwards v. Arizona 案"可见，现在第五修正案的权利与第六修正案的权利之间隔着一摊浑水。这与第六修正案的意图南辕北辙。一旦诉讼开始，被告人应当受到第六修正案保护。回到米兰达规则，尽管它在某种程度上是对第六修正案的违背，但不过是个幌子。

高超的立法艺术与司法的虚伪

正如前文所述，尽管关键阶段原则在概念上存在缺陷，但它至少提供了一些保护，但是对"约翰逊案"判例的推翻弱化了关键阶段的重要性，并且进一步削减了第六修正案的适用范围和效力。在此情况下，同样需引起注意的是，"Kansa v. Ventris案"认为从审前起，被告已不再能排除"在律师缺席的情况下受公权力机构引导作出的承认"（Tomkovicz 2012：1）。法庭对此裁决的解释涉及对马西亚原则的一个尤为复杂的解释，法庭认为由于违反原则的行为发生在庭审前，因此该行为对审判结果的影响是不相关的。詹姆斯·汤姆科维奇（James Tomkovicz）教授认为，"特里斯案"的判决是"可疑的、虚伪的"，是"极具误导性的"（James Tomkovicz 2012：1）。"特里斯案"的判决毫无疑问存在重大的解释瑕疵，因为其再一次将庭审等同于诉讼。

第六修正案是美国宪法的基石，本身就代表了18世纪乃至其他时期世界范围内最高的立法艺术。然而，自出现以来的两个世纪，第六修正案并未如立法者所期望的那样实现其任何承诺。相比于其他宪法条文，第六修正案一直备受争议，人们更多地从语言、法律的角度对它进行拆解、破坏。读者肯定希望这些攻击不会对修正案造成致命伤害；希望已让人无法忍耐的司法能动主义终有一天会被新的法律精神所取代，或被《权利法案》时期那股清泉般的法律精神所取代。这种精神是立法本身渴望成为暴政与文明之间的壁垒，认识到自己的主要任务之一是要保护个人免于权力过度膨胀的政府侵害。

我能保持沉默吗？

如下，是早前在英国普通法上被奉为沉默权原则的标准提示语：

你可以不说话，但你所说的一切将可能成为对你不利的呈堂证供。

1994 年，这句话被修改成两种形式。第一种用于犯罪嫌疑人在警察局接受询问的时候；第二种则用于有人被提起检控的时候。它们分别被称为"接受询问时的"提示和"当前"提示。

（1）你可以不说话，但是如果你在接受询问时不提及日后可能在法庭上使用的事实，这可能对你的辩护产生不利影响。你所说的一切将可能成为呈堂证供。

（2）你可以不说话，但是如果你现在不提及日后可能在法庭上使用的事实，这可能对你的辩护产生不利影响。你所说的一切将可能成为呈堂证供。

（1）（2）的提示是不明确的。它们首先建议犯罪嫌疑人可以不说话。但是，如果后来证明他本该在接受询问时就说的，却保持了沉默，这就会对他的辩护不利。由此可推论，被告在接受询问时可能出于策略原因故意隐瞒了某些事情，但后来发现披露这些事情可能对自己有利。

许许多多的被告也发现，虽然他们说的话可能被用作对其不利的证据，但极少数情况下他们说的话会被用作对其有利的证据。

这种新式提示意味着被告有责任说话以反驳指控，而美国和英国的法律的基础前提是举证责任在控方而非辩方。（Ainsworth 2012：287）

然而，并非所有的法律和语言学学者都认为英国的提示是不公平的。布拉德利（Bradley 2007：2）提到"Doyle v. Ohio案"，认为英国的做法只是法院确定被告人是否有罪时权衡矛盾证据的权利。在布拉德利提及的案件中，被告以他们被陷害为由提出上诉。然而，他们在接受询问时没有提到这一点，只是在后来依靠这一点进行辩护。在庭审的交叉询问环节中，他们被问及为什么接受询问时没有提到自己被陷害的事实。上诉中，美国最高法院裁定不能从他们的沉默得出任何不利推定，因为他们沉默是在行使米兰达权利。布拉德利还指出，被告在接受询问时未坦露重要事实，本质上是被告不愿配合警察询问的信号。他认为，这种不配合大多会被视为一种妨碍，而法庭有权认为任何形式的妨碍会对被告产生负面影响。

洛克提出，与沉默的法律后果同样重要的是，一般情况下口头提示是如何的不易被理解。旧式提示非常简洁，包含两个明确的命题：（1）你有权保持沉默。（2）如果你不保持沉默，则你所说的一切可能被用作对你不利的证据。另一方面，最近的创新式提示"……增加了一个长分句"，引起了"它可能会侵蚀甚至彻底取消沉默权的担忧"。（Rock 2007：139）

然而，如洛克所言，"R v. Argent案"限制了陪审团基于沉默得出不利推定的权利。这针对的是非常具体的情形，包括除非案件明确要求作出答复，否则犯罪嫌疑人无需提到某一事实。

我们需要沉默权吗？

这显然是个非常复杂的问题，本节我们只能力图关注其中主要的观点。

沉默权的产生源于英国法庭对正当程序条款的滥用。在16世纪星室法院出现以前，被告在辩护过程中没有义务说话，法庭也不会将这种沉默解释为有罪。爱德华三世国王颁布的《主体自由法》（1354 年）中规定，法庭应遵守正当程序的要求。

然而，在星室法庭，被告通常在不了解被指控事实的情况下被要求提供证据。星室法庭的召集不需要以正式提起公诉为前提，也不需要传唤证人。判决以书面形式作出。该法庭的目的是对那些下级法庭不敢判罪的名士进行审判。由于星室法庭的不公平做法，17 世纪经历大变革的英国否定了可基于被告非自愿陈述对其定罪的主张，由此沉默权再一次被确立。

然而，问题在于我们是否真的需要"沉默权"。当然，有人会说，我们需要的是免于自证其罪的权利？考虑到陪审团倾向于认为沉默代表着认罪，行使沉默权在任何情况下肯定都有些适得其反。

但在某种程度上，这些观点没有抓住问题的关键。关于"在接受询问时"陈述的要求是被告辩解自己无罪的机会——换句话说，说一些对自己有利的话。只有当被告没能说出对自己有利的事实，法庭才会推定在后一阶段提出的特定辩护理由是虚假的。这一要求并不意味着被告有义务说一些可能导致自己有罪的话。换句话说，如果被告做了错事，他也不需要提及；另一方面，如果他做了能证明他无罪的事情——那为什么不提出来？

除此以外，仅仅因为一个人保持沉默就认为他有罪的假设是站不住脚的，这会导致普遍的不公正。举证责任必须始终在控方。

恐怖分子的意图是什么？

在英格兰和威尔士刑法中，"意图"作为最基本的要件，是指犯罪行为涉及的心理要素。就大多数犯罪而言，有罪意味着某人肯定是基于犯意（犯罪意图）实施罪行（犯罪行为）。然而，这个看似简单的定义却经不起更进一步的考察。对于一些犯罪，作出有罪判决的前提是必须证明直接意图；而对另外一些犯罪，证明间接意图即可。因此，为证明谋杀罪名成立，必须证明罪犯是蓄意杀害或蓄意造成严重伤害。然而，定杀人罪并不要求有杀害或造成严重伤害的直接意图。相反，英国法律对杀人罪的意图要求是被告造成他人死亡的行为几乎确定会导致被害人死亡，且被告意识到了这一情况。在对间接意图进行了一长串法理解释后，"R v. Woollin 案"（1988 年）最终给意图下了这样的定义。

在"伍林案"中，被告在他的幼子死后被指控谋杀。他在一怒之下抱起自己儿子，并把他摔向不远处的婴儿车。孩子没有撞到婴儿车，但摔在了地板上，并在不久之后死亡。上诉过程中，伍林声称他并不是故意谋杀自己的儿子。庭审各方围绕如何理解在这种情形中"意图"的含义展开了争论。正如前文所述，上诉过程中，法院认定，如果死亡"几乎确定"是由被告的行为导致，且被告意识到了这一情况，那么由此可证明"意图"的存在。辩方提出该案中无法证明谋杀的"意图"，这一辩解取得了成功，并将指控减轻为杀害罪。

然而，有人认为，在某些情况下，上述关于"意图"的定义需作进一步阐释。在早期涉及间接意图的案例中，布里奇斯大法官举了个例子：一名恐怖分子在一栋楼里安放了炸弹，之后作出了充分的警告使得楼层内的人群可以及时疏散。在这一事件中，唯一被炸死的人是炸弹处理专家。

对待风险的态度

安切·佩达因（Antje Pedain）在其关于刑法上的意图的论文中质疑这一原则，认为在诸如布里奇大法官提到的"莫洛尼案"中，我们不能将杀害或伤害的愿望归咎于恐怖分子。佩达因指出，"伍林案"有关间接意图的指示是不充分的，还需要第三个支点来完善这个概念。她认为这个支点是对恐怖分子"对待风险的态度"的必要评估。

然而，此处需指出的是，佩达因对意图概念的修正是对法律毫无必要的淡化，远不能帮助我们理解"意图"。它建立在错误的前提下，即恐怖分子能够对风险有所态度。有"对风险的态度"可能是个人具有认知能力和社会参与性的特征，而能否如此描述一个投放炸弹的人就很值得怀疑了。

行为的过程

参与恐怖活动不仅仅是在公共场所放置炸弹这样的单一行为，而是有意识地形成——经过一段时间——一种全身心制造恐慌折磨他人的生活方式。或许可以这么说，恐怖分子已经形成了自己的战争策略，并耗费了时间和精力将这一策略付诸行动。恐怖分子在安放炸弹之前的一段时间就已经在追逐他的战争计划。这就是他的社会背景，他所经营的领域。

再单独看看恐怖分子放置炸弹那天的行为，尽管这些行动可以从恐怖分子的整个行为过程中分离出来，从而将恐怖分子弱化为那种在单个事件中行为、没有太多或任何预谋的普通罪犯。对恐怖分子而言，谋杀意图的概念早已深入骨髓。他不会关注其他任何事情。佩达因将提前发出警告的恐怖分子称为"恐怖警告者"（Pedain 2003：582）。也许是相信如果行为人并不希望炸弹爆炸，那他就不可能是恐怖分子，而仅仅是个"恐怖警告者"。在作者看来，这样的区分是华而不实的。

似乎恐怖分子能在某种程度上意识到他的装置将会伤害到哪些人。佩达因进一步表示，驱使恐怖分子行为的是"对他人生活造成威胁的渴望，而非造成实际伤害的愿望"。佩达因又继续说道"恐怖分子不一定希望炸弹爆炸"，"可能乐见炸弹被成功拆除"（Pedain 2003：582）。这些论断都基于布里奇大法官的例子，即恐怖分子打电话给有权机关，向他们作出"及时的警告"，佩达因据此推定恐怖分子并没有使公众置于危险境地的意图。

"恐怖警告者"

然而，即使有人接受了佩达因的理论，即恐怖分子——我们必须生活在现实生活而不只是学术世界里——并"不希望炸弹爆炸"——她忽略了法理上关于间接故意的其中一个关键点：即便某人不希望某一行为发生，但这个行为也可能是有意的。具体来说，佩达内采用"恐怖警告者"这一虚构案例，忽略了"R. v. Nedrick 案"中法官的附带意见。该案中，尽管犯罪嫌疑人可能不想造成伤害，但他依然打算去做。换句话说，不一定需要希望结果的发生，因为意图是指被告意识到结果几乎确定会发生。希望的问题其实与意图完全无关。

因此，在"恐怖警告者"的例子中，必须存在这样一个前提，即只要安放了炸弹，那么无论是否有警告，炸弹都会爆炸。警告可能会被误解，在传递过程中丢失，或者被当作恶作剧。即使作出了"及时警告"，被警告者意识到了问题也无法弱化意图的存在。

事实与之相反。如果我们稍微审视一下恐怖分子的行为背景，我们很快会发现并为之震惊——作出警告的行为就是犯罪意图的初步证据。这是因为，作出警告时，恐怖分子意识到其行为的内在危险。这不可置疑地暗示了他已经预见到危险是如此之大，以至于他认为有必要作出警告。"警告"的语源与"意识"有关。警告的行为明确包含"警告者"对危险的意识。因此，显然他已经有所预见，这就是间接意图的必要（不充分）条件。至少预见的存在支持了"伍林案"的法官指示，即恐怖分子"实际上确信"会造成严重伤害。因此，作出警告是对犯罪意图的强化，而非弱化。

即便该警告成功传到了大众耳中，但某个群众无辜进入目标区域并因此丧命的情况总有可能发生。恐怖分子总是把炸弹安放在繁忙地段，完全疏散人群或许不大可能。与此相关的还有另一个安全问题：对某一区域进行疏散时，存在老弱病残可能受伤的多重危险。如果该区域十分拥挤，还可能发生踩踏事故，造成人员死亡或重伤。恐怖分子不可能不知道会发生这种情况。他可能没有预见到具体发生的情形，但这并不要紧（尽管如前文所述，作出警告的行为本身就是预见的证明）

因此，恐怖分子的"善良意图"——即有足够的时间安全、成功地将公众从目标区域疏散——毫无意义。佩达内似乎陷入了关心恐怖分子的误区。但是，认为恐怖分子会如此过度地关怀他人，看起来非常荒谬。

隐性风险

继续讨论安全考虑的问题，炸弹在设定的时间前爆炸的可能性也是存在的。恐怖分子通常在边远郊区的集中营里接受训练。他们不一定有与职业士兵相同的专业水平。因此，如果恐怖分子打算让炸弹上午十点半在繁忙的购物中心爆炸，并就此作出警告，而炸弹在人群疏散前就爆炸了，那我们如何看待他的"意图"？炸弹甚至可能在运送至目的地的途中爆炸。炸弹本身就是不稳定的、不可预测的。我们不能指望炸弹会按照其制造者的意图在设定的时间、特定的地点爆炸。因此，我们不能认为警告的事实可能削弱犯罪意图。在不"希望"杀人的情形下，这显然是不相关的。

犯罪意图的社会层面证据

佩达内引述阿伦·诺里（Alan Norrie 1999：540）的观点，

诺里认为不应从"认知主义"的角度理解间接意图，而有必要利用非认知主义的概念去理解，后者考虑了对受害者的"道德敌意"问题。然而，恐怖分子作案时并没有针对任何个人的特定敌意。这是因为大多数恐怖分子的目的似乎是通过引起恐慌来破坏特定的秩序或社区稳定。道德敌意的目标是不特定的，但是这不意味着目标不存在。然而，佩达内立即否定了这个观点。理解意图的认知主义方式不能因为移除敌意等情感因素的责任而就被舍弃。事实上，与诺里的观点相反，现有关于间接意图的指示允许从更深入的层面理解这个概念，也就是社会责任层面。预见结果不仅是认知行为，还是社会行为。作为公民，我们做决定时不只是运用了智力——我们是基于对他人、对社会的态度做出决定。社会视角甚至可能先于预见的认知而存在，而且是后者的基础：在任何情况下，这是意图不可或缺的一部分。

从这个角度看，伍林的其他行为——除了将婴儿摔向婴儿车——需作进一步考虑。佩达内似乎掩盖了这样一个事实，伍林向警察陈述的经过与向救护车联络主任陈述的存在矛盾。针对恐怖分子不"希望"杀人的问题，佩达内再次提出，我们将伍林的情况理解为"我们认同他不想这么做"（即他的行为结果）。我认为这是不相关的，伍林不想杀他儿子的事实并不重要。

"希望"与"意图"是两个不同的概念，布里奇大法官在"莫洛尼案"（之前提到的）中充分地解释了这一点："意图与动机或希望之间有很大区别"。因此，尽管从任何角度说伍林不想杀自己儿子几乎没什么疑问，但他应该能预见自己的行为最可能引起的后果，即把婴儿抱起扔向婴儿车，但没扔准，婴儿摔到地板上。此处的情况是，婴儿先天柔弱主要是生物学的问题，但也带有强烈的社会属性。我们整个社会倾向于保护弱者，尤其是非常年轻、非常年老和那些无力照顾自己的人。"伍林案"的社会背景不能被忽略：被告人不仅是认知上的行为不能——未能预见结果——还是社会层面上的行为不能。

先说这个等式中认知方面：说伍林不希望自己儿子死亡，就是忽略了完整的意图认知脉络。证明意图的存在，不一定需要意图者充分意识到它的存在。这在间接意图的情况中就已经不证自明了。布里奇大法官关于"希望"问题的深刻见解也进一步证实了这一点：希望不等同于有意，不希望也不等同于没有意图。在任何情况下，如果说伍林不希望伤害他儿子，那么他把婴儿扔向婴儿车时希望做什么？他所希望的是拒绝履行喂养儿子的义务：他儿子吃东西时呛到了，这显然是伍林无法接受的事情。

这将我们带入"社会-认知"的"社会"方面，即——最低限度的——义务问题。伍林有照顾孩子的义务，因为他是幼儿的父亲。本应帮孩子解决被呛到的问题，但他拒绝履行照顾的义务。因此，布里奇大法官在此情况下讨论恐怖分子可能隐藏着他的基本智慧。伍林的义务超越了其他一切考虑。他不只忽视了婴儿的柔弱，还彻底抛弃了自己义务；不仅是对婴儿，还是对社会，因为后者直接将照看婴儿的责任交到他手中。还有什么比他抱起婴儿扔向一边，更能体现他对这些价值的否定？从生物学与社会层面，婴儿的柔弱使他无法逃避照顾孩子的义务，这是他必须意识到的。这种义务是社会对父母的一种神圣的信任，社会甚至将这种义务作为权利赋予父母。法治的根本在于我们的社会价值体系，而我们价值体系的核心是我们相互寄予的信任，以及对信任必要的实现。

恐怖分子以极其危险的、嗜杀成性的方式行为，从心底里拒绝承担对社会的任何义务。恐怖分子不认为自己与社会有任何关联。在他看来，自己与社会之间没有任何道德牵连。这与伍林实施的行为不无相似。我们只了解伍林实施行为瞬间的片段，然而，难道我们还需要质疑那个瞬间背后就是伍林对社会、对他的幼儿、对自身责任的恶意和抗拒？

可能性的分级

佩达因还指出了可能性的问题。她提到："当结果不是确定发生时，可能性就显得很重要。"然而，我们必须再次回到这个情境：炸弹绝对比火灾更危险。你可以熄灭大火，但是你无法让炸弹不被引爆。因此，炸弹的存在是它的情境，而它的情境就是炸弹的存在。炸弹的危险就在于它的存在。使炸弹得以存在的行为——设计、制造和引爆炸弹——使得犯罪情境化。其背后必然有潜在的意图，这就使得可能性分级的问题变得无关紧要。此处的可能性不同于刺伤他人致其死亡的可能性。基于现代医疗技术与快速应急措施，医生救回受害者的可能性尽管微弱，但也是存在的。但制造炸弹的后果不能单纯被认为是可能性的问题。这是不法行为。这不仅反映了恐怖分子计划并实施了恐怖行为，还反映了他在一段时间内极度漠视一切正常的社会情感与社会联系。无论他可能有什么样宗教信仰和人生观，他都已然彻底脱离社会。

尊重他人，甚至陌生人是文明人的标志。恐怖分子以陌生人——他不认识的人为目标，并且以极度轻蔑的态度对待那些个体的安全。他认为自己与社会毫无联系。他的恶意在他的行为以及相当一段时间的行为过程中变得根深蒂固。我们不得不假定，恐怖分子的犯罪意图并非始于炸弹的制造。做出这样的假设并不危险，因为推理过程是非常清晰的。我们反推一下，恐怖分子制造炸弹需要材料，在此之前还要寻找材料。在那之前，他还需要与那些可能帮他成为恐怖分子的人交流。

行为始于何处

接下来，我们将介绍格兰维尔·威廉姆斯（Glanville Williams）对"企图"中的意图问题所作的思考。威廉姆斯讨论"琼斯案"时提出，新制定的关于犯罪企图的法律，对于从何处起可以说企图已经开始，规定得极其模糊。琼斯拿到一支散弹枪，锯掉枪管，取出外币，为逃亡国外作准备，并且乔装打扮，等待下一个受害者的到来（Williams 1991：418）。威廉姆斯对美国法律中"实质措施"的概念作出了评论，并指出被告有"既定目的"。对琼斯自身而言，这一既定目的也许只存在了几天，但是在恐怖分子的案件中，既定目的早在数月前已经形成。例如，很可能他已经看过炸弹爆炸的电影，或者至少有所耳闻。在安放炸弹那天以前，他可能早就意识到投放炸弹的后果和目的。他的犯罪意图在他成为恐怖分子时就已经产生——现在不是一个农村小孩被迫成为自杀式人肉炸弹——而是来自城市的成年人决定在公共场合放置炸弹。

我们不能仅仅把恐怖分子当天的行为和他打电话提醒政府当局有危险的行为看作他的全部"行为"。他在很早以前就开始了这一"行为"，因为他塑造自己的恐怖分子形象已有一段时日。事实上，在他心里这一人设早已根深蒂固。以至于可以这么说，它不仅是他认知上的既定目的，还是他整个生活的目的：它既是认知上的，也是社会层面的，因为他的整个生活都是为之而存在的。如果的确如此，我们还怎么能怀疑意图的存在？

基于这种方式，基于与炸弹这类东西密不可分的高危环境，"几乎确定"的测试便有所扩大。当我们处理那些像炸弹一样本质极其危险、不稳定且不可预测的东西时，我们不需要结果几乎确定会发生：这种毁灭性的存在本身就是对可能性分级的嘲讽。危险的结果是"几乎确定的"，这一点不证自明。这是因为可能性指数与危险系数成正比。当危险系数极高时，我们无需过于在意"几乎"以及其他限定词。或者说，我们可以调整"几乎确定"的含义，将这两个词融为一个概念。那么对于所有的意图和目的，在公共场所安放炸弹的情境中，"几乎确定"就等同于"确定"。如果这在语言和逻辑上是不正确的，那么这在道德上肯定是正确的。法律逻辑如果缺少了道德，也就丧失了法律的基本价值，使得对语义细节的追求凌驾于社会价值之上。

对待风险的态度

佩达因就意图问题提出了第三种思路：类似于"引起风险的意图"，并表示这将使我们得以评估"被告对风险的态度"。这是对风险本质的误读。如果司机在急转弯处超车，这就是风险，是司机冒着致他人和自己死亡的风险。从"可能性"的角度说，这是一种风险。炸弹经销商不是在冒险。他正在做的是用装满子弹的炮膛和枪管随意对着人群玩俄罗斯转盘，因为远离这些人群他可以面无表情。他没有对待风险的态度。他的脑海中就没有风险的概念：我相信这是"对待危险的态度"理论的致命缺陷。

归咎于以炸弹制造者的风险意识为基础的意图概念，就意味着恐怖分子有评估风险的可能性。如果恐怖分子能够评估风险，那值得怀疑的是他也许并不理解这一风险，或者在某种程度上他对风险的态度是不明确的。这与他的存在方式和生活习惯大相径庭。为了成为恐怖分子，他远离家庭和朋友。他默默潜伏于街道上，伺机行动。他已经加入了另一个团体：会毁灭生活的激进分子和叛乱分子组成的团体。风险问题与他无关。或者说，如果他有对待风险的态度，那也仅仅是在设置死亡陷阱前担心行动暴露的恐惧。

结　论

基于"内德瑞克案""伍林案"，我们会认为"几乎确定"可以被无限扩大，几乎到了可以去掉限定词"几乎"或者将其与"确定"融合的程度。对于制作或运输炸弹的人，我们无需用可能性分级，包括"几乎"的标准来评价他们的意图。他自愿地，或者说恶意地、邪恶地抛弃了那些权利，并且一定觉得自己已经完全脱离社会：实际上，对于可能出现的大量人员伤亡和社会破坏，他丝毫不受困扰。经销炸弹的行为在认知上和社会层面上都是确定的，更别说是几乎确定了。"伍林案"的种种要素似乎充分完成了认定意图的任务，因为它们已经包含风险的概念。正如前文所述，没有什么比恐怖分子长期的行为更能清楚反映恐怖分子对待风险的态度。没必要在现有关于意图的指示上增加这一支点，否则只会让问题变得更加复杂。

后 记

　　本书由中国政法大学青年教师学术创新团队支持计划--法庭科学工程技术创新团队（项目编号18CXTD09）与教育部人文社科规划基金项目（18YJAZH131）资助出版。

　　本书的完成得益于我身边无法细数的诸多师友。感谢中国政法大学的校领导及学者前辈，尤其感谢外国语学院的领导同仁十余年来对我的真切关怀与无私帮助。本书的出版还得益于中国政法大学出版社丁春晖编辑细致高效的工作。

　　本书的出版还得到了中国政法大学研究生院的大力支持并得到了该院项目立项及出版资助，谨致谢忱。本书出版是中国政法大学研究生跨学科教育教学改革项目--语言证据课程建设研究工作成果之一。

　　翻译的背后艰辛人所共知。本书中涉及英美法律制度的术语汉译颇费周折，虽经反复推敲仍恐词不达意。加之译者才疏学浅浅，不当之处，请不吝赐教，联系方式：lupingz@cupl.edu.cn。

本书翻译分工如下：

毛中婉　中国政法大学外国语学院　翻译第一至第七章，审

校第八至十二章

　　甘嘉祺　中国政法大学中欧法学院 翻译第八至十二章

　　李秋霞　中国证监会稽查总队 翻译第十四、十五章 审校 第十三至十七章

　　李长青 北京中科金财科技股份有限公司董事会办公室翻译前言、简介及第十三章

　　孙钰岫　浙江大学外国语言文化与国际交流学院 翻译第十六、十七章

　　张鲁平　中国政法大学外国语学院 全书译稿审校及精译

图书在版编目（ＣＩＰ）数据

法律语言学/(美) 约翰·奥尔森,(美)琼·卢克因布鲁尔思著;张鲁平
译. —北京:中国政法大学出版社,2018.2
　ISBN 978-7-5620-8068-8

Ⅰ.①法… Ⅱ.①约… ②琼… ③张… Ⅲ.①法律语言学 Ⅳ.①D90-055

中国版本图书馆　CIP 数据核字(2018)第 021344 号

出　版　者　中国政法大学出版社

地　　　址　北京市海淀区西土城路 25 号

邮寄地址　北京 100088 信箱 8034 分箱　邮编 100088

网　　　址　http://www.cuplpress.com (网络实名:中国政法大学出版社)

电　　　话　010-58908586(编辑部) 58908334(邮购部)

编辑邮箱　zhengfadch@126.com

承　　　印　固安华明印业有限公司

开　　　本　880mm×1230mm　1/32

印　　　张　12

字　　　数　290 千字

版　　　次　2018 年 2 月第 1 版

印　　　次　2019 年 12 月第 1 次印刷

定　　　价　59.00 元